ENSEMBLE
Histoire

An Integrated Approach to French

Raymond F. Comeau
HARVARD UNIVERSITY

Normand J. Lamoureux
COLLEGE OF THE HOLY CROSS

Brigitte M. Lane
BRANDEIS UNIVERSITY

HARCOURT BRACE JOVANOVICH COLLEGE PUBLISHERS

Fort Worth   Philadelphia   San Diego   New York   Austin   San Antonio
Toronto   Montreal   London   Sydney   Tokyo

Publisher	Ted Buchholz
Senior Acquisitions Editor	Jim Harmon
Developmental Editor	Clifford Browder
Production Manager	Annette Dudley Wiggins
Cover Design Supervisor	Serena L. Barnett
Cover Designer	David S. Harper
Cover	Matisse, *The Snail*, London, Tate Gallery/Art Resource Copyright Succession H. Matisse/ARS N.Y., 1989.
Photo Research	Rona Tuccillo
Editorial, Design & Production	York Production Services

Library of Congress Cataloging-in-Publication Data

Comeau, Raymond F.
  Ensemble. Histoire : an integrated approach to French / Raymond
F. Comeau, Normand J. Lamoureux, Brigitte Lane.
    p.   cm.

  ISBN 0-03-020834-3

  1. French language—Readers—History.   2. France—
History—Problems, exercises, etc.   3. French language—
Textbooks for foreign speakers—English.   I. Lamoureux, Normand J.
II. Lane, Brigitte Marie.   III. Title.
PC2127.H5C66   1992   448.6'421—dc20   91-41146
                                                                        CIP

ISBN: 0-03-020834-3

Address Editorial Correspondence To: 301 Commerce Street, Suite 3700, Fort Worth, TX 76102.
Address Orders To: 6277 Sea Harbor Drive, Orlando, FL 32887.
1-800-782-4479, or 1-800-433-0001 (in Florida)

Printed in the United States of America

 3 4 5   039   9 8 7

Contents

1ᵉʳᵉ Partie   Vie sociale

1   Les jeunes   3

2   Les femmes   22

3ème Partie **Institutions et influences**

6   La France politique et économique   103

7   Images de la France   121

8   La francophonie   140

4ème Partie   Vie culturelle

9   La communication   161

10   La scène et les lettres   180

11   Chanson et cinéma   201

Réponses au Nouveau Contexte   219

Vocabulaire   223

Preface

Ensemble : Histoire is an intermediate French reader that presents a wide selection of historical texts, many of which are authentic, from the middle ages to the modern period. The reader's goal is to improve students' command of the French language while providing glimpses into some important aspects of French history.

Ensemble : Histoire is the fourth volume of the *Ensemble* series, which also includes *Ensemble : Grammaire; Ensemble : Littérature;* and *Ensemble : Culture et Société*. Since it is intended as part of a series, it adopts the same themes and follows the same chapter-by-chapter format as the other two readers.

Each chapter is divided into the following parts:

The introduction presents the essential facts concerning the authors and their works, providing the necessary background to properly situate the historical text. This preliminary matter is presented in English to enable students to quickly grasp the useful prerequisites and immediately focus their attention on the historical text itself.

The historical selections—three per chapter—have been chosen for their thematic content, interest level, and level of difficulty. They consist of a wide range of historical documents (*e.g.,* letters, newspaper accounts, diaries, eyewitness accounts) as well as critical accounts from journals, magazines, and history books.

The *Qu'en pensez-vous?* sections test the students' understanding of the French text. Students are asked not only to say whether these statements relating to the text are correct or not, but also to comment further and explain the reasons for their responses. In elaborating on their answers, students must have a good grasp of the context of the paragraph as well as of the individual sentence.

The *Nouveau contexte* exercises select certain key words and expressions from each excerpt and highlight them in a new contextual setting. By choosing the right word to complete the meaning, students learn to transfer vocabulary words from one setting to another and become more aware of exact meaning and correct usage. The answers are found in the back of the book.

The *Vocabulaire satellite* assembles useful words and expressions relating to the theme of the chapter. Its purpose is to provide students with the terms needed for full participation in oral and written discussion.

The *Pratique de la langue* topics are opportunities for broader treatment of the chapter's theme. Having become conversant with this theme through the readings, students are able to elaborate on the subject and develop their oral fluency.

The *Sujets de discussion ou de composition* suggest topics for the broadest possible development of aspects relating to the theme. Such questions may be prepared in greater detail for formal discussion or for written presentation.

In addition to the features found in each chapter, the historical reader also provides a *French/English vocabulary* that contains practically all the French words and expressions that appear in the book.

About the Ensemble series

The four books that make up the *Ensemble* series—*Ensemble : Grammaire; Ensemble : Culture et Société; Ensemble : Littérature;* and now *Ensemble : Histoire*—are designed to stand alone; but, more important, they fit together to form an "ensemble." The review grammar and the laboratory manual integrate grammar and theme by incorporating thematic vocabulary in the examples and exercises. The three readers, in turn, treat the same chapter themes in their selections and exercises. The first program of its kind in French, *Ensemble's* integrated approach encourages lively and meaningful student participation and fosters a mature treatment of the subject.

Acknowledgments

We are grateful to the following reviewers, whose comments and suggestions helped shape *Ensemble : Histoire*: Corinne D. Anderson, University of Kansas, Lawrence; Barbara Alexander Baroody, University of Richmond; Michèle Bissière, University of North Carolina, Charlotte; Arthur LeRoy Dolsen, Idaho State University, Pocatello; Jean Eledge, Lee College; Janis M. Hennessey, University of New Hampshire, Durham; Michael D. Locey, Bowling Green State University; Leslee Poulton, University of Wisconsin, La Crosse; Christiane Elise Reese, Florida Atlantic University; and Edith Stetser, Beaver College.

We wish to express our appreciation to the staff of Holt, Rinehart and Winston, especially to Clifford Browder for his meticulous reading of the manuscript and his creative suggestions, and to James Harmon and Christopher Gladu for their guidance in steering the project through its many phases. We owe special thanks to Jean Comeau, Priscilla Lamoureux, and Mathieu Lane for their unfailing personal support and their willingness to make the many small sacrifices that a project of this kind requires.

R.F.C./N.J.L./B.M.L.

Vie sociale

Les jeunes

Etudiants à l'université de Paris au moyen âge

L'éducation pendant la Renaissance

University life in France during the Middle Ages and the Renaissance was hardly conducive to learning. At the University of Paris, founded around 1200 and operated by Catholic clerics and theologians, the only furniture in the classroom was a desk and a podium for the professor. The students were required to listen to long, abstract lectures in Latin while seated on the floor, which was covered only with a layer of straw in the cold of winter. They were allowed to stand only when called upon to answer a question.

Students were forced to rent rooms—often several students to a room—in squalid, unsanitary, and overpriced rooming houses in the Latin Quarter adjacent to the university. Having no resources whatsoever, many students resorted to begging for their daily bread, and some even engaged in thievery. The more fortunate ones were able to find small jobs working for area merchants.

Rowdyism was common. Thanks to a decree by King Philip Augustus in 1200, university students were granted immunity from civil penalties for criminal acts. To make matters worse, university officials, who were expected to discipline the unruly behavior of their students, often responded with lenient punishment. Students commonly committed pranks and vandalism with little fear of punishment.

This overly tolerant attitude on the part of both church and state resulted in a number of calamitous incidents. In 1221, for example, hundreds of students became involved in a fight with residents in their area. Some 320 students were killed and their bodies thrown into the Seine. The university closed its doors and did not reopen them until it had received sufficient financial reparations.

Another incident occurred in 1229, when two students in a bar refused to pay for their drinks and got into a fight with some of the patrons. The next day the students and their friends ransacked the bar and the area, killing a number of innocent people. The civil authorities responded by dispatching municipal archers to shoot some of the students. This time the university closed down for two years pending reparations. Similar incidents occurred throughout the thirteenth and fourteenth centuries.

In an effort to curb student rowdyism and protect students from unscrupulous landlords and unsanitary living conditions, a new educational idea was gradually developed in the fourteenth and fifteenth centuries: small groups of students would be housed in Catholic boarding schools, called *collèges*, where they could study, eat, and learn together.

One of the most famous of these boarding schools was Montaigu, founded in 1314 by the Archbishop of Rouen. Montaigu's students were considered the best prepared in France, winning numerous academic competitions. The school espoused the strictest rigor, abstinence, and discipline, as the following passage describes.

Etudiants au moyen âge

Le collège de Montaigu

Il fallait garder° un silence absolu pendant la plus grande partie du jour, porter, été comme hiver, une cape de gros° drap° brun cousue° devant et derrière, sans autre ouverture° que celle par où l'on passait la tête dans le capuchon.°

Les écoliers° de Montaigu étaient dévorés par des insectes parasites et
5 malfaisants.° Erasme,° qui eut° le courage de s'enfermer° à Montaigu, parle avec horreur des hôtes° qui fourmillaient° dans sa cellule.° Il tomba malade, et quitta le funeste° collège. En plein hiver, dit-il, on ne donnait aux jeunes gens qui criaient famine, qu'un morceau de pain et de l'eau de puits,° eau malsaine° et dangereuse, à cause de la fraîcheur° du matin.
10 On mangeait peu et mal dans les collèges, mais on était fouetté° en conscience.° Chacun sait sur quelle partie du corps s'appliquait le châtiment.° Si l'oreille est lente à retenir les leçons, si la langue a menti, troublé la classe, on

garder = *tenir* | **gros** heavy | **le drap** material | **cousu** sewn | **l'ouverture** *f*
opening | **le capuchon** hood | **l'écolier** = *l'étudiant* | **malfaisant** harmful |
Erasme = *humaniste hollandais de la Renaissance* | **eut** = *avoir (passé simple)* | **s'enfermer** to
shut oneself up | **l'hôte** *m* guest | **fourmiller** to swarm | **la cellule** cell (here =
chambre) | **funeste** = *terrible* | **le puits** well | **malsain** unhealthy | **la**
fraîcheur chilliness | **fouetté** whipped | **en conscience** = *en bonne conscience* | **le**
châtiment punishment

tombe aussitôt sur ce pauvre innocent. Le portier° du collège était en général officiellement chargé du rôle du correcteur. Par un raffinement de cruauté, les

15 écoliers étaient parfois obligés de lui payer les coups de fouet° qu'il leur donnait. Pour donner plus de solennité aux corrections, elles avaient lieu souvent dans la grande salle du collège, devant tous les élèves.

La classe! Qu'étudiait-on dans la classe? Il est temps de dire quelques mots sur cet important sujet. Un peu d'arithmétique et de géométrie, beaucoup de latin

20 et de logique. Voici la distribution ordinaire de la journée dans les collèges:

A 4 heures du matin—Lever. Un élève de philosophie, chargé des fonctions d'éveilleur,° parcourait° les chambres, et, en hiver, allumait les chandelles.°

De 5 à 6 heures—Leçon.

A 6 heures—Messe.° Puis premier repas composé d'un petit pain.

25 De 7 à 8 heures—Récréation.

De 8 à 10 heures—Leçon.

De 10 à 11 heures—Discussion et argumentation.°

A 11 heures—Dîner, accompagné d'une lecture de la Bible ou de la *Vie des saints.*

30 Le chapelain disait le bénédicité° et les grâces, auxquels il ajoutait° une exhortation pieuse. Le principal prenait ensuite° la parole,° adressait des éloges° ou des blâmes aux élèves, annonçait les punitions,° les corrections.

De midi à 2 heures—Révision° des leçons, travaux divers.

De 2 à 3 heures—Récréation.

35 De 3 à 5 heures—Leçon.

De 5 à 6 heures—Discussion et argumentation.

A 6 heures—Souper.°

A 6 heures 1/2—Examen du travail de la journée.

A 7 heures 1/2—Complies.°

40 A 8 heures en hiver, à 9 heures en été—Coucher.

Aux premiers temps de l'Université et des collèges, la dialectique° domina dans les programmes d'études. Ces argumentations, ces disputes s'exerçaient° sur les sujets les plus futiles. On examinait, par exemple, si le porc,° qu'on mène° au marché pour le vendre, est tenu par l'homme ou par la corde.° Les maîtres

45 disputaient entre eux, au moins une fois par semaine, en présence des étudiants. Ces disputes étaient souvent désordonnées et tumultueuses. «On dispute avant

---

le portier gate-keeper / **le coup de fouet** whipping / **l'éveilleur** *m* awakener / **parcourir** to go by / **la chandelle** candle / **la messe** mass / **l'argumentation** *f* formal argumentation / **le bénédicité** prayer before a meal / **ajouter** to add / **ensuite** then / **prendre la parole** to begin to speak / **l'éloge** *m* praise / **la punition** punishment / **la révision** review / **le souper** = *le dîner* / **les complies** *f* compline (night prayers) / **la dialectique** dialectics (the art or practice of examining ideas or opinions logically) / **s'exercer** to be practiced / **le porc** pig / **mener** to lead / **la corde** rope

le dîner, écrivait Vivès° en 1531, on dispute pendant le dîner, on dispute après le
dîner; on dispute en public, en particulier,° en tous lieux, en tous temps. On ne
s'inquiète° pas de la vérité; on ne cherche° qu'à défendre ce qu'on a une fois
50 avancé. La dispute dégénère en rixe,° et la rixe en combat : des blessés° et des
morts restent sur le carreau°!»

Louis Tarsot, *Les Ecoles et les écoliers à travers les âges*

Qu'en pensez-vous?

Etes-vous d'accord ou non avec les déclarations suivantes? Justifiez votre réponse.

1. Les écoliers de Montaigu bavardaient beaucoup.
2. Ils portaient un costume spécial.
3. L'hygiène était importante à Montaigu.
4. Le châtiment était défendu (*forbidden*) à Montaigu.
5. Les écoliers étudiaient l'astronomie et la psychologie.
6. La journée des écoliers avait un aspect religieux.
7. Il y avait beaucoup de temps consacré à la récréation.
8. Les écoliers se levaient et se couchaient tard.
9. On consacrait beaucoup de temps à la dialectique.
10. De temps en temps les écoliers devenaient violents.

Nouveau contexte

Complétez les phrases suivantes en employant les termes appropriés. Employez chaque
terme une seule fois.

Noms : châtiment *m*, correcteur *m*, coups de fouet *m*, écolier *m*, rixes *f*, salle *f*
Verbes : fouetter, ment, payer, retient, suis obligé
Autre expression : en conscience

Le monologue du correcteur

Bonjour! Je m'appelle M. Sauvage et je suis _____1_____. Je n'aime pas _____2_____ les
écoliers, je vous assure, mais parfois je _____3_____ de le faire. Qu'est-ce qu'il faut faire
avec un _____4_____ qui trouble la classe, _____5_____ au professeur, ne _____6_____ pas
ses leçons, et cherche des _____7_____? Lui donner un bonbon? Mais non! Il y a une seule
solution : le _____8_____ corporel! Oui, des _____9_____ sur le derrière!

Mon système n'est pas compliqué. Je demande au malfaiteur de se présenter dans la
grande _____10_____ du collège, où je le fouette _____11_____.

Parfois, quand j'ai besoin d'argent, je lui demande de me _____12_____ les coups. C'est
un boulot (*job*) moral et utile, n'est-ce pas?

Vivès = *humaniste espagnol de la Renaissance* | **en particulier** in private | **s'inquiéter** to
worry, to care about | **chercher à** = *essayer de* | **la rixe** brawl | **le blessé** wounded |
rester sur le carreau to be laid out cold (*carreau* = floor)

Vocabulaire satellite

l' **étude** *f*   study
l' **emploi du temps** *m*   schedule
le **cours facultatif**   elective course
le **cours obligatoire**   required
    course
la **note**   grade
la **conférence**   lecture
le **réfectoire**   dining hall
la **résidence universitaire**
    dormitory
le, la **camarade de chambre**
    roommate

l' **externe** *m, f*   off-campus student
l' **interne** *m, f*   on-campus student
la **discipline**   discipline
le **châtiment corporel**   corporal
    punishment
punir   to punish
la **règle**   rule
l' **hygiène** *f*   hygiene
la **valeur**   value
travailleur, travailleuse
    hard-working
paresseux, paresseuse   lazy

Pratique de la langue

1. Contrastez votre emploi du temps avec celui des écoliers de Montaigu. Dressez une liste de toutes les différences que vous avez remarquées.
2. Imaginez que vous êtes un écolier malheureux de Montaigu et que vous écrivez une lettre à votre mère.
3. Préparez un des dialogues suivants :
    a. Une conversation entre un écolier et le correcteur
    b. Une argumentation entre deux écoliers sur un sujet ridicule
    c. Une conversation entre deux écoliers qui se plaignent de la vie à Montaigu.

Le destin d'un enfant-roi

Children have not always been viewed as they are today. In the seventeenth century, for example, children were largely viewed as miniature adults who biologically and socially would pass directly into adult life. Such a concept was probably even more evident in royal families where the heirs to the throne were frequently married at a very early age. Louis XIII, for instance, was married at age fourteen to Anne of Austria, the daughter of the king of Spain.

Born in 1601, the eldest son of Henri IV and Marie de Médicis, the young Louis XIII was to become king of France at age nine, upon the assassination of his father on May 14, 1610. He was a sensitive and intelligent child who was subjected to a rather strict education. His life was dominated by political struggles and by a relationship of more or less open hostility with his mother Marie de Médicis who, having acted as regent (legal guardian of the throne)

LOVIS XIII. ROY DE FRANCE
ET DE NAVARRE.

Louis XIII

until 1614, tried several times after that date to remove him from power. However, she had to submit to the iron hand of Louis' prime minister, Cardinal Richelieu.

The reign of Louis XIII was a time of religious unrest marked by Protestant rebellions in the South of France, as well as social unrest culminating in a series of peasant uprisings. It was also a time of war against Spain. In 1636, when the Spanish forces were advancing on Paris, Louis XIII, in an act of courage and against the advice of Richelieu, rallied his troops and drove back the invaders.

It is said that Louis XIII never fell in love with any woman. Nevertheless, a son, the future Louis XIV, was born to him and Anne of Austria in 1638. Louis did have passionate male friendships. His most famous one was with the Marquis de Cinq-Mars, who betrayed him in 1642 and plotted with the Spanish to overthrow the king as well as Richelieu. Cinq-Mars was executed. Richelieu died that same year. Louis XIII followed him five months later, dying of tuberculosis on May 14, 1643, thirty-three years to the day after the assassination of his own father. At the time of his death, he was considered one of the most powerful monarchs of Europe.

The following text comes from the *Journal de Jean Héroard*, personal physician to Henri IV and his son, Louis XIII. It illustrates the dual life of a nine-year-old king in France in the seventeenth century, forced one moment to fulfill the functions of an adult while behaving the next like the child that he was.

Louis XIII, roi° de neuf ans, et ses mémoires

Année 1609

Le 3 janvier, samedi, à Saint-Germain

On parlait du jour des Rois,[1] il dit : «Je veux pas° être le Roi!» Sa nourrice° lui demande pourquoi. «Je veux pas l'être!» Il appelle M. de Ventelet,° et lui dit
5 tout bas° à l'oreille : «N'y faites point mettre de fève,° afin qu'il n'y ait point de Roi.» — «Monsieur, lui dit sa nourrice, si Dieu est Roi, il faudra que vous teniez° sa place.» — «Je veux pas, moi!» — «Comment, Monsieur, dit un chacun,° refusez-vous à tenir la place de Dieu?» Il s'arrête avec crainte° : «Hé! C'est à papa!» — «Monsieur, il faut que ce soit vous qui la teniez ici!» — «Hé! je veux
10 bien!»

Le 10 janvier, samedi, à Saint-Germain

Il me dit : «Mousseu Héroa,[2] j'ai inventé une sentence.°» — «Monsieur, vous plaît-il de me la dire?» — «Les enfants qui ne sont pas sages,° Dieu les punit. J'en ai inventé une autre : Les enfants qui craignent bien Dieu, Dieu les aide.» En
15 soupant, Mme de Montglat° lui dit qu'il était beau : «Je suis pas beau, cela est bon pour les femmes.»

Le 27 janvier, mardi, au Louvre

Les députés° de Bretagne° viennent lui offrir leur service au nom de la province. Il s'amuse à regarder des étoffes,° choisit le bleu pour un habit;° il en aimait

---

le roi king | **je veux pas** (*familier*) = *je ne veux pas* | **la nourrice** nanny | **M. de Ventelet** chief steward of Louis XIII | **bas** in a low voice | **N'y faites point... fève** Don't have a bean put in | **tenir** = *occuper* | **un chacun** = *tout le monde* | **la crainte** = *la peur* | **une sentence** (*archaïque*) = *une phrase proverbiale* | **sage** well-behaved | **Mme de Montglat** = *sa gouvernante* (*femme qui s'occupait de son éducation*) | **le député** representative | **la Bretagne** Brittany | **l'étoffe** *ƒ* cloth | **l'habit** *m* = *le vêtement*

---

[1]Le Jour des Rois : fête de l'Epiphanie qui est célébrée le 6 janvier et marque, dans la tradition chrétienne, la visite des trois Rois Mages (*Three Wise Men*) à la crèche (*manger*) de Bethléem. C'est aussi le douzième et dernier jour de la Nativité. Les Français célèbrent généralement cette journée avec un gâteau («galette des Rois») qui contient une ou deux fèves (*beans*) ou petites figurines en céramique. La personne qui trouve la fève dans sa portion devient le Roi (ou la Reine) de la journée.
[2]Mousseu Héroa = Monsieur Héroard. Le jeune dauphin (*heir to the throne*) avait de la difficulté à prononcer les R et était aussi connu pour quelquefois bégayer (*stutter*).

20 naturellement la couleur. A deux heures, il est mené à voir la verrerie,° au faubourg° Saint-Germain, il y fait faire° des verres, des paniers,° des cornets.° Le jeune M. de la Boissière donna un démenti° à M. le Comte de Torigny; il l'entend. Ramené° à quatre heures, il fait fouetter° M. de la Boissière par M. de Souvré;° ce fut la première justice de sa chambre.°

25 Année 1610

Le 14 mai, vendredi

Eveillé° à sept heures, levé,° vêtu,° prié Dieu. A huit heures et demie déjeuné, pain sec.° Mené° à sa chapelle, puis aux Tuileries et chez Leurs Majestés; à onze heures, dîné,[3] joué, étudié, etc., fort° gai, goûté.° Sur les quatre heures° le Roi
30 allant à l'Arsenal en carrosse° est tué d'un coup de couteau par François Ravaillac, natif d'Angoulême, en la rue de la Ferronnerie. Monseigneur le Dauphin était en carrosse s'allant promener, lors du° coup; on le ramène incontinent° dans le Louvre. Monseigneur le Dauphin l'ayant su en pleura, et dit : «Ha! si j'y avais été avec mon épée,° je l'aurais tué!» Il s'endort° à minuit, et
35 jusqu'à six heures et demie après minuit a assez mal reposé.°

Le 11 juillet, dimanche, à Paris

M. de Rohan, colonel des Suisses,° vient prendre congé de° lui pour s'en aller à l'armée, et lui demande s'il lui plaît de lui commander quelque chose pour dire à M. de la Châtre, chef de l'armée. «Dites-lui qu'il fasse du mieux qu'il pourra.°»
40 — «Mais, Sire, vous plaît-il qu'il donne la bataille°?» — «Qu'il fasse du mieux qu'il pourra».

---

la verrerie glass manufacture / **le faubourg** suburb / **il y fait faire** he has . . . made there / **le panier** basket / **le cornet** small horn / **donner un démenti à** = *contredire* / **ramené** brought back / **fouetter** to whip / **M. de Souvré** his guardian / **la chambre** = *ici : la Chambre de Justice* / **éveillé** awake / **levé** = *debout* / **vêtu** dressed / **le pain sec** stale bread / **mené** taken / **fort** = *très* / **goûter** to have an afternoon snack / **sur les quatre heures** = *à environ quatre heures* / **le carrosse** coach / **lors de** = *au moment de* / **incontinent** = *immédiatement* / **l'épée** ƒ sword / **s'endormir** to fall asleep / **reposer** = *dormir* / **les Suisses** = *soldats servant dans l'armée française mais originaires de Suisse* / **prendre congé de** to take leave of / **du mieux qu'il pourra** the best he can / **donner la bataille** to give battle

[3]Dîner (archaïque) = déjeuner (repas au milieu de la journée). Au 17ème siècle, les quatre repas de la journée étaient : le déjeuner (le matin), le dîner (à midi), le goûter (l'après-midi), et le souper (le soir). Aujourd'hui : le petit déjeuner, le déjeuner, le goûter, et le dîner.

Le 11 septembre, samedi, à Paris

A trois heures et demie, le duc de Feria lui fait la révérence;° ses paroles° furent :
« Je remercie le roi d'Espagne mon frère de la souvenance° qu'il a de moi et le
45 prie de s'assurer que j'aurai envers lui la même affection qu'a eue le feu° Roi
mon père;» en telle sorte que les Espagnols en étaient tous en admiration, faisant
le signe de la croix.

Le 15 septembre, mercredi, à Paris

Il va chez la Reine, qui lui veut donner° des petites besognes,° comme des Agnus
50 Dei° garnis° de diamants; il les refuse assez brusquement et désire un petit livre
couvert de diamants. Elle le refuse, disant que le feu Roi son père le lui avait
donné; il le désirait pour le mettre en son oratoire;° la larme° lui vient à l'œil.

Le 17 septembre, vendredi, à Paris

Pour avoir, le jour précédent, frappé° M. du Repaire, il est fouetté un peu serré.°
E. Soulié et E. de Barthélémy, *Journal de Jean Héroard, médecin du Roi*

Qu'en pensez-vous?

Etes-vous d'accord ou non avec les déclarations suivantes? Justifiez votre réponse.

1. Le 6 janvier 1609, jour de l'Epiphanie, le jeune dauphin voulait absolument avoir la
   fève de la galette des Rois.
2. Le dauphin, futur Louis XIII, avait beaucoup de respect et d'affection pour son père,
   le roi Henri IV.
3. Il était très content quand Mme de Montglat, sa gouvernante, lui disait qu'elle le
   trouvait beau, et il la remerciait.
4. Louis XIII enfant aimait porter des vêtements bleus.
5. Au 17ème siècle, on considérait normal de fouetter les enfants quand ils n'étaient pas
   sages.
6. François Ravaillac a tué le roi Henri IV le 14 juillet 1610.
7. Il l'a tué d'un coup de pistolet pendant qu'il se promenait en carrosse avec son fils.
8. Le dauphin a été bouleversé (profondément touché) par la mort de son père.
9. La mort de son père a changé la vie de ce jeune garçon de dix ans.
10. Louis XIII a montré dès l'âge de neuf ans qu'il savait assumer des responsabilités
    d'adulte et être chef d'un royaume.

faire la révérence to bow / **la parole** word / **la souvenance** memory /
feu (*archaïque*) = *défunt* / **qui lui veut donner** = *qui veut lui donner* / **la besogne** = (*ici*)
l'objet / **des Agnus Dei** religious medals / **garni de** set with / **l'oratoire** *m* oratory,
small chapel / **la larme** tear / **frapper** to strike, to hit / **serré** = *sévèrement*

11. La reine, Marie de Médicis, était une mère-gâteau (mère très indulgente) qui donnait toujours à son fils absolument tout ce qu'il voulait.
12. Louis XIII faisait quelquefois des actions enfantines.
13. Les visiteurs officiels qui ont rencontré Louis XIII enfant n'ont pas été très impressionnés par lui.

Nouveau contexte

Complétez les phrases suivantes en employant les termes appropriés. Employez chaque terme une seule fois.

Noms : coup *m*, couteau *m*, crainte *f*, croix *f*, goûter *m*, larme *f*, oreille *f*, paroles *f*, révérence *f*, visage *m*
Verbes et expressions verbales : craindre, dîne, fouetter
Adjectifs : brusque, éveillé, sage

Mme de Montglat, gouvernante du dauphin, nous parle tendrement de lui : «Qu'il est beau et gentil, notre dauphin! Non seulement beau mais _____1_____ et il a aussi le _____2_____ gai! C'est un plaisir de le voir déjà si bien assumer ses responsabilités royales! Il pense que les enfants doivent _____3_____ Dieu! Il aime la justice : hier, par exemple, il a fait _____4_____ le jeune M. de Boissière par son gouverneur. Sa vie est très régulière : il est _____5_____ à sept heures du matin, prend son petit déjeuner à huit heures et demie, puis _____6_____ à onze heures. L'après-midi, il a l'habitude de prendre un _____7_____ . Il est touchant de voir combien ce jeune garçon admire son père mais le roi a quelques grands ennemis. Certains fanatiques politiques ou religieux voudraient bien pouvoir le tuer d'un _____8_____ de _____9_____ . Mon Dieu! Je vais faire tout de suite le signe de la _____10_____ pour éviter un si grand désastre! Quant à la reine, je la trouve parfois un peu stricte avec mon jeune maître. Parfois, quand il est avec elle, elle est _____11_____ et la _____12_____ lui vient à l'oeil. Ce jeune roi a cependant de si grandes qualités et de si bonnes manières : quand des délégués, venus de la province ou de l'étranger, viennent le voir, il leur fait une jolie _____13_____ et leur adresse toujours des _____14_____ généreuses. Laissez-moi vous dire tout bas à l' _____15_____ ce que je pense : mon petit maître sera un jour un grand roi qui inspirera l'amour, le respect, et la _____16_____ chez ses sujets.»

Vocabulaire satellite

sage good, well-behaved
bien (mal) élevé well (badly) brought up
espiègle mischievous
méchant bad, naughty
manger tout ce qu'il y a dans son assiette to clean one's plate

l' **âge de sagesse** *m* age of wisdom (traditionally age 7 for the French)
faire des bêtises to get into mischief, to do forbidden things
faire l'école buissonnière to play hooky
mentir to lie

aller au coin   to stand face against the wall in a corner

la **fessée**   spanking

la **gifle**   slap in the face

être envoyé au lit   to be sent to bed

être privé de dessert   to do without dessert

se **brosser les dents avec du savon**   to wash one's mouth out with soap

se **révolter**   to rebel

l' **argent de poche** *m*   allowance

le **cadeau**   gift

être sage comme une image   to be good as gold

être un petit diable   to be a little devil

«Qui aime bien châtie bien!»   "Who loves well punishes well!"

sévère   strict

gâter   to spoil

les **parents-gâteaux**   parents who spoil their children

Pratique de la langue

1. Henri IV, roi de France, parle de son fils de neuf ans, le futur Louis XIII. Complétez ses déclarations pour lui :
   a. Mon fils, le dauphin, est un enfant qui...
   b. Pourtant, quelquefois, il n'est pas sage. Il...
   c. Ses distractions favorites sont...
   d. Sa mère et moi sommes assez sévères avec lui. Quand il n'est pas sage, nous...
   e. Je crois qu'il m'aime bien et que si je mourais assassiné, il...
2. Imaginez que votre fils (fille) est espiègle. Il (elle) fait toujours des bêtises! Donnez une liste de quatre punitions possibles, par ordre de sévérité.
3. Jouez les situations suivantes :
   a. M. de Rohan, colonel des Suisses, retrouve M. de Châtre après son entrevue avec le roi. M. de Châtre pose une série de questions sur le dauphin et son potentiel pour faire un futur grand roi.
   b. Deux des personnages suivants—la reine Catherine de Médicis (mère du dauphin), Mme de Montglat (sa gouvernante), M. de Ventelet (son maître d'hôtel), ou M. de Souvré (son gouverneur)—organisent une journée pour le jeune roi (repas, études, distractions, etc.). Imaginez leur dialogue.
   c. Un père ou une mère de famille moderne apprennent que leur enfant a fait une grosse bêtise. Définissez plus précisément la situation et imaginez le dialogue entre le parent et l'enfant.

Un jeune résistant

There are moments in history when youth becomes a luxury, when the actions of an entire lifetime must be condensed into the years normally reserved for adolescence. On such occasions, young people are forced into adulthood without transition, called upon to perform the gravest of deeds. Just such a time is war, when tales of heroism are not the sole purview of adult professional soldiers but also concern young people who have not yet attained adulthood.

France fell quickly to the advancing German army in World War II. The Nazi offensive was launched in May 1940, and the armistice between France and Germany was signed on July 22. But already, on June 18, speaking from London, General Charles de Gaulle had called on his compatriots to continue the fight: «Quoi qu'il arrive, la flamme de la résistance française ne doit pas s'éteindre (*be extinguished*) et ne s'éteindra pas.» Over the next several years, the airwaves of the BBC would serve to rally the opposition, as people in occupied territories huddled around the radio to hear war news and learn what they could do to resist.

Within France, resistance built up gradually. It was barely perceptible at first, in stories ridiculing the enemy or in tracts and clandestine newspapers which were shared by great numbers. It took the form of passive disobedience to the authorities, "mistakes" on the job, lethargy in responding to enemy commands.

Résistants français pendant la deuxième guerre mondiale

Slowly but surely, an underground network was created to pass along information and to organize active resistance.

In February 1943 the collaborationist Vichy government of Marshal Pétain launched the *Service du travail obligatoire* to recruit manpower for German factories. Many young Frenchmen, fleeing the summons of the *Service*, sought refuge in inaccessible or sparsely populated regions of France. These men became known as the *maquis*, a name which originally designated a wild, bushy wasteland in Corsica that provided good cover for outlaws in hiding.

The Resistance took in the young men of the *maquis*, gave them needed supplies, provided them with false identification papers, and eventually prepared them for action. The *maquis* sabotaged railroads, factories, and communications. They protected escaped prisoners, rescued Allied pilots who had been shot down, and sheltered Jewish refugees. They even undertook guerrilla operations, attacking stray enemy soldiers, ambushing military convoys, and punishing French collaborators. They were continually on the move, unable to engage the enemy in open battle since they were outnumbered and poorly equipped. They realized too that capture meant death before a firing squad, or torture and imprisonment in a concentration camp.

Pierre Ruibet was born in Grenoble in 1925 to a family of patriots. In 1943, he was eighteen years old and eager to play a role in the war. He was living in southwestern France near Jonzac, the site of an important German munitions depot hidden in former stone quarries. Pierre managed to get hired at the depot and gradually won over the German guards. Acting under instructions from intelligence headquarters in London, he planted mines in the munitions dump, but the mines failed to explode. Resupplied with explosives and aided by his friend Claude Gatineau, he was ready to try again. The following excerpt begins with a letter Pierre wrote to his mother.

Pierre Ruibet

«Ma chère petite Maman,

Ma lettre va te faire bien de la peine.° J'ai été désigné° pour faire sauter° la carrière.° J'avais posé° des mines qui n'ont pas fait leur effet. J'attendais quelqu'un qui n'est pas venu. Il est de mon devoir° de tout détruire.°

5 Tant pis,° je vais y mettre le feu. Je suis bien décidé.° Seulement° il y a beaucoup de chance pour que j'y reste.°

---

te faire bien de la peine cause you much sorrow | **désigné** = *choisi* | **faire sauter** to blow up | **la carrière** quarry | **poser** = *installer* | **le devoir** duty | **détruire** = *démolir* | **tant pis** = *c'est dommage mais...* | **y mettre le feu** set fire to it | **décidé** = *déterminé* | **seulement** = *mais* | **il y a... reste** there is a good chance that I won't survive

Cependant, je tenais à° la vie. Mais je fais passer° mon pays avant mon bonheur.

«Je vous embrasse tous. Adieu. Vive la France.»

10   Le lendemain matin 30 juin, Pierre confie° cette lettre à sa logeuse.°

«S'il m'arrivait quelque chose,° lui dit-il simplement, vous la feriez parvenir à mes parents.°»

Il embrasse Mme Robert, ainsi que° sa fille Mathilde, à laquelle il est fiancé. Et, souriant, il part pour le travail comme d'habitude. Mais il emporte° un

15 revolver et le matériel de sabotage qu'on lui a livré° la veille.°

Dès° son arrivée au dépôt, il s'enfonce° dans les galeries souterraines,° jusqu'à l'endroit° qu'il a choisi. Claude Gatineau l'a accompagné. Il fait le guet,° tandis que° Pierre place ses détonateurs et commence à dérouler° ses cordeaux Bickford.°

20   Il a presque fini, quand des pas° résonnent° dans la galerie. C'est le Feldwebel° qui exerce les fonctions de chef° du personnel. Il fait une ronde.° Apercevant° Claude Gatineau, dont la présence le surprend :

«Was machen Sie hier?»⁴ demande-t-il.

Claude bredouille° une explication embarrassée° et s'éclipse° discrètement.

25 Méfiant,° le sous-officier s'avance. Il découvre° Pierre accroupi° entre des caisses de munitions et comprend aussitôt : «Ach so! Sabotage! Sie auch, Ruibet...»⁵

En même temps, il porte° la main à la gaine° de son revolver. Mais Pierre est plus prompt que lui. Saisissant° le sien,° il tire° cinq balles° sur le Feldwebel.

30   Les cinq projectiles traversent la poitrine° du sous-officier, qui parvient° pourtant° à se traîner° vers la sortie° en criant° :

«Sabotage... Ruibet... Gatineau...

Une patrouille se précipite à la poursuite° de Pierre qui doit abandonner ses

---

tenir à = *être attaché à* | **faire passer** = *placer* | **confier** to entrust | **la logeuse** landlady | **s'il... quelque chose** if something should happen to me | **vous... parents** would you see to it that my parents get it | **ainsi que** = *et aussi* | **emporter** to take along | **livrer** to deliver | **la veille** = *le jour avant* | **dès** upon | **s'enfoncer** to plunge | **souterrain** subterranean, underground | **l'endroit** *m* place, spot | **faire le guet** to stand watch | **tandis que** = *pendant que* | **dérouler** to unroll | **le cordeau Bickford** Bickford fuse, safety fuse | **le pas** step | **résonner** to reverberate | **le Feldwebel** field adjutant | **le chef** head | **faire une ronde** to make the rounds | **apercevant** = *voyant* | **bredouiller** to stammer out | **embarrassé** awkward | **s'éclipser** to sneak off | **méfiant** suspicious | **le sous-officier** = *l'adjudant* | **découvrir** = *trouver* | **accroupi** crouched | **il porte** = *il met* | **la gaine** holster | **saisir** to grab | **le sien** his own | **tirer** to fire | **la balle** shot | **la poitrine** chest | **parvenir à** = *réussir à* | **pourtant** nevertheless | **se traîner** to drag himself | **la sortie** exit | **crier** to shout | **une patrouille... poursuite** a patrol rushes out in pursuit

---

⁴ «Que faites-vous ici?»
⁵ «Ah, c'est donc cela : sabotage! Vous aussi, Ruibet...»

détonateurs. Peut-être aurait-il encore le temps de s'enfuir° par une cheminée
35 d'aération° qui débouche° dans la nature.° L'orifice° en est gardé, mais il
pourrait par surprise abattre° la sentinelle. Il n'y songe° même pas. Il a accepté
une mission; il veut la remplir.°

    Il crie à tue-tête° :

    «Sauvez-vous° : les carrières vont sauter.°»

40   Ayant ainsi prévenu° ses camarades de travail français, qui auront le temps de
se mettre à l'abri,° il s'enfonce dans les galeries dont le dédale° lui est familier. A
partir de ce moment,° nul ne sait plus rien.° Pierre court, sans doute, jusqu'à
l'endroit où sont rangés° les tonneaux de poudre.° Il en éventre° un et y fourre°
un morceau° de cordeau Bickford.

45   Derrière lui, il entend des bruits de course,° des appels.° Les Allemands sont
sur ses traces. Il se cache° derrière un tas de barils,° laisse passer la patrouille.

    Il craque une allumette.° La mèche° est très courte. Elle va se consumer en
quelques dizaines de secondes.° Il a la certitude qu'il ne lui reste aucune chance°
de s'en tirer.° Mais, de toute façon,° il se sait condamné.° Alors autant faire tout
50 sauter° instantanément, avant que les Allemands n'aient le temps d'intervenir.

    Sans hésiter, il met le feu à la mèche...

    Aussitôt, c'est l'enfer.° Une série de formidables explosions déchire° l'air
tandis que jaillissent° d'énormes flammes orangées et que monte, très haut dans
le ciel, un champignon° de fumée° noire, qui ne cesse de grossir,° obscurcissant°
55 le jour. A l'épicentre de ce séisme,° le sol° s'entrouvre.° A des kilomètres à la
ronde,° une série de secousses° ébranlent° les maisons, comme s'il s'agissait d'un
tremblement de terre.° A Jonzac même, les carreaux° volent en éclats.°

    Pendant trois jours et trois nuits, se succèdent° les explosions tandis
qu'à l'intérieur des galeries le feu continue à faire rage. Ne parvenant pas

---

s'enfuir to escape / **la cheminée d'aération** ventilation shaft / **déboucher** to emerge / **dans la nature** in the bushes / **l'orifice** *m* opening / **abattre** to knock down / **songer** = *penser* / **remplir** = *accomplir* / **à tue-tête** at the top of his voice / **se sauver** to run away / **sauter** to explode / **prévenir** to warn / **se mettre à l'abri** to take shelter / **le dédale** = *le labyrinthe* / **à partir de ce moment** from that moment / **nul ne sait plus rien** nothing further is known / **ranger** to store / **le tonneau de poudre** powder keg / **éventrer** to rip open / **fourrer** to stuff / **le morceau** piece / **le bruit de course** running noise / **l'appel** *m* = *le cri* / **se cacher** to hide / **un tas de barils** a pile of barrels / **craquer une allumette** to strike a match / **la mèche** fuse / **en quelques dizaines de secondes** in 20 to 30 seconds or so / **il ne lui... chance** he has no chance / **s'en tirer** to get out, escape / **de toute façon** in any case / **il se sait condamné** he knows that he is doomed / **autant faire tout sauter** he may as well explode everything / **l'enfer** *m* hell / **déchirer** to rip / **jaillir** to leap up / **le champignon** mushroom / **la fumée** smoke / **qui ne cesse de grossir** which keeps on growing / **obscurcir** = *rendre obscur* / **le séisme** quake / **le sol** ground / **s'entrouvrir** to open up / **à des kilomètres à la ronde** for miles around / **la secousse** tremor / **ébranler** to shake / **comme... de terre** as if in an earthquake / **le carreau** window pane / **voler en éclats** to fly into a thousand pieces / **se succéder** to follow one another

à l'éteindre,° les Allemands prennent les grands moyens° : ils creusent° un canal jusqu'à la Seugne° et détournent° une partie de ses eaux qui s'engouffre° dans les carrières.

Paul Dreyfus, Histoires extraordinaires de la Résistance

Qu'en pensez-vous?

Etes-vous d'accord ou non avec les déclarations suivantes? Justifiez votre réponse.

1. La lettre de Pierre va faire plaisir à sa mère.
2. Pierre accepte bien de mourir dans la carrière.
3. Ce jour-là, Pierre part pour son travail exactement comme il le fait tous les jours.
4. Claude Gatineau est là pour l'aider dans sa mission.
5. Le Feldwebel tire plusieurs balles sur Pierre.
6. Pierre songe à ses camarades de travail avant de faire sauter la carrière.
7. La patrouille trouve Pierre accroupi entre deux tonneaux de poudre.
8. En mettant le feu à la mèche, Pierre espère encore pouvoir se sauver.
9. L'acte de Pierre a des effets immédiats.
10. Les Allemands parviennent à éteindre le feu sans trop d'effort.

Nouveau contexte

Complétez les phrases suivantes en employant les termes appropriés. Employez chaque terme une seule fois.

Noms : allumettes *f*, fumée *f*
Verbes : a abattu, il est arrivé, embrasser, a emportée, éteignaient, faire de la peine, a mis le feu, s'est précipité, est restée, songer, tenait beaucoup à
Adjectifs : accroupie, chère, embarrassée

A l'époque où j'allais encore à l'école secondaire, _____**1**_____ quelque chose d'extraordinaire à mon cousin Bernard. A l'insu de (*unknown to*) toute la famille, sa petite sœur Germaine a trouvé une boîte d' _____**2**_____ de bois et s'est mise à jouer avec. Elle était trop jeune pour _____**3**_____ au danger. Sans le savoir, elle _____**4**_____ à la maison! C'est Bernard qui, en rentrant de l'école, a été le premier à apercevoir la _____**5**_____ noire qui jaillissait des fenêtres. Il _____**6**_____ vers la maison et en _____**7**_____ la porte presque instantanément. Là il a découvert la petite Germaine _____**8**_____ dans un coin de la cuisine. En deux secondes, Bernard a saisi Germaine et l' _____**9**_____. Une fois dehors, la petite Germaine était très _____**10**_____. Elle _____**11**_____ son frère et n'aurait jamais voulu lui _____**12**_____. Pendant que les pompiers (*firefighters*) _____**13**_____ le feu, Germaine _____**14**_____ dans les bras de son grand frère. Bernard n'a cessé de l' _____**15**_____. Elle lui était encore plus _____**16**_____ qu'auparavant.

éteindre to extinguish / **prendre les grands moyens** to take extreme measures / **creuser** to dig / **la Seugne** = *rivière de la région* / **détourner** to divert / **s'engouffrer** to surge

Vocabulaire satellite

raisonnable reasonable
réaliste realistic
sage wise
faisable feasible
méfiant cautious
naïf, naïve naïve
ferme firm
inébranlable immovable
modéré moderate
complaisant obliging
accommodant accommodating
le **compromis** compromise

le **niveau de vie** standard of living
le **juste milieu** happy medium
en principe, en pratique in theory, in practice
gagner sa vie to earn one's living
se **faire un nom** to make a name for oneself
s'accommoder à son siècle to move with the times
tenir compte de la réalité to bear reality in mind

Pratique de la langue

1. «L'idéalisme est le domaine de la jeunesse.» Illustrez la vérité ou l'erreur de cette affirmation en présentant une des conversations suivantes entre :
   a. un homme (une femme) politique de 30 ans et un(e) de 60 ans
   b. un jeune médecin et un médecin âgé
   c. un(e) avocat(e) dans les premières années de sa profession et un(e) avocate(e) qui exerce sa profession depuis 30 ans
   d. un professeur de 25 ans et un de 55 ans
   e. deux autres personnes de votre choix dont l'une est deux fois plus âgée que l'autre.
2. Connaissez-vous quelqu'un de jeune qui ait fait un acte d'héroïsme? Racontez d'une façon aussi détaillée que possible ce que la personne a fait. Puis essayez d'expliquer le motif de son action. S'agissait-il d'une action préméditée ou d'une expression instinctive? Dans les mêmes circonstances, auriez-vous fait la même chose?
3. Choisissez un(e) ami(e) en qui vous avez une confiance absolue. Mettez-vous d'accord sur un projet secret (grave? frivole? comique?) que vous voulez réaliser ensemble. Dans un dialogue que vous jouerez devant la classe, faites voir comment vous arrivez à choisir ce projet et comment vous comptez le réaliser. Discutez des difficultés dans la réalisation de votre projet et de la façon dont vous allez surmonter ces obstacles. Précisez le rôle particulier des deux collaborateurs.
4. «Il est absurde de donner sa vie pour un autre.» Distribuez la classe en deux camps. La moitié des étudiants présenteront des arguments pour le côté affirmatif tandis que les autres développeront le point de vue négatif. Après les présentations des arguments des deux côtés, chaque équipe s'efforcera de réfuter les points essentiels de l'adversaire.

Sujets de discussion ou de composition

1. A votre avis, y a-t-il assez de discipline à l'université? Pourquoi ou pourquoi pas?
2. Responsabilités des adultes, responsabilités des enfants dans la société moderne. Voyez-

vous une différence entre les responsabilités d'un enfant d'aujourd'hui et celles d'un enfant de famille royale du dix-septième siècle comme Louis XIII? Qu'est-ce qui a changé? Qu'est-ce qui est resté identique? Pouvez-vous imaginer pourquoi? Commentez.

3. Quelle a été l'année la plus heureuse de votre enfance ou de votre jeunesse? Pourquoi?

4. Écrivez une lettre semblable à celle de Pierre Ruibet. Dans cette lettre à un parent ou à un(e) ami(e), vous parlez d'une décision personnelle importante que vous venez de prendre. Vous présentez les arguments qui vous ont mené(e) dans une direction ou dans l'autre, et vous dites ce qui a fini par vous persuader de prendre la décision que vous avez prise.

2
Les femmes

Femmes au marché au moyen âge

Jeanne d'Arc

Jeanne d'Arc (1412–1431) was one of the first women to play a prominent role in the history of France, and she did so in a unique and spectacular manner. Born in the tiny village of Domrémy in northeastern France, she was the daughter of peasants, Jacques d'Arc and Isabelle Romée. Jeanne was summoned to action at the age of thirteen by voices that she later identified as those of Saint Michael, Saint Catherine, and Saint Marguerite. Despite her youth and her lack of education and training, she was called upon to deliver France from English occupation. Since 1337 the French and the English had been involved in what came to be known as the Hundred Years War, in which the Burgundians sided with the English. In Jeanne's time the English oocupied almost half of France.

Jeanne d'Arc

At the age of sixteen Jeanne d'Arc went to Robert de Baudricourt, the royal captain at Vaucouleurs, and after some difficulty obtained a troop escort so that, in fulfillment of her mission, she could make her way to Chinon and meet with Charles VII. At that time Charles was not yet recognized by all as the king of France. The English had a rival claimant in Henry VI. Jeanne's meeting with the king was a remarkable story in itself. Charles was understandably reluctant to receive a teenage peasant girl who wanted to discuss ways to achieve military victory and recognition of the legitimacy of his reign. He resolved to test Jeanne by hiding in the crowd and having an impostor pass himself off as the king. As soon as Jeanne entered the room, however, she disregarded the false monarch, going instead straight to Charles and paying him reverence. Later, in a private interview, the seventeen-year-old girl gave further evidence of the validity of her mission and earned Charles' confidence by sharing a secret that had been revealed to her by her voices and that only the king could know. Thus, in May 1429, she was put in command of Charles' army to lift the siege of Orleans. Her intervention proved to be a decisive factor in the war, restoring troop morale and arousing a unifying spirit of nationality. On July 17, 1429, Charles VII was officially crowned in the cathedral of Reims. Two months later, Jeanne d'Arc was wounded in the battle to capture Paris. She healed quickly, but in May of the following year she was taken prisoner by the Burgundians at Compiègne and was turned over to the English.

The trial of Jeanne d'Arc was an ecclesiastical trial presided over by the bishop of Beauvais, Pierre Cauchon, whose sympathies lay with the Burgundians. Jeanne d'Arc was accused of heresy and sorcery. Her interrogation focused mainly on two issues: her voices and her masculine garb. With regard to the latter point, ecclesiastical lawyers based their charges on an Old Testament text from Deuteronomy (22:5) which states that women should not wear men's clothes and vice versa. Jeanne responded that she needed to wear such clothes in her duties as head of the army. Furthermore, having taken a vow of chastity, the self-proclaimed Maid of Orleans was determined to do everything in her power to avoid tempting her male troops. During the entire trial, Jeanne d'Arc heeded her voices and stood firm in her refusal to discuss certain questions while responding directly and without fear to all others. In the end, she was condemned and was burned at the stake in Rouen on May 30, 1431, at the age of nineteen. Some twenty-five years later, following a review of her trial by the French, Jeanne d'Arc was vindicated. Nearly five hundred years after that, she became Sainte Jeanne d'Arc, canonized by the Catholic church. Her story has inspired authors and playwrights in several languages, among them Friedrich von Schiller, Charles Péguy, George Bernard Shaw, Paul Claudel, and Jean Anouilh.

The following excerpt from her trial illustrates the tenor of the questioning on the subject of her voices and clothing.

Devant ses accusateurs : le procès° de Jeanne d'Arc

JEANNE Quand j'avais treize ans, j'eus° une voix venant de Dieu, pour m'aider à me gouverner. La première fois, j'eus très peur. La voix vint,° à l'heure de midi, c'était l'été. Dans le jardin de mon père.

5 Quand j'étais en France, j'entendais souvent la voix. La première fois, il y eut de la lumière.

---

le procès trial / **j'eus** = *avoir* (*passé simple*) / **vint** = *venir* (*passé simple*)

MAÎTRE BEAUPÈRE°　Quel conseil vous donnait la voix, pour le salut° de votre âme°?

JEANNE　De me bien conduire,° de fréquenter l'église. Elle me dit qu'il était nécessaire que moi, Jeanne, je vinsse° en France.

La voix me disait de venir en France, et je ne pouvais plus durer° où j'étais! La voix me disait de lever le siège° d'Orléans. Elle me dit d'aller trouver Robert de Baudricourt à Vaucouleurs—c'était le capitaine de la place°—. Qu'il me baillerait° des gens pour venir avec moi.

Quand j'arrivai à Vaucouleurs, je reconnus Robert de Baudricourt : et pourtant° je ne l'avais jamais vu; c'est la voix qui me le fit reconnaître; la voix me dit que c'était lui. Je lui dis, à Robert, qu'il me fallait venir en France.

MAÎTRE BEAUPÈRE　Depuis samedi dernier, avez-vous entendu la voix?

JEANNE　Eh oui, bien des fois....

MAÎTRE BEAUPÈRE　Cette voix, c'était celle d'un ange? ou bien d'un Saint ou d'une Sainte? ou bien encore de Dieu, sans intermédiaire?

JEANNE　C'étaient les voix de sainte Catherine et de sainte Marguerite. Leurs chefs° sont couronnés° de belles couronnes, bien riches et précieuses.

MAÎTRE BEAUPÈRE　Comment le savez-vous, que ce sont ces deux Saintes-là? Les distinguez-vous bien l'une de l'autre?

JEANNE　Bien sûr que je le sais! Bien sûr que je les distingue!

MAÎTRE BEAUPÈRE　Comment les distinguez-vous l'une de l'autre?

JEANNE　Par le salut qu'elles me font° : voilà bien sept ans qu'elles m'ont prise pour me gouverner. Je les connais aussi parce qu'elles se nomment à moi.

MAÎTRE BEAUPÈRE　Les Saintes sont-elles vêtues° du même drap°?

JEANNE　Je ne vous dirai rien d'autre pour le moment; je n'en ai pas congé.° Si vous ne me croyez pas, allez à Poitiers.° Il y a des révélations qui vont au Roi de France. Pas à vous!

MAÎTRE BEAUPÈRE　Les voix ont-elles le même âge?

JEANNE　Je n'ai pas congé de le dire.

MAÎTRE BEAUPÈRE　Les Saintes parlent-elles toutes les deux à la fois, ou bien l'une après l'autre?

Maître Beaupère assistant judge in the case / **le salut** = *la rédemption* / **l'âme** *f* soul / **se conduire** to conduct oneself / **vinsse** = *venir* (*imparfait du subjonctif*), come / **durer** = *rester* / **lever le siège** to raise the siege / **le capitaine de la place** fortress commander / **bailler** (*archaïque*) = *donner* / **pourtant** yet / **le chef** (*archaïque*) = *tête* / **couronner** to crown / **par... font** by the way they greet me / **vêtir** = *habiller* / **le drap** cloth / **le congé** = *la permission* / **Poitiers** : *Jeanne avait été interrogée à Poitiers pendant trois semaines.* /

JEANNE   Je n'ai pas congé de vous le dire. C'est des deux que j'ai toujours conseil.

MAÎTRE BEAUPÈRE   Laquelle des deux vous est-elle apparue la première?

45   JEANNE   Je ne les ai pas reconnues de sitôt°! Je l'ai bien su autrefois, mais je l'ai oublié. Si j'en avais congé, je vous le dirais : c'est consigné° au registre de Poitiers.

Et j'ai eu grand confort, aussi, de saint Michel. Ce fut saint Michel que je vis devant mes yeux. Il n'était pas seul,
50   mais accompagné d'anges du ciel. Je ne suis venue en France que sur l'ordre de Dieu.

MAÎTRE BEAUPÈRE   Saint Michel et les anges, est-ce que vous les avez vus en chair et en os,° réellement?

JEANNE   Je les ai vus de mes yeux, comme je vous vois tous. Quand
55   ils me quittaient, je pleurais, et j'aurais bien voulu qu'ils m'emportassent° avec eux.

MAÎTRE BEAUPÈRE   Quel aspect° avait saint Michel?

JEANNE   Je n'ai pas congé de vous répondre.

MAÎTRE BEAUPÈRE   La première fois, qu'est-ce qu'il vous a dit, saint Michel?

60   JEANNE   Vous n'aurez pas réponse aujourd'hui. Les voix m'ont dit de faire hardiment face.°

MAÎTRE BEAUPÈRE   Quel signe avez-vous reçu qui prouve que votre révélation est de par Dieu°? Qu'est-ce qui vous prouve que ce sont sainte Catherine et sainte Marguerite qui vous parlent?

65   JEANNE   Je vous l'ai assez dit, que ce sont sainte Catherine et sainte Marguerite. Croyez-moi si vous voulez!

MAÎTRE BEAUPÈRE   C'est Dieu qui vous a commandé de prendre l'habit° d'homme?

JEANNE   L'habit n'est rien; c'est secondaire. L'habit d'homme, je
70   n'ai reçu de personne au monde conseil de le prendre. Je n'ai pris cet habit, je n'ai rien fait que par le conseil de Dieu et des anges.

MAÎTRE BEAUPÈRE   Est-ce que vous estimez que le conseil qui vous a été donné de prendre habit d'homme soit... licite°?

75   JEANNE   Tout ce que j'ai fait est d'ordre de Dieu. S'Il m'ordonnait de m'habiller autrement, je le ferais, parce que ce serait Son ordre.

MAÎTRE BEAUPÈRE   C'est Robert de Baudricourt qui vous l'a ordonné?

---

de sitôt = *immédiatement* / **consigné** *recorded* / **en chair et en os** *in the flesh* / **emportassent** = *emporter* (*imparfait du subjonctif*), *to take away* / **l'aspect** *m look,* *appearance* / **faire hardiment face** *to face up boldly* (*to someone*) / **de par Dieu** = *par* *ordre de Dieu* / **l'habit** *m* = *le costume* / **licite** = *permis*

JEANNE	Jamais!
80 MAÎTRE BEAUPÈRE	Estimez-vous avoir bien fait de prendre l'habit d'homme?
JEANNE	Tout ce que j'ai fait de par Dieu, je pense que ce fut bien fait, et j'en attends bonne garantie° et confort.
MAÎTRE BEAUPÈRE	Mais dans ce cas particulier-là, en prenant habit d'homme, estimez-vous avoir bien fait?
85 JEANNE	Tout ce que j'ai fait au monde, ce fut de par Dieu.

Raymond Oursel, *Le Procès de Jeanne d'Arc*

Qu'en pensez-vous?

Etes-vous d'accord ou non avec les déclarations suivantes? Justifiez votre réponse.

1. La première fois que Jeanne a entendu la voix, elle a été très contente.
2. La voix lui a dit de rester chez elle.
3. La voix l'a aidée à reconnaître Robert de Baudricourt.
4. Selon Jeanne, sainte Catherine et sainte Marguerite portaient des bérets.
5. Jeanne savait très bien distinguer sainte Catherine de sainte Marguerite.
6. Jeanne répond à toutes les questions qu'on lui pose.
7. Quand saint Michel est apparu à Jeanne, il était tout seul.
8. Jeanne était triste quand saint Michel et les anges la quittaient.
9. Les voix de Jeanne lui ont conseillé de coopérer avec le président du tribunal et ses avocats.
10. Jeanne prouve pour le tribunal l'identité de sainte Catherine et de sainte Marguerite.
11. C'est son oncle qui lui a conseillé de prendre l'habit d'homme.
12. Jeanne pense qu'elle a bien fait en prenant l'habit d'homme.

Nouveau contexte

Complétez les phrases suivantes en employant les termes appropriés. Employez chaque terme une seule fois.

Noms : conseils *m*, habit *m*
Verbes : distinguer, emportent, il est défendu, estime, faire face, s'habille, ordonne, pleure, regarde
Autre expression : en chair et en os

Le procès de Jeanne d'Arc commence le 9 janvier 1431, à Rouen devant un tribunal d'Eglise. Dès la première séance publique, le 21 février, il est évident que Jeanne a l'intention de _____1_____ à ses accusateurs. Elle refuse de répondre à certaines de leurs questions parce que la réponse ne les _____2_____ pas. On lui _____3_____ de répondre mais elle insiste qu'elle n'est pas libre, qu'elle n'a pas congé de répondre. On l'interroge sur ses voix qui lui ont apporté des _____4_____ directs de Dieu. Il y a trois voix différentes et

la garantie = *l'assurance*

Jeanne peut facilement les _____5_____ les unes des autres. Elle dit qu'elle a vu saint Michel en personne, _____6_____, exactement comme elle voit les avocats en ce moment. Puis on la questionne sur la façon dont elle _____7_____, sur les vêtements qu'elle porte. Elle est vêtue en _____8_____ d'homme et elle porte les cheveux courts. Ses juges remarquent que dans l'Ancien Testament _____9_____ à la femme de porter un vêtement d'homme. Jeanne _____10_____ qu'elle n'a pas offensé Dieu en suivant les recommandations de ses voix. Elle est triste et elle _____11_____ chaque fois que ses voix la quittent. Elle voudrait que ses saints l' _____12_____ au paradis pour qu'elle puisse y demeurer éternellement avec eux. Le 30 mai, 1431, Jeanne d'Arc est brûlée vive dans une exécution publique. Elle avait dix-neuf ans.

Vocabulaire satellite

l' **être humain**   human being
le **sexe faible, le deuxième sexe**   the weaker sex
la **maîtresse femme**   super-woman
le **compagnon, la compagne** companion
l' **amant, e**   lover
l' **époux, l'épouse**   spouse
la **mère de famille**   mother, housewife
   élever des enfants   to raise children
la **féminité**   femininity
   libéré   liberated
   fidèle, infidèle   faithful, unfaithful
   sensible, insensible   sensitive, insensitive
   affectueux (affectueuse), froid affectionate, cold
   doux (douce), coléreux (coléreuse) gentle, quick-tempered

compréhensif (compréhensive), intolérant   understanding, intolerant
émotif (émotive), calme emotional, calm
constant, inconstant   constant, fickle
d'humeur changeante, d'humeur égale   moody, even-tempered
fort, faible   strong, weak
généreux (généreuse), égoïste generous, selfish
patient, impatient   patient, impatient
indépendant, dépendant independent, dependent
égal   equal
faire la guerre   to go to war
se battre   to fight

Pratique de la langue

1. Préparez une des activités suivantes :
   a. Une conversation entre une mère (une femme au foyer traditionnelle) et sa fille de 18 ans qui voudrait devenir militaire.
   b. Une entrevue (*interview*) entre un patron (*employer*) traditionaliste et une femme qui cherche à obtenir un poste occupé jusqu'ici par un homme.
2. Divisez la classe en deux groupes. Les uns dresseront une liste de professions ou de

situations où les femmes sont plus naturellement douées (*gifted*) que les hommes tandis que les autres établiront une liste semblable pour les hommes. Puis les deux groupes compareront leurs listes, expliqueront les raisons de leurs choix, et discuteront des différences d'opinion.

3. Table ronde : Il y a des différences fondamentales entre la psychologie masculine et féminine.

4. Jeanne d'Arc s'est distinguée dans le service militaire. Choisissez un autre domaine (science, médecine, droit, affaires, etc.) et racontez les accomplissements d'une femme qui s'est fait remarquer et est devenue célèbre.

Joséphine et Napoléon

When Josephine married Napoleon in the tumultuous period following the French Revolution, little did she realize they were to become Emperor and Empress of the French and one of the best-known couples in French history. Marie-Josèphe Rose Tascher de la Pagerie was born in 1763 in Martinique, one of three daughters of a well-to-do aristocratic military officer and sugar planter. In 1779 she was sent to France to marry Viscount Alexandre de Beauharnais, an army officer who was also originally from Martinique. Although they had two

Joséphine

children, Eugene and Hortense, their marriage was stormy, and they were separated in 1785.

Josephine returned to Martinique for two years to care for her mother, and when she returned to France she rejoined her husband, who had entered the political arena in Paris. Her Creole beauty and her vivacity and grace made her popular in the Parisian salons. Despite their attempts to join the revolutionary cause and underplay their aristocratic origins, however, she and her husband aroused the suspicions of the republicans, and they were both imprisoned in 1794. After spending four months in prison, Josephine was released, but her husband was executed.

Through the help of some powerful friends the widowed Josephine soon regained her social standing, and she was one of the queens of the Parisian salons when she met Napoleon in 1795. It is said that the two met when Josephine called on him to thank him for returning her former husband's sword to her son, Eugene. Though at twenty-six some six years younger than she, the ambitious and passionate Napoleon, then a rising star in the French military, was immediately captured by this dazzling social butterfly. Although Josephine was undoubtedly fascinated by Napoleon's intense ardor, for her it was not love at first sight; she would refer to him coyly at social gatherings as «*ce drôle de Napoléon*» (that funny Napoleon).

Nevertheless, after he was named general of the French army in Italy, she married him, probably because he possessed the financial resources to satisfy her appetite for fine clothing and expensive jewelry. They were joined in a simple civil ceremony on March 9, 1796, just two days before he left for the Italian campaign. It took Josephine some four months to join him in Italy, in part because she had begun an affair with a dashing young military officer named Hippolyte Charles—an affair that so infuriated Napoleon that he threatened divorce.

Josephine's feelings for Napoleon gradually grew stronger, and after she was crowned Empress in 1804 she is credited with using her influence on behalf of peace and moderation in both internal and external matters of state. Her position, however, was gradually undermined by her ceaseless extravagance, the hostility of Napoleon's family, and the fact that she could not bear an heir to the throne. Napoleon and Josephine were divorced in 1809. Shortly afterward, Napoleon married Marie Louise of Austria, who was to bear him a son, and Josephine was sent to reside in the couple's estate at Malmaison, near Paris, where she lived a peaceful life on friendly terms with Napoleon until her death in 1814.

The following two letters were written to Josephine in July and November 1796, while Napoleon was directing his Italian campaign. By this time Josephine had moved to Milan but was still under the sway of the dapper Hippolyte Charles, who had been transferred there. The letters display both Napoleon's passion and disillusionment. Napoleon wrote much more often to Josephine than she to him, and only his letters survive; they were found by a valet in a closet at Malmaison after the death of Josephine.

Deux lettres de Napoléon à Joséphine

Lettre I

Marmirolo, 9 heures du soir (17 juillet 1796)

Je reçois ta lettre, mon adorable amie; elle a rempli° mon cœur de joie. Je te suis obligé de la peine° que tu as prise de me donner de tes nouvelles; ta santé° doit
5 être meilleure aujourd'hui; je suis sûr que tu es guérie.° Je t'engage° fort° à monter à cheval, cela ne peut pas manquer° de te faire du bien.

Depuis que je t'ai quittée, j'ai toujours été triste. Mon bonheur est d'être près de toi. Sans cesse je repasse dans ma mémoire tes baisers,° tes larmes, ton aimable jalousie; et les charmes de l'incomparable Joséphine allument sans cesse une
10 flamme vive et brûlante° dans mon cœur et dans mes sens. Quand, libre de toute inquiétude,° de toute affaire,° pourrai-je passer tous mes instants près de toi, n'avoir qu'à t'aimer, et ne penser qu'au bonheur de te le dire et de te le prouver? Je croyais t'aimer il y a quelques jours; depuis que je t'ai vue, je sens que je t'aime mille fois plus encore. Depuis que je te connais, je t'adore tous les jours
15 davantage° : cela prouve combien la maxime de La Bruyère, que «l'amour vient tout d'un coup°», est fausse. Tout, dans la nature, a un cours et différents degrés d'accroissement.° Ah! je t'en prie, laisse-moi voir quelques-uns de tes défauts°; sois moins belle, moins gracieuse, moins tendre, moins bonne, surtout; surtout ne sois jamais jalouse, ne pleure jamais; tes larmes m'ôtent° la raison, brûlent° mon
20 sang. Crois bien qu'il n'est plus en mon pouvoir d'avoir une pensée qui ne soit pas à toi, et une idée qui ne te soit pas soumise.°

Repose-toi bien. Rétablis° vite ta santé. Viens me rejoindre; et, au moins, qu'avant de mourir, nous puissions dire : Nous fûmes° tant de jours heureux!

Millions de baisers, et même à Fortuné,[1] en dépit de° sa méchanceté.°

Lettre I

remplir to fill / **la peine** = *la difficulté* / **la santé** health / **guéri** recovered / **engager** = *encourager* / **fort** = *beaucoup* / **cela ne peut pas manquer** that can't help but / **un baiser** kiss / **brûlant** burning / **l'inquiétude** *f* worry / **l'affaire** *f* business / **davantage** more / **tout d'un coup** all at once / **l'accroissement** *m* growth / **le défaut** = *l'imperfection* / **ôter** to take away / **brûler** to burn / **qui... soumise** that is not submitted to you / **rétablir** to regain / **fûmes** = *être* (*passé simple*) / **en dépit de** in spite of / **la méchanceté** mischievousness, nastiness

[1]Petit chien de Joséphine.

Lettre II

Vérone, 13 novembre 1796

25   Je ne t'aime plus du tout; au contraire, je te déteste. Tu es une vilaine, bien gauche, bien bête, bien cendrillon.° Tu ne m'écris pas du tout, tu n'aimes pas ton mari; tu sais le plaisir que tes lettres lui font, et tu ne lui écris pas six lignes jetées au hasard°!

    Que faites-vous donc toute la journée, madame? Quelle affaire si importante
30 vous ôte le temps d'écrire à votre bien bon amant°? Quelle affection étouffe° et met de côté° l'amour, le tendre et constant amour que vous lui avez promis? Quel peut être ce merveilleux,° ce nouvel amant qui absorbe tous vos instants, tyrannise vos journées et vous empêche° de vous occuper de° votre mari? Joséphine, prenez-y garde,° une belle nuit les portes enfoncées,° et me voilà.

35   En vérité, je suis inquiet,° ma bonne amie, de ne pas recevoir de tes nouvelles; écris-moi quatre pages, et de ces aimables choses qui remplissent mon cœur de sentiment et de plaisir.

    J'espère qu'avant peu° je te serrerai° dans mes bras, et je te couvrirai d'un million de baisers brûlants comme sous l'équateur.

Bonaparte, *Lettres de Napoléon à Joséphine*

Qu'en pensez-vous?

Etes-vous d'accord ou non avec les déclarations suivantes? Justifiez votre réponse.

Lettre I
  1. Joséphine a été malade, mais elle va mieux maintenant.
  2. Napoléon lui conseille de monter à dos de girafe.
  3. Il a été content depuis qu'il l'a quittée.
  4. Il se rappelle sans cesse ses baisers et ses charmes.
  5. Il dit qu'il aime Joséphine un peu moins tous les jours.
  6. Il est d'accord avec la maxime de La Bruyère.
  7. Il pense que Joséphine a beaucoup de défauts.
  8. Il est totalement sous sa domination.
  9. Fortuné est le cheval méchant de Joséphine.

Lettre II

cendrillon (*inv.*) household drudge (**Cendrillon** = Cinderella) / **jeté au hasard** written haphazardly / **l'amant** *m* lover / **étouffer** to suffocate / **mettre de côté** to push aside / **merveilleux** marvelous / **empêcher** to prevent / **s'occuper de** to take care of / **prenez-y garde** = *faites attention* / **enfoncé** broken down / **inquiet** worried / **avant peu** = *bientôt* / **serrer** to hold tightly

Lettre II

10. Napoléon déteste Joséphine parce qu'elle écrit illisiblement.
11. Il pense qu'elle a peut-être un nouvel amant.
12. Il dit qu'il va revenir une nuit sans la prévenir (*to warn*).
13. Il lui demande d'écrire une lettre de six lignes.
14. Il va bientôt la couvrir d'un million de baisers brûlants.
15. Napoléon tutoie Joséphine dans toute sa lettre.

Nouveau contexte

Complétez les phrases suivantes en employant les termes appropriés. Employez chaque terme une seule fois.

Noms : baisers *m*, million *m*
Verbes : caresses, couvre, écrire, étouffe, lire, reçoit, serre
Adjectifs : brûlants, content, jaloux, triste

Ma chère Mireille,   9h.30, 8 avril

Je suis au bureau depuis seulement une demi-heure et je suis déjà terriblement _____1_____! Je ne suis _____2_____ que quand je suis près de toi, quand je te _____3_____ dans mes bras, quand je te _____4_____ de mille _____5_____!

   Qu'est-ce que tu fais maintenant? Est-ce que tu _____6_____ ton chien Médor? Comme il a de la chance! Je suis _____7_____ de lui parce qu'il _____8_____ tes baisers tandis que j'_____9_____ dans la prison de mon bureau!

   Mon adorable épouse, je vais t'_____10_____ une autre lettre à ll h., et encore une autre cet après-midi, et quand je rentrerai ce soir, je vais te les _____11_____—devant Médor!

   Je t'envoie un _____12_____ de baisers _____13_____!

Ton mari constant,
Benjamin

Vocabulaire satellite

l' **amant(e)** lover
l' **ami(e)** friend; boyfriend, girlfriend
le **petit ami** boyfriend
la **petite amie** girlfriend
l' **amour** *m* love
   tomber amoureux (amoureuse)
      de to fall in love with
   mon pigeon, mon chou, ma
      tourterelle my darling (lit., my pigeon, my cabbage, my turtle-dove)
aimer to love
embrasser to kiss
le **baiser** kiss
fidèle faithful
la **fidélité** faithfulness
responsable responsible
passionné passionate

jaloux (jalouse) jealous		**tromper** to cheat on
la **jalousie** jealousy		se **disputer** to argue
infidèle unfaithful		la **dispute** argument
l' **infidélité** *f* unfaithfulness		

Pratique de la langue

1. Imaginez que Napoléon décide de rendre visite à Joséphine immédiatement après avoir écrit la lettre à la page 32. Préparez une conversation imaginaire entre Joséphine et Napoléon et jouez-la avec un(e) autre étudiant(e).
2. Ecrivez une des lettres suivantes :
    a. une lettre de Napoléon à Fortuné, le chien de Joséphine
    b. une lettre de Napoléon à Hippolyte Charles (voir Introduction)
    c. une lettre originale de Joséphine à Napoléon.
3. Organisez un débat pour considérer le pour et le contre de la maxime de La Bruyère : «L'amour vient tout d'un coup.»
4. Choisissez une des lettres de Napoléon et écrivez la réponse de Joséphine. Lisez votre réponse devant la classe.
5. Imaginez que vous êtes un psychologue célèbre et que vous analysez les lettres de Napoléon pour découvrir quelques traits essentiels de sa personnalité. Vous présentez vos idées devant un groupe de psychologues distingués (la classe de français) qui vous posent des questions.
6. Imaginez la toute (*very*) première conversation entre Joséphine et Napoléon et jouez-la avec un(e) autre étudiant(e).

Hubertine Auclert

"Universal suffrage" (meaning the right for all *men* to vote) was established in France in 1848. However, it was almost a century later, in 1945, that French women were granted the right to vote. It is generally thought that there were two reasons for the delay: first, because the majority of French women were willing to bend to the French national feminine mystique, which relegated women to an inferior position; second, because the Senate repeatedly opposed the measure between 1919 and 1935 for fear that female votes would elect clerical candidates. The problem only came up again in French politics after the Second World War.

In 1908, a sixty-year-old woman marched into a Parisian polling place, seized the ballot box, hurled it to the floor, and stamped on it while denouncing the "unisexual suffrage" system of the French Republic. She was arrested by the

Hubertine Auclert

police. Her name was Hubertine Auclert but she was also known publicly as "the French Suffragette."

Auclert (1848–1914) created the women's suffrage movement in France through the organization *Droits des Femmes* (Women's Rights), which began in 1876 and was later renamed *Suffrage des Femmes* (Women's Suffrage) in 1883. She also founded in 1881 the first French suffragist newspaper *La Citoyenne* (*The Female Citizen*), which she financed largely with her own money and in which she wrote numerous articles, including the ones presented here. *La Citoyenne* addressed itself to both a male and a female audience.

In 1888, having just married her former lawyer, Antonin Lévrier (who had also been one of the main collaborators of *La Citoyenne*), Hubertine Auclert followed her husband to North Africa, where he had been nominated as a judge. She then spent four years in Algeria and took advantage of her stay to study the condition of Arab women. In a series of articles published mostly in *La Citoyenne*, as well as in a book, *Les Femmes arabes en Algérie* (1900), she denounced the practice of buying wives who sometimes were still merely children, and condemned polygamy, prostitution, and the Muslim practice of repudiation, as well as the racist dimensions of French colonial policy.

Born in the aftermath of a revolution, Auclert died on the eve of the First World War. She is buried at the Père Lachaise cemetery in Paris. Ironically, the funeral announcement issued by her family identified her as her husband's widow «*Mme Veuve Antonin Lévrier. Née Marie Anne Hubertine Auclert,*» thus reflecting the very traditional concept that she had fought against all her life, that a woman should be defined through her husband. Although Auclert's contribution to women's liberation has been acknowledged by the feminist movement of the 1970s and her writings have been discovered, she is little known to the French public at large, having been considered for many years as an eccentric by the French establishment.

The following excerpts exemplify the diversified nature of her concerns. If Hubertine Auclert were to return today, she would probably be astonished and delighted to learn that French women can vote and seek a divorce without the consent of their husbands, that birth control and abortion have now become legal in France, and that ever since the Constitution of the Fourth Republic (October 27, 1946) granting them rights equal to men in all domains, they have indeed made considerable legal and social advances.

Le vote des femmes

Chaque homme a dans la société un rôle spécial et bien déterminé. Eh bien, que diraient les hommes si on les enfermait° dans le rôle restreint° de leur profession? Si on leur disait : vous boulanger,° votre rôle est de pétrir° le pain! Vous n'aurez pas vos droits° politiques. Vous cordonnier,° votre rôle est de coudre° les
5 souliers°... Vous, avocat...

Ce serait aussi logique que de dire à la femme que parce qu'il est dans son rôle de prendre soin° du ménage,° des vêtements et des enfants, elle n'aura pas de droits politiques.

Pourquoi dit-on que le rôle des femmes doit les priver° de l'exercice de leurs
10 droits? Est-ce que la femme remplit° un rôle inférieur à celui de l'homme? Les soins donnés aux affaires domestiques sont-ils moins précieux que l'attention portée° à l'exercice d'un métier°? Non!

Ce n'est pas parce que la femme française voterait, comme vote la femme américaine, qu'elle cesserait d'être dans la maison l'administratrice intelligente
15 et économe,° la travailleuse ou l'intendante° active qui surveille° tout, qui est à tout.°

---

enfermer to confine / **restreint** = *limité* / **le boulanger** baker / **pétrir** to knead /
les droits *m* rights / **le cordonnier** shoemaker / **coudre** to stitch / **le soulier** =
la chaussure / **prendre soin de** to take care of / **le ménage** household / **priver** to
deprive / **remplir** to fill / **porté** = *donné* / **le métier** = *la profession* /
économe thrifty / **l'intendant(e)** steward / **surveiller** to watch over / **être à tout** =
prendre soin de tout

Ce n'est pas parce que la femme voterait qu'elle cesserait d'être pour la famille ce qu'est le soleil pour la fleur,° un astre° qui la réchauffe° de son amour. Non! les femmes peuvent à la fois° jouir de° l'intégralité° de leurs droits et être
20 irréprochables dans l'accomplissement de leurs devoirs.

La Citoyenne, 6 mars 1881

Le travail des femmes : «Femmes! Vous allez prendre notre place!»

J'ai dit que les femmes devaient être indépendantes de l'homme au point de vue économique : aussitôt° est tombée sur moi une avalanche de malédictions masculines.

Les hommes me reprochent d'inciter les femmes à prendre leur place : partager° une place ce n'est pas la prendre.
5   Pour de l'argent, il y a des hommes qui cousent,° qui raccommodent°; pour de l'argent, il y a des hommes qui font la cuisine, mettent et ôtent le couvert,° lavent la vaisselle. Pour de l'argent, il y a des hommes qui prennent soin de tout° jeunes enfants.

La répugnance des hommes pour les affaires domestiques n'est pas inhérente
10 à leur sexe; elle vient simplement de ce que,° dès la naissance,° on traite les petits garçons en pachas°; après leur mère, ce sont leurs sœurs qui se font leurs servantes.

Il ne faut pas chercher ailleurs que° dans l'infériorité sociale et politique de la femme son infériorité économique et productive. Parce que la femme n'est pas
15 une personne autonome, parce que la femme est considérée comme la satellite de l'homme bien plus que comme un être° qui a sa vie propre,° tous ses actes sont dépréciés.

La Citoyenne, 31 juillet 1881

La journée de vingt heures

Les travailleurs d'Europe et d'Amérique proclament, avec raison, qu'il faut à l'être humain un temps pour se reposer et ils sont en voie° d'obtenir par cette

---

ce qu'est... fleur what the sun is for the flower | **l'astre** *m* star | **réchauffer** to warm |
à la fois = *en même temps* | **jouir de** = *profiter de* | **l'intégralité** *f* totality | **aussitôt** =
immédiatement | **partager** to share | **cousent** present tense of *coudre* (to sew) |
raccommoder to mend | **mettre et ôter le couvert** to set and clear the table | **tout** =
très | **de ce que** from the fact that | **dès la naissance** from birth | **en pachas** = *en
rois* | **ailleurs que** elsewhere than | **l'être** *m* being | **sa vie propre** = *sa vie à soi* |
être en voie de = *être sur le point de*

manifestation° admirable, une grève universelle° d'un jour, la réduction de leur labeur à huit heures.

5   L'homme va donc bientôt jouir partout de huit heures de loisir° et de huit heures de repos. Mais la femme, elle, quand aura-t-elle un temps de loisir et de repos?

L'ouvrier° en sortant de l'atelier° est libre comme un pacha.

L'ouvrière, sa journée finie, commence un travail encore plus pénible° que
10   celui qu'elle vient de faire : balayage,° nettoyage,° approvisionnement,° cuisine, lavage, soin des enfants, raccommodage,° repassage,° que sais-je encore? La moitié de la nuit y passe.°

Le travail du ménage partagé entre l'homme et la femme rendrait possible le repos, le loisir partagé. Alors, en rentrant au logis,° l'homme plus content de lui-
15   même trouverait, au lieu d'une femme à moitié morte de fatigue, qui est décharnée° et a parfois° la bouche amère,° une compagne gaie, gracieuse, toujours prête à accepter ses offres de sorties.°

Le fardeau° domestique partagé, la femme aura enfin le temps de penser qu'elle n'est pas une bête de somme° et qu'il est de son intérêt d'exercer tous ses
20   attributs de personne humaine.

Si les maris° refusent leur part de besogne,° que les épouses° se croisent les bras° devant le travail supplémentaire du ménage; les maris céderont° vite.

La Citoyenne, 15 mai 1891

Qu'en pensez-vous?

Etes-vous d'accord ou non avec les déclarations suivantes? Justifiez votre réponse.

1. Pour Hubertine Auclert, le rôle des femmes dans la société est aussi important que celui des hommes.
2. Elle pense, cependant, que les femmes ne devraient pas avoir le droit de vote.
3. Les femmes américaines ont obtenu le droit de vote avant les femmes françaises.
4. Les hommes de l'époque d'Hubertine Auclert pensaient que les femmes devraient être économiquement indépendantes.

la manifestation demonstration / **une grève universelle** a general strike / **le loisir** leisure / **l'ouvrier** *m* = *le travailleur* / **l'atelier** *m* shop / **pénible** = *difficile* / **le balayage** sweeping / **le nettoyage** cleaning / **l'approvisionnement** *m* shopping for food / **le raccommodage** = *action de raccommoder* / **le repassage** ironing / **y passe** is spent doing that / **rentrer au logis** = *revenir à la maison* / **décharné** = *très maigre* / **parfois** = *quelquefois* / **amer** bitter / **ses offres de sorties** = *ses invitations à sortir* / **le fardeau** burden / **la bête de somme** beast of burden / **le mari** husband / **la besogne** = *le travail* / **l'épouse** *f* wife / **se croiser les bras** to fold one's arms / **céder** to yield

5. Selon Auclert, quand des hommes accomplissent, pour de l'argent, des tâches accomplies par les femmes à la maison, ces tâches sont soudain considérées comme nobles.
6. Elle pense que les femmes ont trop gâté les hommes.
7. A l'époque d'Hubertine Auclert, la femme était définitivement considérée comme l'égale de l'homme.
8. Hubertine Auclert pense que tout être humain (homme ou femme) doit avoir un temps pour se reposer.
9. Elle pense que, si les hommes partageaient avec leur femme le travail du ménage, les femmes pourraient alors partager leurs loisirs et tout le monde serait plus heureux.
10. Selon Auclert, les femmes devraient refuser de faire le ménage si leur mari ne les aide pas.

Nouveau contexte

Complétez les phrases suivantes en employant les termes appropriés. Employez chaque terme une seule fois.

Noms : affaires *f*, argent *m*, devoirs *m*, droit *m*, grève *f*, loisir *m*, ménage *m*, ouvrière *f*, pachas *m*, réduction *f*, travailleurs *m*

Verbes : aide, céderont, se croisent les bras, cousent, partager, prendre leur place, raccommodent, surveille

Adjectif : pénible

Une suffragette française, contemporaine d'Hubertine Auclert, fait un discours :

Nous, les femmes, sommes injustement privées de l'exercice du _____1_____ de vote alors que nous remplissons tous nos _____2_____ d'épouse et de mère! Ce n'est pas juste! Les hommes s'imaginent que nous voulons _____3_____ mais nous ne désirons que _____4_____ leurs privilèges. Eux, qui ont toujours été traités comme des _____5_____, considèrent que le travail de la femme n'est pas noble parce qu'il fait partie des _____6_____ domestiques et que par conséquent les femmes sont inférieures. Pourtant, dans la maison, c'est la femme qui _____7_____ tout, est à tout. Il y a bien des hommes qui, par profession, _____8_____ et _____9_____ des vêtements. Mais eux le font pour de l' _____10_____. Aussi, ils pensent être très supérieurs aux femmes!

Il est vrai que les _____11_____ d'Europe et d'Amérique, après une _____12_____ universelle, ont obtenu une _____13_____ des heures de labeur. Mais le temps de _____14_____ de l'homme et de la femme est-il comparable? Une fois sa journée finie, l' _____15_____ rentre chez elle pour faire un travail encore plus _____16_____ que celui de l'atelier. La seule solution est que l'homme _____17_____ sa femme avec les travaux du _____18_____. Et, s'il ne veut pas le faire, alors, que les épouses _____19_____! Leurs maris _____20_____ vite!

Vocabulaire satellite

le **mouvement de libération des femmes**   women's liberation movement

le **droit de vote**   right to vote

voter   to vote

l' **égalité** *f* **des sexes**   equality between the sexes

l' **indépendance financière**   financial independence

le **salaire égal**   equal salary

le **contrôle des naissances**   birth control

l' **avortement légalisé**   legalized abortion

épuisé   exhausted

frustré   frustrated

faire la cuisine   to cook

faire le ménage   to clean the house

faire la vaisselle   to wash dishes

faire la lessive   to do the laundry

faire les courses   to do the shopping

s'occuper des enfants   to take care of the children

se **disputer**   to quarrel

la **scène de ménage**   argument between husband and wife

la **femme de ménage**   cleaning lady

la **femme d'intérieur**   housewife

Pratique de la langue

1. Complétez les déclarations suivantes du point de vue d'Hubertine Auclert :
   a. Au 19ᵉ siècle, quand une femme rentre à la maison, elle doit...
   b. Pour cette raison elle est souvent...
   c. Parce que les maris n'aident pas les femmes dans le travail de la maison, il y a fréquemment...
   d. Les femmes continueront à être les administratrices intelligentes et économes de leur maison et des travailleuses actives même si...
   e. Pour de l'argent, il y a des hommes qui...
2. Faites une liste de quatre choses positives résultant du fait que l'homme moderne partage le travail de sa femme à la maison.
3. Jouez les situations suivantes :
   a. Une scène de ménage entre mari et femme, à l'époque d'Hubertine Auclert. Un ouvrier rentre chez lui, le soir, après une longue journée de travail et se met en colère parce que le repas n'est pas prêt et que sa femme est de mauvaise humeur. Inventez les personnages, puis imaginez le dialogue.
   b. Même situation aujourd'hui mais le mari est un homme libéré, tolérant et généreux, et il n'y a pas de scène de ménage.
   c. Imaginez une rencontre entre Hubertine Auclert et une contemporaine américaine qui s'intéresse à la situation des femmes françaises.
   d. Par un miracle inexplicable, Hubertine Auclert rencontre une féministe du vingtième siècle et l'interroge sur le statut social et politique des femmes d'aujourd'hui. Imaginez le dialogue et les réactions d'Hubertine devant les changements qui se sont produits depuis son époque.

Sujets de discussion ou de composition

1. Est-il vrai que les femmes mariées n'ont pas pu profiter du mouvement de libération autant que les célibataires? En accédant à des postes plus importants dans leur vie professionnelle tout en restant épouses et mères, ont-elles fini par accepter double responsabilité, double tension, et donc une diminution de leur temps de loisir? Si c'est le cas, à qui est la faute, et que peuvent-elles faire pour gagner la même égalité et les mêmes privilèges que les autres femmes?

2. Ecrivez une composition qui décrit votre premier amour. Où avez-vous fait la connaissance de votre premier (première) petit(e) ami(e)? Comment était-il (elle)? Qu'est-ce que vous aviez en commun? Est-ce que vous vous entendiez bien ou est-ce que vous vous disputiez toujours? Quelle était la réaction de vos parents? Combien de temps votre premier amour a-t-il duré?

3. Un homme conservateur fait un discours (ou écrit un article) intitulé «Cette femme est dangereuse!» pour attaquer les idées d'une féministe. Parlez (ou écrivez) pour lui.

3
La famille

Une famille aristocratique

La famille et le mariage

There was something exceptional in the marriage of Martin Guerre and Bertrande de Rols, which is described in the following reading. The spouses involved in the Rols-Guerre contract were unusually young, even for the sixteenth century: Martin was only in his fourteenth year and Bertrande claimed later that she was only nine or ten when she married.

It seems that for the Guerre family—a family of outsiders since they had come to the Pyrenean village of Artigat in 1527 from the Basque country—an alliance with the local and wealthy Rols family was not only a financial matter but a way to become integrated in the regional social structure. Obviously, both families were also convinced that, as a proverb of the time claimed, «*Amour peut moult, argent peut tout*» (Love can do much but money can do everything).

Martin and Bertrande's marriage ultimately failed, probably because they were married too young. Martin, now a rich peasant, deserted his wife and child and was not heard from for years. He eventually returned—or so it was thought—but, after three or four peaceful years with her husband, Bertrande came to believe that she had been tricked by an impostor, and she had him

Noces de village

brought to trial. As it turned out, the husband had indeed been an impostor, a man named Arnaud whom the courts condemned to death.

The case, debated in 1560 at the Parlement de Toulouse, became a cause célèbre. It was brilliantly recorded by one of the judges, Jean de Coras. His remarkable treatise, *Arrest Memorable* (1561), is a compilation of the evidence, arguments, and judgments related to the case. In 1985 Jean-Claude Carrière and Daniel Vigne produced a film entitled *Le Retour de Martin Guerre*, starring Gérard Depardieu, Nathalie Baye, and Roger Planchon.

Although the film sometimes departs from the historical record, it is nevertheless a touching and evocative illustration of the role of greed and power in family structures in sixteenth century France. It is the sad, tragic story of two children who were condemned by their families and society to become adults long before they were emotionally, psychologically, or even socially ready to do so, two children who were therefore sacrificed to the larger concept of family welfare.

Le mariage de Martin Guerre et Bertrande de Rols

Donc, ce dimanche-là, à Artigat, on mariait Martin Guerre et Bertrande de Rols. Les gens les disaient bien jeunes pour convoler.° Ils pouvaient avoir° quatorze ou quinze ans, je ne sais plus. Bertrande se trouvait fille unique.° Elle venait du hameau° de Rols, tout proche° d'Artigat, et n'avait plus que sa mère
5 Raymonde.

Martin, je l'avais vu naître. Le seul garçon de la famille Guerre, fils de Mathurin Guerre et de Brigitte son épouse,° frère de quatre sœurs. Un garçon grand et fort, au fond° assez brave,° mais souvent timide et renfermé.°

Je me rappelle encore les phrases qu'ils ont prononcées ce dimanche-là :
10 —Je, Martin, donne mon corps à toi, Bertrande, en loyal mari.°

—Je le reçois. Je, Bertrande, donne mon corps à toi, Martin.

—Je le reçois.

Après quoi, au moment où le notaire° crotté° pénétrait dans l'église,° un acolyte° faisait passer le plateau° avec les alliances,° les doigts° cherchaient les
15 doigts et finalement le curé° prononça les paroles° sur lesquelles on ne revient pas° :

—Je vous unis en mariage au nom du Père et du Fils et du Saint-Esprit.

Juste après la messe, le notaire a retrouvé toute la famille à la maison, pour

---

convoler = *se marier* | **pouvaient avoir** = *avaient peut-être* | **la fille unique** only daughter | **le hameau** hamlet | **proche de** = *près de* | **l'épouse** *f* (female) spouse | **au fond** = *après tout* | **brave** good | **renfermé** withdrawn | **le mari** husband | **le notaire** = *l'avocat* | **crotté** filthy | **l'église** *f* church | **l'acolyte** *m* acolyte, server | **le plateau** tray | **l'alliance** *f* wedding ring | **le doigt** finger | **le curé** priest | **les paroles** = *les mots* | **sur lesquelles... pas** that can never be taken back |

discuter le contrat de mariage. Ce contrat, ça ne regardait° que les grandes
20 personnes.° Assis° côte à côte° sur un banc,° dans la salle commune, Martin et
Bertrande n'avaient rien à dire. Tout se décidait sans eux. La plume° dans une
main et le gobelet de vin dans l'autre le notaire énumérait lentement tous les
articles du contrat. Elle ne venait pas sans rien, Bertrande.

—Et Bertrande de Rols, comme vos parents l'ont décidé, apporte en dot°
25 trente arpents° de blé° et quarante arpents de seigle° au lieu-dit° la Pomarède,
une paire de bœufs de labour,° ainsi que le bois de Roussas, qu'elle tient de son
père Laurent de Rols. Ainsi que trois robes, avec un lit et deux coussins de
plumes.°

Et autre chose encore, que j'oublie.

30 Tout le monde s'était mis d'accord° depuis longtemps. On trinqua,° on signa.
La plupart signaient d'une croix,° comme les jeunes mariés, ou d'une double
croix. Raymonde, la mère de Bertrande, savait dessiner° une poule.° On la
connaissait à cette marque....

A la fin des signatures, alors que le gobelet commençait à trembler dans sa
35 main, le notaire rangea° les papiers du contrat dans sa poche en disant :

—C'est une bonne affaire.° Ça me paraît bien emmanché.°

Chez nous, à Artigat, ce fut un mariage comme un autre. Le cornemuseux,° le
violoneux° et le joueur de tambourins, qui venaient d'autres villages, firent°
danser la jeunesse° et rêver les moins jeunes. L'estrade° des musiciens se dressait°
40 dans la grange.° En ce qui concerne les poulets, les lapins° qui tournaient sur les
broches,° les Guerre ne lésinèrent° pas. Vinrent° même des pauvres, qui tous
reçurent° chopine° et viande.

Après le repas du soir, selon l'usage, on conduisit les nouveaux époux jusqu'à
leur chambre, à l'étage.° J'avais disposé dans l'escalier° une traînée° de feuilles
45 de laurier.° Les parents, les cousins, quelques invités proches° composaient un
petit cortège° pour accompagner jusqu'à la chambre les deux jeunots,° un peu
intimidés. Certains s'étaient barbouillés° de farine,° d'autres de charbon.° C'est

---

regardait =*concernait* | **les grandes personnes** = *les adultes* | **assis** seated | **côte à
côte** side by side | **le banc** bench | **la plume** quill (pen) | **la dot** dowry |
l'arpent *m* arpent, a former measure of area (about an acre) | **le blé** wheat | **le
seigle** rye | **au lieu-dit** at the place named | **le bœuf de labour** ox for plowing | **le
coussin de plume** feather cushion | **se mettre d'accord** to agree | **trinquer** to clink
glasses | **la croix** cross | **dessiner** to draw | **la poule** chicken | **ranger** to put
away | **la bonne affaire** good deal | **emmanché** = *arrangé* | **le cornemuseux** bagpipe
player | **le violoneux** traditional violin player | **firent** = *faire (passé simple)* | **la
jeunesse** = *les jeunes* | **l'estrade** *f* platform | **se dresser** to stand | **la
grange** barn | **le lapin** rabbit | **la broche** spit | **lésiner** to skimp | **vinrent** = *venir
(passé simple)* | **reçurent** = *recevoir (passé simple)* | **la chopine** = *un demi-litre de vin* |
à l'étage upstairs | **l'escalier** *m* stairway | **la traînée** trail | **la feuille de laurier** bay
leaf | **proche** closely related | **le cortège** procession | **jeunot** = *diminutif de « jeune »* |
barbouiller to smear | **la farine** flour | **le charbon** coal

une coutume de chez nous. De même il faut jeter° des grains de blé dans l'escalier et dans le lit, pour assurer bon ensemencement.° Et faire° embrasser les bébés.

50   Moi, Catherine, je les ai conduits dans la chambre, j'ai marché la première, j'ai ouvert le lit, je leur ai dit de se coucher. Puis je les ai bordés,° pendant que la famille et les proches° venaient les embrasser, laissant sur leurs visages roses des traces de charbon, de farine, et plaisantant° comme à l'ordinaire : Et tâchez° bien de ne pas être trop sages°! Si vous êtes fatigués, vous dormirez demain!

55   Le curé—tout rouge de peau° comme chaque dimanche—bénissait° les draps,° bénissait l'oreiller° en disant : Que le Seigneur marque ce lit du signe du salut!

Je n'avais qu'une idée, les laisser tranquilles. Finalement j'ai poussé tout le monde hors de° la chambre et je suis sortie la dernière en leur disant : «Quand
60   vous voudrez, il faudra venir manger et danser.»

En apparence il s'agissait d'°un mariage comme un autre. Deux paysans qui se marient pour unir leurs biens,° pour avoir des enfants, au bruit de la cornemuse° et des arquebuses.° Pourtant° quelque chose ne se passait° pas comme dans les autres noces.° Par exemple, en sortant, juste avant de refermer
65   la porte de la chambre, j'ai bien vu que Martin s'était retourné contre le mur et que ses épaules° s'agitaient° doucement, comme s'il pleurait.°

N.Z. Davis, J-C. Carrière, et D. Vigne, *Le Retour de Martin Guerre*

Qu'en pensez-vous?

Etes-vous d'accord ou non avec les déclarations suivantes? Justifiez votre réponse.

1. Martin Guerre et Bertrande de Rols se sont mariés un jeudi. Ils avaient vingt ans.
2. Martin et Bertrande avaient tous les deux des frères et des sœurs.
3. Le père de Bertrande était mort.
4. Le notaire et le curé étaient présents à la cérémonie.
5. Pendant le rite religieux, Martin et Bertrande ont échangé des alliances.
6. La famille de Bertrande avait décidé de ne pas lui donner de dot.
7. Les membres des deux familles ne savaient pas écrire et étaient incapables de signer leur nom.
8. On a bien bu, bien mangé et bien dansé après le mariage.
9. C'était la coutume, les jours de mariage, d'offrir à boire et à manger aux pauvres qui se présentaient.
10. Après le repas du soir, on a envoyé les jeunes mariés à l'auberge (*inn*).

jeter to throw | **l'ensemencement** *m* sowing | **et faire** = *et il faut faire* | **border** to tuck in | **les proches** *m* relatives | **plaisanter** to joke | **tâcher** = *essayer* | **sage** well-behaved | **la peau** skin | **bénir** to bless | **le drap** sheet | **l'oreiller** *m* pillow | **hors de** out of | **il s'agissait de** = *c'était* | **le bien** = *la possession* | **la cornemuse** bagpipes | **l'arquebuse** *f* harquebus (old gun) | **pourtant** however | **se passer** = *avoir lieu* | **les noces** *f* wedding | **l'épaule** *f* shoulder | **s'agiter** to stir | **pleurer** to cry

11. Catherine, la servante, a conduit les deux jeunes mariés à leur chambre et les a traités avec tendresse.
12. Le curé était présent dans la chambre des jeunes mariés quand ils se sont couchés.
13. Tout le monde était joyeux, mais quand Catherine a quitté la chambre, elle s'est rendu compte que Martin ne l'était pas.

Nouveau contexte

Complétez les phrases suivantes en employant les termes appropriés. Employez chaque terme une seule fois.

Noms : affaire *f*, blé *m*, bœufs *m*, chopines *f*, dot *f*, lapins *m*, musique *f*, poulets *m*, proches *m*,
Verbes : ont jeté, pleurer, plaisanté
Adjectifs : barbouillé, unique

Un pauvre qui a assisté au mariage raconte l'événement :

Quel beau mariage! Ces gens riches ont bien de la chance! Bertrande qui est fille _____1____ a apporté une belle _____2____ à Martin : trente arpents de _____3____, quarante de seigle et deux _____4____ de labour! Une bonne _____5____ pour la famille Guerre! On a bu plusieurs _____6____ de bière et mangé les nombreux _____7____ et _____8____ qui tournaient sur la broche. Et puis, on a chanté et dansé à la _____9____ des cornemusiers et des violoneux. Pourtant Martin, lui, même quand il dansait, n'était pas gai! Après le repas, les _____10____ de la famille _____11____ du blé dans l'escalier. Les jeunes avaient le visage _____12____ de farine comme des clowns. On a beaucoup _____13____. Mais Martin, lui, il avait l'air triste. C'était comme s'il avait envie de _____14____! Mauvais signe!

Vocabulaire satellite

le **foyer**   home
l' **époux, l'épouse**   spouse
les **parents** *m*   relatives
la **dot**   dowry
les **beaux-parents**   in-laws
les **fiançailles** *f*   engagement
la **bague**   ring
se **soumettre**   to submit
le **mariage d'amour**   marriage of love
le **mariage de raison**   marriage of convenience
   être amoureux (amoureuse) (de) to be in love (with)

heureux (heureuse)   happy
le **patrimoine**   patrimony
ensemble   together
le **meuble**   piece of furniture
faire la vaisselle   to do the dishes
se **disputer**   to fight
s'entendre bien   to get along well
l' **avocat, l'avocate**   lawyer
se **séparer**   to get separated
divorcer   to get divorced
déprimant   depressing

Pratique de la langue

1. Catherine, qui a un grand cœur, donne des conseils à ses deux amis, Irène et Georges, qui vont se marier le mois prochain. Complétez :
   a. Votre mariage va réussir si...
   b. Vous allez avoir des problèmes si...
2. La mère de Bertrande pense à son mariage et dit :
   a. « J'étais heureuse parce que... » (citez 2 ou 3 raisons)
   b. « J'étais parfois triste parce que... » (citez 2 ou 3 raisons)
3. Jouez les situations suivantes :
   a. Martin va voir le curé trois mois après son mariage pour lui dire qu'il ne veut pas être marié. A cette époque, le divorce était impossible. Imaginez la discussion.
   b. Un jeune homme (ou une jeune fille) veut se marier. Il (elle) annonce sa décision à la personne de son choix, qui est très réticente. Imaginez la discussion.
   c. Un parent conservateur parle avec son fils (ou sa fille) qui vit avec quelqu'un sans être marié(e), et veut le (la) convaincre de se marier. Imaginez la discussion.
4. Quand Martin et Bertrande se sont mariés, ils avaient 14 ou 15 ans. Etes-vous pour ou contre le mariage avant 20 ans? Oui? Non? Pourquoi?
5. Un an après son mariage, Bertrande envoie une lettre à une amie de Toulouse en lui parlant de sa vie de femme mariée.

Marie-Antoinette et sa famille

The social life of the French queen Marie-Antoinette (1755–1793), the wife of Louis XVI, is closely linked with the French Revolution. Extravagant in her taste for jewelry and clothing (she kept many a seamstress busy), excessive in her quest for amusement, she enraged the working French populace with her luxurious habits. When the Revolution arrived in 1789, both she and her husband, supreme incarnations of aristocratic excess, were in time sent to the guillotine amid the defiant screams of the revolutionaries.

What was Marie-Antoinette like as a person, and what kind of a relationship did she have with her husband and children? She was born on November 2, 1755, one of sixteen children of Marie-Thérèse and the Duc de Lorraine, Emperor of Germany. She possessed a coy, endearing, and fun-loving personality, which she used wisely, it is said, to get out of doing her schoolwork. When she was fifteen years old, a marriage was arranged that sent her to France to marry the Duc de Berri, who was sixteen years old and the next in line to the French throne.

She met her husband for the first time on May 14, 1770, and they were married a couple of days later. Shy, pious, and stoical, the Duc de Berri was an ill-suited partner for Marie-Antoinette, and their paths diverged almost immediately. While he spent his leisure time reading, studying, and doing carpentry (his hobby), she shopped, played cards, took walks, and attended concerts and plays with friends. To make matters worse, the duke had a sexual impairment that did not allow the couple to consummate their union.

When Louis XV died unexpectedly on May 10, 1774, the young Duc de Berri ascended to the throne and assumed the title of Louis XVI. Under pressure to produce an heir, he underwent a procedure that eliminated his sexual impairment in early 1777, and on December 18, 1777, the couple's first child, Marie-Thérèse, was born. Three more children followed: Louis-Joseph in 1781, Louis-Charles in 1785, and Sophie in 1786. Sophie lived only eleven months, and Louis-Joseph died of a childhood disease in 1789.

The children brought the couple closer together, and all indications are that Marie-Antoinette was a good mother. She would visit the nursery almost every day and play and read with the children. She encouraged them to accomplish their tasks, directed them in the ways of the Catholic faith, and gave them plenty of affection. Her goal was to be a friend as well as a mother. In disciplining her children, she did not tolerate physical punishment (unlike her own mother), preferring reason instead.

During the year 1793 she and her family, locked in one prison after another by the revolutionaries, endured terrible hardships. In January her husband was led to the guillotine; in July her beloved son was separated from her (to be put under the care of a revolutionary "tutor"); and in August she was separated

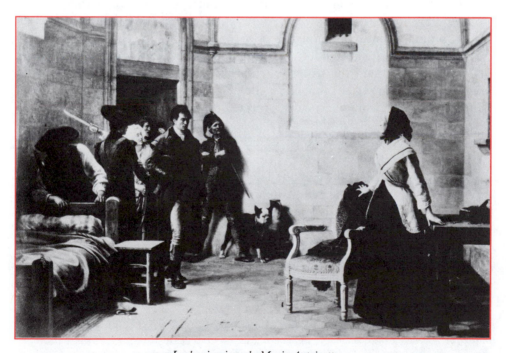

Le dernier jour de Marie-Antoinette

from her daughter and imprisoned alone in a cold and clammy dungeon, where she lived the last 73 days of her life.

The most pernicious blow of all, however, was struck at her trial in October, when the prosecutor falsely accused her of sexually abusing her son. Louis-Charles, it seems, had been psychologically pressured by his revolutionary guardian to blame his mother. To her credit, Marie-Antoinette confronted her final hardships with a dignity and nobility that earned her the respect even of her enemies.

At 4:30 a.m. on October 16, 1793, the morning after her trial, Marie-Antoinette wrote the following letter—her last—to her loyal sister-in-law, Elizabeth. She was guillotined shortly after noon on the same day.

Dernière lettre de Marie-Antoinette

Ce 16 octobre, 4 heures et demie du matin

C'est à vous, ma sœur, que j'écris pour la dernière fois. Je viens d'être condamnée, non pas à une mort honteuse°—elle ne l'est que pour les criminels—mais à aller rejoindre votre frère; comme lui innocente, j'espère
5 montrer la même fermeté° que lui dans ces derniers moments.

Je suis calme comme on l'est° quand la conscience ne reproche rien; j'ai un profond regret d'abandonner mes pauvres enfants; vous savez que je n'existais que pour eux, et vous, ma bonne et tendre sœur, vous qui avez par votre amitié tout sacrifié pour être avec nous; dans quelle position je vous laisse! J'ai appris
10 par le plaidoyer° même du procès° que ma fille était séparée de vous. Hélas! la pauvre enfant, je n'ose pas lui écrire; elle ne recevrait pas ma lettre. Je ne sais même pas si celle-ci vous parviendra°; recevez pour eux deux ici ma bénédiction. J'espère qu'un jour, lorsqu'ils seront plus grands, ils pourront se réunir avec vous, et jouir° en entier de vos tendres soins.° Qu'ils pensent° tous deux à ce que
15 je n'ai cessé de leur inspirer : que les principes et l'exécution exacte de ses devoirs sont la première base de la vie; que leur amitié et leur confiance mutuelle en feront le bonheur. Que ma fille sente que, à l'âge qu'elle a, elle doit toujours aider son frère par les conseils que l'expérience qu'elle aura de plus que lui et son amitié pourront lui inspirer. Que mon fils, à son tour, rende à sa sœur tous les
20 soins, les services, que l'amitié peut inspirer. Qu'ils sentent enfin tous deux que, dans quelque° position où ils pourront se trouver, ils ne seront vraiment heureux que par leur union. Qu'ils prennent exemple de nous.

---

honteux shameful / **la fermeté** firmness / **comme on l'est** as one is (*i.e.*, calm) / **le plaidoyer** speech for the defense / **le procès** trial / **parvenir** = *arriver* / **jouir de** to enjoy / **le soin** care / **Qu'ils pensent** May they think / **quelque** whatever

Combien dans nos malheurs notre amitié nous a donné de consolations, et dans le bonheur on jouit doublement quand on peut le partager avec un ami; et
25 où en trouver de plus tendre, de plus cher que dans sa propre famille? Que mon fils n'oublie jamais les derniers mots de son père, que je lui répète expressément : qu'il ne cherche jamais à venger° notre mort.

J'ai à vous parler d'une chose bien pénible° à mon cœur; je sais combien cet enfant doit vous avoir fait de la peine°; pardonnez-lui, ma chère sœur; pensez à
30 l'âge qu'il a, et combien il est facile de faire dire à un enfant ce qu'on veut, et même ce qu'il ne comprend pas. Un jour viendra, j'espère, où il ne sentira que mieux tout le prix de vos bontés° et de votre tendresse pour tous deux. Il me reste à vous confier encore mes dernières pensées. J'aurais voulu les écrire dès le commencement du procès; mais outre qu'° on ne me laissait pas écrire, la
35 marche° en a été si rapide que je n'en aurais réellement pas eu le temps.

Je meurs dans la religion catholique, apostolique et romaine, dans celle de mes pères, dans celle où j'ai été élevée, et que j'ai toujours professée, n'ayant aucune consolation spirituelle à attendre, ne sachant pas s'il existe encore ici des prêtres° de cette religion, et même le lieu où je suis les exposerait trop, s'ils y
40 entraient une fois. Je demande sincèrement pardon à Dieu de toutes les fautes que j'ai pu commettre depuis que j'existe. J'espère que dans sa bonté il voudra bien recevoir mes derniers vœux,° ainsi que ceux que je fais depuis longtemps pour qu'il veuille bien recevoir mon âme dans sa miséricorde° et sa bonté.

Je demande pardon à tous ceux que je connais, et à vous, ma sœur, en
45 particulier, de toutes les peines que, sans le vouloir, j'aurais pu vous causer. Je pardonne à tous mes ennemis le mal qu'ils m'ont fait. Je dis ici adieu à mes tantes et à tous mes frères et sœurs. J'avais des amis; l'idée d'en être séparée pour jamais et leurs peines° sont un des plus grands regrets que j'emporte° en mourant. Qu'ils sachent, du moins, que jusqu'à mon dernier moment, j'ai pensé
50 à eux.

Adieu, ma bonne et tendre sœur; puisse cette lettre vous arriver! Pensez toujours à moi; je vous embrasse de tout mon cœur, ainsi que ces pauvres et chers enfants. Mon dieu! qu'il est déchirant° de les quitter pour toujours. Dieu, adieu! Je ne vais plus m'occuper que de mes devoirs spirituels. Comme je ne suis pas
55 libre dans mes actions, on m'amènera° peut-être un prêtre, mais je proteste ici que je ne lui dirai pas un mot et que je le traiterai comme un être° absolument étranger.°

Comte Horace de Viel-Castel, *Marie-Antoinette et la révolution française*

---

venger to avenge / **pénible** hurtful / **faire de la peine à** to hurt / **le bontés** = *les bonnes actions* / **outre que** apart from the fact that / **la marche** pace / **le prêtre** priest / **le vœu** wish / **la miséricorde** mercy / **la peine** sorrow / **emporter** to take along / **déchirant** heart-wrenching / **amener** to bring / **l'être** *m* being / **étranger** alien

Qu'en pensez-vous?

Etes-vous d'accord ou non avec les déclarations suivantes? Justifiez votre réponse.

1. Marie-Antoinette dit qu'elle a la conscience claire.
2. Elle sait que sa fille a été séparée de sa belle-sœur (*sister-in-law*).
3. Elle voudrait que son fils et sa sœur ne se revoient jamais.
4. Le roi voulait que leur fils venge leur mort.
5. Elle dit qu'elle ne pardonnera jamais à son fils de l'avoir accusée.
6. Elle dit qu'elle voudrait mourir dans la religion protestante.
7. Elle demande pardon à Dieu.
8. Elle pardonne à ses ennemis.
9. Elle parle peu de ses enfants dans cette lettre.
10. Finalement, elle dit qu'elle voudrait voir tout de suite un prêtre.

Nouveau contexte

Complétez les phrases suivantes en employant les termes appropriés. Employez chaque terme une seule fois.

Noms : bonheur *m*, conseils *m*, frères *m*, sœur *f*, tendresse *f*
Verbes : aide, embrasse, pardonnent, partage, traitent
Adjectif : séparée

Une interview avec une jeune fille heureuse

INTERVIEWER Comment t'appelles-tu?
JEUNE FILLE Je m'appelle Mimi Lachaise. Mimi Thérèse Lachaise.
INTERVIEWER Quel âge as-tu?
JEUNE FILLE Neuf ans—mais presque dix ans!
INTERVIEWER Bien. As-tu des _____1_____ et des sœurs?
JEUNE FILLE J'ai une _____2_____, Mireille, et un frère, Jean-Marie. J'ai un chien aussi qui s'appelle Bruno!
INTERVIEWER Bien. Comment sont ton frère et ta sœur?
JEUNE FILLE Formidables! Ils me _____3_____ comme une grande personne. Quelquefois, je _____4_____ les travaux ménagers avec Mireille!
INTERVIEWER Comment sont tes parents, Mimi?
JEUNE FILLE Ils sont formidables aussi. Je les _____5_____ toujours, et ils m'embrassent aussi. Quand je leur fais de la peine (ce qui n'arrive pas très souvent!), ils me _____6_____. Ils me montrent beaucoup de _____7_____.
INTERVIEWER Qu'est-ce qu'ils font pour toi?
JEUNE FILLE Parfois mon père m'_____8_____ avec mes devoirs quand ils sont trop difficiles. Ma mère me donne toujours de sages _____9_____.
INTERVIEWER Je pense que tu aimes bien ta famille.
JEUNE FILLE Beaucoup, beaucoup! J'espère que je ne serai jamais _____10_____ d'elle. Et Bruno est le _____11_____ de ma vie!

Vocabulaire satellite

le **foyer**   home
l' **autorité parentale**   parental authority
s' **entendre bien (mal) avec**   to get along well (badly) with
faire des sacrifices pour   to make sacrifices for
le **respect**   respect
respecter   to respect
le **droit**   right
le **divorce**   divorce
la **vie privée**   private life
avoir confiance en   to have confidence in
bien (mal) élevé   well (badly) raised

négliger   to neglect
la **discipline**   discipline
discipliner   to discipline
maltraiter   to mistreat
sévère   strict
indulgent   indulgent, lenient
compréhensif, -ive   understanding
affectueux, -euse   affectionate
gâter   to spoil
le **manque de communication**   lack of communication
le **fossé entre les générations**   generation gap
ingrat   ungrateful

Pratique de la langue

1. Dressez une liste de dix principes pour avoir une bonne vie familiale (par exemple : «Il faut respecter les droits des autres membres de la famille.»).
2. Ecrivez une lettre à votre père ou à votre mère lui expliquant pourquoi il (elle) est bon ou mauvais parent.
3. A votre avis, est-il préférable d'être enfant unique ou d'avoir des frères et des sœurs?
4. Préparez un des dialogues suivants :
   a. Un dialogue entre un fils ou une fille qui voudrait plus de discipline et son père, étonné.
   b. Un dialogue entre deux frères (sœurs) qui se disputent.
   c. Un dialogue entre une mère qui pense que la punition corporelle (*corporal punishment*) n'est jamais justifiée et un père qui croit qu'elle est nécessaire.

La famille et la guerre

The family as a social institution in France suffered serious setbacks in the first half of the twentieth century as a direct consequence of the two world wars. France was an important theater of operations on both occasions. In the First World War (1914–1918), France counted the loss of 1,350,000 men. Only Germany and Russia suffered greater troop losses. Barely twenty years later, France found

Famille nombreuse

herself once again at war with Germany (1939–1945). Although forced to sign an early armistice (June 1940), France continued to resist the Nazi presence from within and without (see Chapter One, "Pierre Ruibet"). An important European front was opened in June 1944, when Allied troops landed in Normandy and began the liberation of France. In this Second World War, 563,000 French men and women lost their lives, more than half of them civilians.

After World War I, France had undertaken a program of social reforms designed to strengthen the family and increase its numbers. The bleak demographic picture led to the introduction of *allocations familiales* (family subsidies) whereby families are compensated for the number of children that they have. One-time bonuses are paid at the birth of a child, and mothers who choose to stay home to raise their children rather than take on outside employment are subsidized as well. Large families receive reduced rates on public transportation and are given special consideration in applications for public housing. The French government, through such social legislation, has made it clear that it has a stake in the family and great interest in promoting the well-being of the family unit. However, developments in the second half of the century,—a higher incidence of divorce, a predominance of families in which both parents work outside the home—are presenting severe challenges; new programs have resulted to meet the changing needs of children, mothers, and fathers.

The following excerpt is from an article written by the French novelist Henry Bordeaux (1870–1963) and published in the September 29, 1917 issue of the newspaper *L'Illustration*. Bordeaux had an abiding interest in the family and, even before the war, had started to write a literary history of the French family. The article in question was written by Bordeaux while he was on a week's military leave. Entitled «*Une Famille d'aujourd'hui*,» it tells of a mother and father who are raising fifteen children in the town of Sallanches at the foot of the Alps. Bordeaux went to interview the family because they had just been awarded a prize of 10,000 francs by the Etienne Lamy Foundation in consideration of the following criteria: «Les familles choisies seront les plus pauvres, les plus nombreuses, les plus chrétiennes de croyances (*belief*), les plus intactes de mœurs (*way of life*). A deux de ces familles seront donnés deux prix de dix mille francs.» Bordeaux's article illustrates the pride which the local community took in the Gannaz family. While the author does discuss the difficulties inherent in raising such a large family, he stresses the fact that the family constitutes the great source of hope for the future.

La famille Gannaz

François Gannaz est un de ces paysans° de chez nous° qui ne s'en laissent pas accroire.° Si vous leur jetez dans la figure une bonne nouvelle,° ils commencent par en douter et vous répondent : «Peut-être bien°», avec un sourire sceptique. Dix mille francs, ça ne se gagne pas comme ça.° En effet,° ça se gagne par vingt
5   ans d'un labeur surhumain,° d'une confiance résolue° et d'une audace à forcer le sort.°

   —Maintenant, Gannaz, puisque vous m'offrez du cidre nouveau qui a un bon goût pétillant,° racontez-moi votre histoire.

   —C'est bien° simple, m'a-t-il répondu. Elle a trois étages.°

10   J'ai compris qu'elle se confondait° avec la construction de sa maison. Et il a repris° sans se presser° :

   —Nous nous sommes mariés à Saint-Jacques,° ici près.°

   —Le 12 avril 1898, a précisé° sa femme.

   —Nous avions tous les deux vingt-cinq ans. J'avais fini mes trois années de

---

le paysan peasant, farmer / **de chez nous** from back home / **qui... accroire** who are not easily fooled / **si... nouvelle** if you hit them in the face with a piece of good news / **peut-être bien** maybe so / **ça... comme ça** that isn't earned just like that / **en effet** in fact / **le labeur surhumain** superhuman toil / **la confiance résolue** determined faith / **une audace à forcer le sort** a sense of daring strong enough to compel destiny / **un bon goût pétillant** a sparkling good taste / **bien** = *très* / **l'étage** *m* floor / **elle se confondait avec** it was all mixed in with, could not be separated from / **reprendre** = *recommencer à parler* / **se presser** = *se dépêcher* / **Saint-Jacques** Saint James / **ici près** = *près d'ici* / **préciser** = *spécifier*

15   service militaire, au 153ᵉ d'infanterie à Toul. Entre nous deux, pour nous mettre
en ménage,° nous avions une pièce de 82 francs.° Mon oncle et ma tante, qui
n'avaient pas d'enfants, nous ont pris pour fermiers,° et ils nous ont légué leur
avoir.° Mais un éboulement° de la montagne en a recouvert° une partie. C'était
à recommencer.° Et les enfants rappliquaient.° La maison n'avait d'abord°
20   qu'un étage. J'ai bâti° le second. Il en venait toujours.° J'ai bâti le troisième.
Plus c'est haut, plus c'est beau, à cause du mont Blanc° qui est en face.

Et comme nous regardions en l'air,° j'ai vu dans le ciel bleu qu'il y avait
encore place au besoin° pour d'autres étages.

—Ma femme ne voulait pas que les enfants s'éloignent.° Ce n'est pas une
25   raison parce qu'on en a beaucoup pour les laisser vagabonder.° Alors j'ai acheté
une propriété à côté.° C'était un peu cher, parce que c'est du beau terrain.° Le
Crédit foncier° m'a prêté les fonds.° J'avais déjà emprunté° pour la maison.
Comme ça, on a les enfants sous la main.° On sait ce qu'ils font et ce qu'ils ne font
pas. Ils ne fréquentent pas la rue.

30   —Et vous devez° encore beaucoup d'argent?

—Oh! beaucoup, mais la maison et la terre valent davantage.°

—Est-ce que l'Académie° paie toutes vos dettes?

—Mon Dieu,° non. Je crois bien° que ça va° à dix-huit mille, peut-être dix-
neuf en chiffres ronds.° Mais ça se payera.° Les enfants, c'est l'avenir.°

35   Sa femme le regardait avec une sorte d'admiration.

—Il est toujours content, dit-elle. Moi, des fois,° ça me tracasse.° C'est le
vêtement,° et c'est la nourriture,° tantôt° l'un, tantôt l'autre, et tantôt les deux à
la fois.° Rien que le pain,° ça va à trois mille kilogrammes° par an.

—Trois mille kilogrammes, madame?

40   —Demandez au boulanger.° La note° est payée, mais c'est bien lourd.° Le
soir, je dors encore, parce que c'est la fatigue, mais sur° les deux heures du matin,

---

se mettre en ménage to set up housekeeping / **une pièce de 82 francs** an 82-franc room /
prendre pour fermiers = *engager comme fermiers* / **léguer leur avoir** to leave their property
in a will / **l'éboulement** *m* landslide / **recouvrir** to cover over / **c'était à
recommencer** we had to start all over again / **rappliquer** to keep coming / **d'abord** at
first / **bâtir** = *construire* / **il en venait toujours** they still kept coming / **le mont
Blanc** = *le sommet des Alpes* / **regarder en l'air** to look up / **au besoin** if needed /
s'éloigner = *partir* / **ce... vagabonder** just because one has a lot of children, there's no
reason to let them run off / **une propriété à côté** an adjacent piece of land / **le
terrain** land / **le crédit foncier** real-estate bank / **prêter les fonds** to lend the funds /
emprunter to borrow / **sous la main** at hand / **devoir** to owe / **valoir
davantage** to be worth more / **l'Académie :** *l'Académie française avait distribué le prix à
François Gannaz* / **mon Dieu** good heavens! / **je crois bien** I'm quite sure / **ça va à** it
comes to / **en chiffres ronds** in round figures / **ça se payera** it will get paid /
l'avenir *m* = *le futur* / **des fois** = *quelquefois* / **tracasser** to worry / **le
vêtement** clothing / **la nourriture** food / **tantôt... tantôt** now . . . now / **à la fois** =
en même temps / **rien que le pain** bread alone / **trois mille kilogrammes** 6600 pounds /
le boulanger baker / **la note** bill / **lourd** = *difficile* / **sur** around

si je me réveille, je commence à me tourmenter° : tant de tabliers° qu'il faut pour l'école, et tant de paires de sabots.° Et là-dessus° tout augmente.° Alors° je pense que tous les enfants se portent bien° : on ne peut pas tout avoir, n'est-ce pas?
45 Quant à° mon homme, il dort comme une souche°....

Quand on revient de voir° des villages morts et une terre meurtrie,° c'est un beau spectacle à contempler que la maison de François Gannaz,° avec ses trois étages, ses pots de géraniums, le verger° qui la borde,° le mont Blanc qu'elle regarde, la paix qui l'habite° et la rangée fleurie° des quinze enfants sur la
50 balustrade.° Sur les murs° ruinés, sur le sol° défoncé° par les obus,° la nature qui travaille sans relâche° s'applique à° faire pousser de l'herbe° et des fleurs. Les enfants de France, c'est la végétation qui va recouvrir les abîmes° des générations englouties° par la guerre. Une famille Gannaz, rassemblée° sous un toit° solide, c'est le sourire et c'est la promesse de la France éternelle.
55   Henry Bordeaux, *Les Pierres° du foyer°*

Qu'en pensez-vous?

Etes-vous d'accord ou non avec les déclarations suivantes? Justifiez votre réponse.

1. Les paysans de la région sont assez faciles à persuader.
2. L'histoire de Gannaz, c'est l'histoire de sa maison.
3. François Gannaz et sa femme se sont mariés très jeunes.
4. Son oncle et sa tante l'ont aidé à commencer sa vie de mariage.
5. Ils lui ont légué une maison de trois étages.
6. Les Gannaz surveillent (*look after*) leurs enfants de près.
7. Ils ont emprunté de l'argent au moins deux fois.
8. L'Académie paye toutes leurs dettes.
9. Mme Gannaz s'inquiète parfois.
10. Elle dort bien toute la nuit, comme son mari.
11. Ses enfants lui sont une source de joie et d'ennuis (*worries*).
12. Il y a très peu de végétation chez les Gannaz.

se tourmenter = *se tracasser* / **tant de tabliers** so many smocks / **le sabot** clog, wooden shoe / **là-dessus** on that score / **augmenter** to increase / **alors** then / **se porter bien** to be well / **quant à** as for / **comme une souche** like a log (lit., like a stump) / **on revient de voir** one has just returned from viewing / **meurtri** bruised, ruined / **c'est... Gannaz** François Gannaz's house is a beautiful sight to behold / **le verger** orchard / **border** to line / **habiter** to dwell in / **la rangée fleurie** the flourishing row / **la balustrade** railing / **le mur** wall / **le sol** ground / **défoncé** ploughed up, ripped open / **l'obus** m shell / **sans relâche** = *continuellement, sans interruption* / **s'appliquer à** to apply oneself / **faire pousser de l'herbe** to grow grass / **l'abîme** m abyss / **englouti** swallowed up / **rassemblé** gathered / **le toit** roof / **la pierre** stone / **le foyer** hearth, home

Nouveau contexte

Complétez les phrases suivantes en employant les termes appropriés. Employez chaque terme une seule fois.

Noms : avenir *m*, étages *m*, paysan *m*, propriété *f*, verger *m*
Verbes : se sont appliqués, bâtir, doutaient, s'éloignent, emprunter, ont fait pousser, habitent, se portent, prêter
Adjectifs : chers, rassemblée, résolus

Je suis l'aîné de cinq enfants. Quand j'étais encore jeune—j'avais peut-être dix ou douze ans—mes parents étaient déjà bien _____1_____ : ils allaient _____2_____ leur propre maison! Ils ne voulaient pas que les enfants _____3_____; ils voulaient les garder sous la main.

   Cette décision était très courageuse. Mes parents n'avaient pas beaucoup d'argent et les matériaux étaient _____4_____. Mais mon père et ma mère avaient bien confiance en l' _____5_____ de notre famille. Ils sont donc allés au crédit foncier pour _____6_____ les fonds nécessaires. D'abord on hésitait à leur _____7_____ cet argent : ma mère travaillait à la maison et mon père était un simple _____8_____ qui s'occupait des travaux des champs. Mais on a fini par apprécier l'audace de mes parents; ils avaient la certitude de réussir; ils n'en _____9_____ jamais!

   Ayant acheté la _____10_____ qu'ils voulaient—un très beau terrain bordé d'un _____11_____ de pommiers (*apple trees*)—ils _____12_____ sans relâche à construire la maison de leurs rêves. C'était une maison à deux _____13_____, avec des murs épais et solides et un large toit. Devant la maison, mes parents _____14_____ de l'herbe où les enfants pouvaient courir et s'amuser.

   Aujourd'hui il n'y a que mes parents qui _____15_____ cette grande maison, mais leurs enfants ne sont pas loin. Mon père et ma mère _____16_____ toujours bien; leur bonne santé leur permet de faire tout ce qu'ils veulent. Ce qu'ils aiment surtout, ce qu'ils adorent, c'est de voir toute la famille—enfants et petits-enfants— _____17_____ autour d'eux.

Vocabulaire satellite

la **famille nombreuse**   large family
les **soucis financiers**   financial worries
le **coût de la vie**   cost of living
les **dépenses** *f*   expenses
les **moyens** *m*   means
   acheter à crédit   to buy on credit
   payer comptant   to pay cash
   donner le nécessaire   to give the necessities of life
se **sacrifier**   to sacrifice oneself
s' **inquiéter**   to worry

soigner   to take care of
nourrir   to nurture
vêtir   to clothe
protéger   to protect
négliger   to neglect
battre   to beat
obéir (à)   to obey
bien, mal élevé   well, badly raised
sage   well-behaved
sévère   strict
indulgent   lenient

Pratique de la langue

1. Jean-Pierre et Jean-Louis viennent de familles différentes. Les parents de Jean-Pierre sont aisés (*well-off*). Ils ont toujours eu beaucoup d'argent et ont toujours essayé de donner à leur fils tout ce qu'il demandait. Jean-Louis, lui, vient d'une famille nombreuse de paysans. Il a dû travailler très dur et attendre longtemps pour obtenir les choses qu'il voulait. Les deux jeunes gens sont maintenant camarades de chambre à l'université. Ecrivez et jouez un dialogue qui illustre les points de vue différents de Jean-Pierre et de Jean-Louis.

2. Dans une famille, les parents aiment parfois partager avec leurs enfants des anecdotes au sujet de l'origine de la famille. Racontez une ou deux de ces petites histoires qui disent comment vos parents ont fait connaissance, comment ils ont passé leurs premières années ensemble, comment ils ont réagi à votre naissance, etc. Si vous préférez, racontez n'importe quelle histoire qui se rapporte à votre famille.

3. L'histoire d'une famille se confond souvent avec les maisons qu'on a habitées. Dites où vous avez vécu jusqu'ici. Parmi toutes vos adresses, en avez-vous une favorite? Vous êtes-vous jamais attaché(e) à telle ou telle maison, ou à tel ou tel appartement? Qu'est-ce qui en faisait le charme? Est-il raisonnable de tenir à (*care about*) un bâtiment? Expliquez comment cela se passe.

4. Vous êtes parent et vous avez trois jeunes enfants. Le soir, vous vous couchez et vous vous endormez tout de suite, tellement vous êtes fatigué(e). Mais au milieu de la nuit vous vous réveillez et vous ne pouvez plus vous rendormir. Quels sont les soucis qui vous tracassent? Votre femme (mari) se réveille aussi et essaie de vous rassurer. Imaginez ce dialogue de la nuit.

5. Les gens d'aujourd'hui sont plutôt portés (*inclined*) à vouloir une petite famille : deux enfants au maximum. Que pensez-vous de cette tendance? Quels en sont les avantages et les inconvénients? Quels facteurs contribuent à cette situation? S'agit-il d'une attitude responsable ou égoïste?

Sujets de discussion ou de composition

1. Etes-vous pour ou contre le divorce? Commentez.

2. A votre avis, qu'est-ce qu'il faut faire pour améliorer (*improve*) la vie familiale américaine?

3. Table ronde sur le sujet suivant : le but de l'éducation (*upbringing*) des enfants. Comme participant, dites le rôle des parents dans ce procédé : quels sont leurs devoirs, leurs responsabilités, leur raison d'être? Qu'est-ce que les enfants sont censés (*supposed to*) faire? Ont-ils des obligations eux aussi? Qu'est-ce que parents et enfants sont en train de former? Quelle philosophie leur permettra le mieux d'atteindre leurs buts?

2ème
PARTIE

Modes de vie

Ville et campagne

Basse-cour au 18e siècle

Paris au 19e siècle

La ville de Paris

Paris, the City of Lights, is universally acclaimed as one of the world's great cities. Since its founding, it has served almost without interruption as the capital of France. Consequently, a considerable centralization of resources has enabled the city to promote a richly diversified social, political, economic, and cultural life. The physical beauty of Paris is unsurpassed, featuring such varied attractions as Notre-Dame Cathedral, the Louvre Museum, the Arc de Triomphe, the Centre Georges Pompidou, the Eiffel Tower, the Latin Quarter, the Avenue des Champs-Elysées, Montmartre, the cafés, to name but a few. Perhaps Paris's most charming natural attribute, however, is the river Seine flowing from east to west around the two islands which form the heart of the city, the Ile de la Cité and the smaller Ile Saint-Louis.

The various concentric boulevards which surround the city attest its periodic growth. Paris was first settled some 300 years before Christ by the Parisii, a Celtic tribe of mariners who would eventually give the city its name. They occupied the present day Ile de la Cité on the Seine. The small market town that they founded was later conquered by the Romans under Julius Caesar (52 B.C.), who gave it the name Lutetia. The new settlement experienced steady

Sainte Geneviève

growth and ultimately spilled over onto the river's left bank. It acquired many of the features of a Roman town: a forum, an aqueduct, public baths, a theater, and an amphitheater. Lutetia was destroyed, however, late in the third century by invaders. The survivors withdrew from the left bank to the Ile de la Cité, which they could more easily fortify.

A major challenge to Lutetia was posed in the middle of the fifth century by the army of Attila the Hun. The Huns were nomadic Asiatic hordes who invaded southeastern Europe in the last quarter of the fourth century. They were widely feared because of their outstanding skills as horsemen and archers. Not intending to settle anywhere, they would sweep over a land and simply pillage it. At the turn of the century, Attila took their command and directed the build-up of a European empire. In 451 he and his army attacked Gaul.

The following excerpt narrates how Paris was spared from the invasion of the Huns through the prayers of an unlikely heroine, Saint Genevieve. Later in the century, Genevieve would again rescue the Parisians by securing food when they were being blockaded by King Clovis of the Franks, a Germanic people from whom the name France was derived. It was for her role in helping to deliver Paris from Attila, however, that Genevieve became the patron saint of that city. After her death (502), it was believed that her relics had the power of staving off any ills. In 1129, for instance, her miraculous protection was credited with delivering Paris from pestilence. In 1764 a church was built in her honor. In 1793 that church became the Pantheon, the resting place of France's most illustrious sons and daughters, including Genevieve herself.

Sainte Geneviève, patronne de Paris

«Les Huns, ce sont les Huns! Levez les pont-levis,° barrez toutes les portes!

Dans Paris, la population tremble. Une population déjà assez nombreuse. La bourgade° gauloise° a fait place° à une ville gallo-romaine, avec une belle extension sur la rive° gauche. Hélas, avec les invasions, il a fallu abandonner les
5 thermes,° l'amphithéâtre, et les belles habitations de ce nouveau quartier! Les habitants se sont réfugiés dans l'île. Ils ont construit un mur,° tout au long de la Seine, avec les pierres° des arènes° et des monuments publics, un mur de 2,50m° d'épaisseur° et de plus de 2m de hauteur. Au centre de l'île la citadelle,° sur l'emplacement° de l'actuel° palais de justice, défiait les envahisseurs.°

---

le pont-levis drawbridge / **la bourgade** small market-town / **gaulois** = *de Gaule (nom de la France à l'époque romaine)* / **faire place** to give way to / **la rive** bank /
les thermes *m* thermal baths / **le mur** wall / **la pierre** stone / **l'arène** *f* = *l'amphithéâtre* / **m** = *mètre* / **l'épaisseur** *f* thickness / **la citadelle** = *forteresse qui commandait la ville* / **l'emplacement** *m* site / **actuel** = *présent* /
l'envahisseur *m* invader

10   Mais les habitants n'ont pas confiance en eux.° La réputation des Huns est
telle° qu'ils cèdent° à la panique. Les Huns sont des barbares qui ne croient ni en
Dieu ni au diable, qui n'ont d'autre intérêt que le pillage! Les Huns ne
s'installent° pas, on ne peut pas les acheter ni les apprivoiser° ni les domestiquer.
Ils ne viennent que pour repartir après avoir tout détruit° sur leur passage. Telle
15   est leur réputation.

Ils viennent de loin, des steppes d'Asie centrale. Ils ont bousculé° devant eux
toutes les tribus° barbares, leur inspirant° la plus grande terreur. Quand leur
chef,° Attila, a paru° sur les bords° du Danube, il s'est tout de suite fait connaître
par sa férocité. Les voyageurs venus d'Orient en ont parlé aux Parisiens : c'est un
20   ogre, qui ignore° la peur, qui vit dans une baraque,° où il terrorise les
ambassadeurs des empereurs de Constantinople, qui vit, entouré° de femmes et
d'enfants qui le servent comme des esclaves.° En 451, année de calamités
prédite° par des comètes, des éclipses de lune, des nuages° de sang,° il se jette sur°
l'Occident. La Gaule a d'abord été épargnée.° Attila a attaqué en Orient. Il a
25   répandu° la désolation. On l'appelle «fléau° de Dieu.» «Je suis, dit-il, le maillet°
qui frappe° le monde.» Il est passé à la tête° d'une immense armée de barbares. Il
se prépare à fondre° sur la Gaule. Le 7 avril, jour de Pâques° 451, il a enlevé°
Metz. Les habitants sont massacrés, la ville incendiée.° Voilà le sort° qui attend°
Paris.
30   Les habitants entourent l'évêque,° dans la belle église consacrée à saint
Etienne.° L'évêque leur demande de résister. Les murailles° sont solides, dit-il,
les Huns n'oseront° pas s'y frotter.° Mais ils ont peur. Ils connaissent le sort de
Metz et ne veulent pas tenter l'aventure.°
C'est alors qu'une frêle° jeune fille prend la parole.° Elle se nomme
35   Geneviève. Elle est d'humble naissance.° C'est la fille d'un paysan° de Nanterre.
Elle n'a pas peur d'Attila, elle n'a pas peur des Huns, parce qu'elle n'a pas peur
du diable. Née vers 420, ce n'est plus une toute jeune fille. Mais, à trente ans
passés,° si elle est restée vierge° comme la chronique° l'affirme, c'est qu'elle s'est
consacrée à Dieu. Comme plus tard Jeanne d'Arc, elle gardait les moutons° dans

---

eux = *eux-mêmes* / **tel** such / **céder** to give in / **s'installer** to settle down /
apprivoiser to tame / **détruire** to destroy / **bousculer** to drive / **la tribu** tribe /
inspirer to prompt / **le chef** = *le commandant* / **paraître** to appear / **le bord** =
la rive / **ignorer** = *ne pas connaître* / **la baraque** hut / **entourer** to surround /
l'esclave *m, f* slave / **prédire** to predict / **le nuage** cloud / **le sang** blood / **se
jeter sur** to pounce on / **épargner** to spare / **répandre** to spread / **le
fléau** scourge / **le maillet** mallet / **frapper** to strike / **passer à la tête** =
devenir commandant / **fondre sur** = *se jeter sur* / **Pâques** *f* Easter / **enlever** = *prendre* /
incendier = *mettre le feu* / **le sort** = *la destinée* / **attendre** to await /
l'évêque *m* bishop / **Etienne** Stephen / **la muraille** = *mur épais et élevé* / **oser** to
dare / **se frotter à** = *attaquer* / **tenter l'aventure** to tempt fate / **frêle** frail /
prendre la parole = *parler* / **la naissance** birth / **le paysan** peasant / **à trente
ans passés** in her thirties / **la vierge** virgin / **la chronique** = *l'histoire* / **le
mouton** sheep

40 la plaine de Nanterre. Comme Jeanne d'Arc, elle a sa légende et ses détracteurs. Elle avait rencontré très jeune un saint homme, Germain d'Auxerre, qui traversait la région parisienne. Il était envoyé par le pape° pour évangéliser les habitants des îles de Bretagne.° Touché par la foi° de cette enfant, il lui avait attaché autour du cou° une médaille de cuivre,° marquée de la croix° du Christ,

45 en lui demandant de ne jamais s'en défaire.° Ainsi° Geneviève se croyait vouée° au Christ.

A Paris, on se moquait° un peu, dans le petit peuple et aussi chez les marchands,° chez les notables,° de son attitude de «sainte nitouche.°» Quoi, Geneviève? Toujours en prière? Quand te marieras-tu? Veux-tu sécher sur pied,°

50 comme les arbres morts? Mais Geneviève n'entendait rien, passait toute droite,° les yeux fixés sur la petite médaille de saint Germain l'Auxerrois.

«Il faut quitter la ville, disent les notables. Personne ne peut résister à Attila, pas même l'empereur de Rome, et il n'y a plus ici de Romains.»

—Il faut rester, dit une voix douce° mais ferme, celle de la petite Geneviève. Il

55 faut rester, Dieu l'a dit!

Et elle se rend° sur les remparts° déjà entourés par les bandes des cavaliers° d'Attila. Les habitants la suivent,° armés de piques,° de faux,° d'arcs° et de flèches.°

«Vous n'avez rien à craindre des Huns, dit la jeune fille. Ils s'en iront,° Dieu

60 l'a dit!»

La terreur des habitants est telle que la jeune fille leur paraît être l'incarnation de Dieu. Ceux qui ne la croient pas hésitent à ouvrir les portes. Comment s'enfuir°? Autour des murailles, les Huns sont en nombre. Ils tueront tous ceux qui tenteront une sortie.° Autant prier Dieu,° comme la petite

65 bergère°!

Attila est pressé.° Pourquoi perdre du temps devant cette île bien fortifiée? Pourquoi perdre des guerriers°? Pour quel butin°? A cette époque,° la réputation de richesse de ce lieu° n'est pas celle du Paris actuel. C'est encore une bourgade emmurée,° sans greniers° abondants, sans maisons bonnes à piller.° Au

---

le pape pope / **la Bretagne** = *péninsule de la France occidentale* / **la foi** faith / **autour du cou** around the neck / **le cuivre** brass / **la croix** cross / **se défaire de** to get rid of / **ainsi** thus / **vouer** = *consacrer* / **se moquer de** = *ridiculiser* / **le marchand** merchant / **le notable** leading citizen / **de sainte nitouche** hypocritically pious / **sécher sur pied** to languish, to dry up / **tout droit** very erect / **doux** soft / **se rendre** = *aller* / **le rempart** = *le mur* / **le cavalier** = *personne qui est à cheval* / **suivre** = *aller derrière* / **la pique** pike (weapon) / **la faux** scythe / **l'arc** *m* bow / **la flèche** arrow / **s'en aller** to go away / **s'enfuir** to run away, to escape / **tenter la sortie** to attempt an escape / **autant prier Dieu** one may as well pray to God / **la bergère** shepherdess / **pressé** in a hurry / **le guerrier** = *homme de guerre, soldat* / **le butin** booty / **à cette époque** = *à ce moment-là* / **le lieu** place / **emmuré** walled in / **le grenier** granary / **piller** to pillage

70 diable° ces Parisiens! Il y a mieux à faire vers le sud,° mieux à faire à Orléans. Et les Huns s'en vont, Attila renonce. Il donne raison° à Geneviève, qui est alors vénérée comme une sainte. Quand elle meurt, à quatre-vingt-douze ans, elle est la sainte de Paris, la patronne de Paris, celle qui a apporté à la petite cité la bénédiction de Dieu.

75
Pierre Miquel, Des Histoires de France

Qu'en pensez-vous?

Etes-vous d'accord ou non avec les déclarations suivantes? Justifiez votre réponse.

1. Les Parisiens attendent avec impatience l'arrivée des Huns.
2. Les Parisiens habitent la rive gauche.
3. Ils se sont bien protégés contre les envahisseurs.
4. Les Huns veulent conquérir Paris pour en faire leur capitale.
5. La personnalité d'Attila est bien connue.
6. La ville de Metz a été épargnée par Attila.
7. Geneviève est la petite fille de Germain d'Auxerre.
8. Elle ressemble à Jeanne d'Arc.
9. Geneviève est vouée au Christ.
10. Tout le monde à Paris respecte Geneviève.
11. Les Romains vont aider les Parisiens à se défendre contre les Huns.
12. Attila décide d'attaquer Paris.

Nouveau contexte

Complétez les phrases suivantes en employant les termes appropriés. Employez chaque terme une seule fois.

Noms : marchands *m*, sort *m*
Verbes : ai confiance en, détruire, ignore, nous installer, paraît, rencontrer, m'y rendre, répandent, rester
Adjectifs : entouré, nombreuses, pressés, tel

Mon destin de citadin

Ma destinée, mon _____1_____, —j'en suis sûr—est d'habiter la ville. Il _____2_____ qu'il y a toutes sortes de belles choses à voir à la campagne. Cependant, je n'ai pas du tout l'intention de _____3_____. En effet, j' _____4_____ les charmes de la nature. Je suis bien content de _____5_____ chez moi, _____6_____ de problèmes urbains, au milieu d'une foule de gens _____7_____ et de _____8_____ voitures qui _____9_____ la pollution. Voyez-vous, malgré tout, j'aime ma ville, je m'y plais, j' _____10_____ elle! Je sais qu'un

---

au diable to hell with / **le sud** south / **donner raison à** to prove somebody right

jour je vais y _____11_____ la personne de mes rêves—une autre citadine enragée—et nous allons _____12_____ en plein centre d'un quartier urbain, tout près des _____13_____ et de leurs marchandises, à quelques minutes aussi de mon travail et de mes divertissements favoris. _____14_____ sera mon bonheur, un bonheur qu'aucun paysan n'arrivera à _____15_____ !

Vocabulaire satellite

situer au bord d'un fleuve   to situate on a major river
à l'intérieur, sur la côte   inland, on the coast
la **plaine, la montagne**   plain, mountain
le **climat tempéré**   temperate climate
agréable, sévère   pleasant, harsh
sain, malsain   healthy, unhealthy
sec (sèche), humide   dry, humid
l' **endroit isolé, peuplé**   isolated, populated place
le **nord, le sud, l'est** *m*, **l'ouest** *m*   north, south, east, west
oriental, occidental   eastern, western

le **voleur (la voleuse), le vol**   robber, robbery
le **cambrioleur (la cambrioleuse), le cambriolage**   burglar, burglary
l' **agresseur** *m*, **l'agression** *f*   assailant, assault
le **meurtrier (la meurtrière), le meurtre**   murderer, murder
le, la **drogué(e)**   drug addict
le **conducteur (la conductrice) ivre**   drunk driver
les **bandes** *f*   gangs
battre   to beat
se **battre**   to fight
se **défendre**   to defend oneself

Pratique de la langue

1. Imaginez que vous êtes à la tête d'un groupe qui cherche un emplacement idéal pour une ville nouvelle. Quels sont les critères que vous considérez? Quels sont les avantages que vous recherchez et les inconvénients que vous voudriez éviter? Ecrivez un dialogue entre deux membres du groupe et jouez-le devant la classe.

2. Attila a dominé son époque grâce à sa force physique. Les faibles sont-ils toujours destinés à se soumettre à la volonté (*will*) des plus forts? Créez une petite scène où la force physique pose un problème pour un individu et jouez cette scène devant la classe.

3. Les habitants de Paris à l'époque de Geneviève craignaient l'attaque des Huns. A l'époque actuelle, qu'y a-t-il à craindre dans nos villes? Qu'est-ce qui menace le bien-être des citadins de nos jours? Identifiez un problème et illustrez-le en présentant devant la classe un dialogue de confrontation. Votre problème a-t-il une solution acceptable?

4. Connaissez-vous personnellement ou dans l'histoire un héros ou une héroïne improbable, quelqu'un de très ordinaire et peut-être même mal compris, qui a étonné tout le monde et a opéré un changement important dans la société? Racontez l'histoire de cette personne.

Jean-Jacques Rousseau et la nature

"I do not believe I am the only person who has such a taste for nature, although up to now I have not observed it in anyone to this extent," wrote Jean-Jacques Rousseau (1712–1778) in his last work, *Les Rêveries d'un promeneur solitaire*. This understatement captures the essential theme in the life of Rousseau, who explored, cultivated, eulogized, and defended his "taste for nature" in virtually all of his writings.

He was nearly 40 years old when his first work, *Discours sur les Sciences et les Arts*, appeared in 1752. Taking the provocative position, very much opposed to the optimistic spirit of the French Enlightenment, that progress in the sciences and the arts has corrupted humanity by sapping the original moral goodness of man, the work created an immediate furor.

When, three years later, Rousseau continued to praise the virtuous life of the noble savage and condemn the spiritual depravity of modern civilization in his *Discours sur l'origine de l'inégalité parmi les hommes*, Voltaire, one of the most eloquent defenders of the idea of progress during the Enlightenment, wrote him these famous words: "Never has anyone used such wit to reduce us to animal stupidity. Reading your work, one feels like walking on all fours."

Rousseau was not deterred by the almost unanimous condemnation of his peers. In 1776 appeared *La Nouvelle Héloïse*, a sentimental epistolary novel

Jean-Jacques Rousseau

whose two protagonists, Julie and Saint-Preux, turn to nature to help quell the passion of their virtuous and unfulfilled love. They find consolation by meditating in the midst of mountain landscapes, imagining each other's presence in solitary country walks, and sharing the innocent and wholesome activities of humble wine-harvesters. Immensely popular, the novel was the most important precursor of the French Romantic movement that dominated the beginning of the nineteenth century.

Le Contrat social and *Emile* both appeared in 1762. A political treatise that begins with the words, "Man is born free, and everywhere he is enslaved," the *Contrat social* was a stirring call for freedom that was promptly condemned by the monarchist government of Louis XV and resurrected by anti-government forces on the eve of the French Revolution. *Emile*, an original treatise on education, was also condemned because of its daring affirmation that conscience alone was enough to determine right and wrong.

Dominated by a growing sense of persecution, Rousseau wrote his last two major works, *Les Confessions* (1781–1788) and *Les Rêveries d'un promeneur solitaire* (1782), both intimate self-revelations. He was prompted to write his confessions to respond to a pamphlet by Voltaire condemning him for placing his five illegitimate children in an orphanage (an act Rousseau grew to regret), whereas he wrote *Les Rêveries d'un promeneur solitaire* for personal consolation.

The two excerpts that follow describe the kinship with nature felt by this original thinker whose thought has exerted a lasting influence in many fields, including literature, sociology, and political theory.

Si j'étais riche...

Je n'irais pas me bâtir° une ville en campagne, et mettre au fond° d'une province les Tuileries° devant mon appartement. Sur le penchant° de quelque agréable colline° bien ombragée,° j'aurais une petite maison rustique : une maison blanche avec des contrevents° verts... J'aurais pour cour° une basse-cour,° et
5 pour écurie° une étable° avec des vaches,° pour avoir du laitage° que j'aime beaucoup. J'aurais un potager° pour jardin et pour parc un joli verger°...

Là, je rassemblerais une société d'amis aimant le plaisir et s'y connaissant,° de femmes qui puissent sortir de leur fauteuil et se prêter° aux jeux champêtres°...

---

bâtir = *construire* / **au fond de** in the depths of / **les Tuileries** = *jardin public à Paris* / **le penchant** side / **la colline** hill / **ombragé** shaded / **le contrevent** shutter / **la cour** courtyard / **la basse-cour** farmyard / **l'écurie** ƒ stable / **l'étable** ƒ cattle-shed / **la vache** cow / **le laitage** dairy products / **le potager** vegetable garden / **le verger** orchard / **s'y connaissant** being versed in it (here, pleasure) / **se prêter (à)** to lend oneself (to) / **le jeu champêtre** country pastime

10 L'exercice et la vie active nous feraient un nouvel estomac et de nouveaux goûts.° Tous nos repas seraient des festins,° où l'abondance plairait plus que la délicatesse... La salle à manger serait partout, dans le jardin, dans un bateau, sous un arbre... On aurait le gazon° pour table et pour chaises, les bords° de la fontaine serviraient de buffet, et le dessert pendrait° aux arbres... Chacun serait servi par tous; le temps passerait sans le compter; le repas serait le repos, et

15 durerait autant que l'ardeur° du jour. S'il passait près de nous quelque paysan° retournant au travail, ses outils° sur l'épaule,° je lui réjouirais° le cœur par quelques bons propos,° par quelques coups de bon vin° qui lui feraient porter plus gaiement sa misère; et moi j'aurais aussi le plaisir de me sentir émouvoir° un peu les entrailles,° et de me dire en secret : «Je suis encore homme.»

20   Jean-Jacques Rousseau, *Emile*

Les voyages à pied

La chose que je regrette le plus dans les détails de ma vie dont j'ai perdu la mémoire est de n'avoir pas fait des journaux° de mes voyages. Jamais je n'ai tant° pensé, tant existé, tant vécu,° tant été moi, si° j'ose ainsi dire, que dans ceux que j'ai faits seul et à pied. La marche° a quelque chose qui anime et avive° mes

5 idées : je ne puis presque penser quand je reste en place...

   Je me souviens d'avoir passé une nuit délicieuse hors de° la ville, dans un chemin° qui côtoyait° le Rhône ou la Saône,° car je ne me rappelle pas lequel des deux. Des jardins élevés en terrasse° bordaient° le chemin du côté opposé. Il avait fait très chaud ce jour-là, la soirée était charmante; la rosée° humectait°

10 l'herbe° flétrie°; point de vent, une nuit tranquille; l'air était frais, sans être froid; le soleil, après son coucher, avait laissé dans le ciel des vapeurs rouges dont la réflexion rendait l'eau couleur de rose : les arbres des terrasses étaient chargés° de rossignols° qui se répondaient de l'un à l'autre. Je me promenais dans une sorte d'extase, livrant° mes sens et mon cœur à la jouissance° de tout cela, et

15 soupirant° seulement un peu du regret d'en jouir° seul. Absorbé dans ma douce rêverie, je prolongeai fort avant dans la nuit° ma promenade, sans

---

le goût taste / **le festin** feast / **le gazon** grass, lawn / **le bord** edge / **pendre** to hang / **l'ardeur** *f* heat / **le paysan** peasant / **l'outil** *m* tool / **l'épaule** *f* shoulder / **réjouir** to gladden / **le propos** = *le mot* / **le coup de vin** drink of wine / **émouvoir** to move / **les entrailles** *f* innards (here = *le cœur*) / **le journal** diary / **tant** so much / **vécu** = *vivre* (*participe passé*) / **si... dire** if I dare say / **la marche** = *la promenade* / **aviver** to enliven / **hors de** outside / **le chemin** path / **côtoyer** to border on / **le Rhône, la Saône** French rivers / **en terrasse** terraced / **border** to border / **la rosée** dew / **humecter** to moisten / **l'herbe** *f* grass / **flétri** wilted / **chargé** loaded / **le rossignol** nightingale / **livrant** delivering / **la jouissance** enjoyment / **soupirant** sighing / **jouir de** to enjoy / **fort avant dans la nuit** well into the night

m'apercevoir° que j'étais las.° Je m'en aperçus enfin. Je me couchai voluptueusement sur la tablette° d'une espèce de niche° ou de fausse porte enfoncée°
dans un mur° de terrasse; le ciel de mon lit était formé par les têtes des arbres; un
20 rossignol était précisément au-dessus de moi; je m'endormis à son chant : mon
sommeil fut doux, mon réveil le fut davantage.° Il était grand jour° : mes yeux,
en s'ouvrant, virent° l'eau, la verdure,° un paysage° admirable. Je me levai, me
secouai,° la faim me prit, je m'acheminai° gaiement vers la ville, résolu° de
mettre à un bon déjeuner deux pièces de six blancs° qui me restaient encore.
25 J'étais de si bonne humeur que j'allais chantant tout le long du chemin...

J'aime à marcher à mon aise, et m'arrêter quand il me plaît. La vie
ambulante est celle qu'il me faut. Faire route à pied par un beau temps, dans un
beau pays, sans être pressé, et avoir pour terme de ma course un objet agréable° :
voilà de toutes les manières de vivre celle qui est le plus de mon goût. Au reste,°
30 on sait déjà ce que j'entends par un beau pays. Jamais pays de plaine°... Il me
faut des torrents,° des rochers,° des sapins,° des bois noirs,° des montagnes, des
chemins raboteux° à monter et à descendre, des précipices à mes côtés qui me
fassent bien peur.

Jean-Jacques Rousseau, Les Confessions

Qu'en pensez-vous?

Etes-vous d'accord ou non avec les déclarations suivantes? Justifiez votre réponse.

1. Si Rousseau était riche, il aimerait avoir un appartement en ville.
2. Il voudrait s'entourer (*surround himself*) de femmes paresseuses.
3. Il aimerait prendre ses repas dans une salle à manger élégante.
4. Il aimerait avoir beaucoup de serveurs.
5. Si un paysan passait, Rousseau lui offrirait quelques vêtements.
6. Les voyages à pied aident Rousseau à penser.
7. Il se souvient d'une nuit délicieuse passée en ville.
8. Il neigeait beaucoup cette nuit-là.
9. Rousseau s'est endormi en écoutant le chant d'un rossignol.
10. Pour Rousseau, le plus beau pays est un pays de plaine.

s'apercevoir to realize / **las** = *fatigué* / **la tablette** flat surface / **une espèce de niche** a kind of nook / **enfoncé** dug / **le mur** wall / **davantage** more so / **grand jour** broad daylight / **virent** = *voir (passé simple)* / **la verdure** greenery / **le paysage** landscape / **secouer** to shake / **s'acheminer** to set out / **résolu** resolved / **deux pièces de six blancs** = *une petite somme d'argent* / **un objet agréable** a pleasant destination / **au reste** besides / **la plaine** plains / **le torrent** mountain stream / **le rocher** rock / **le sapin** fir, spruce / **le bois noir** dark woods / **raboteux** rough

Nouveau contexte

Complétez les phrases suivantes en employant les termes appropriés. Employez chaque terme une seule fois.

Noms : basse-cour *f*, colline *f*, contrevents *m*, maison *f*, paysan *m*, potager *m*, rossignols *m*, vaches *f*, ville *f*
Verbes : m'allonger, fais
Adjectifs : frais, rustique

SERGE   Irène, où est-ce que tu voudrais habiter quand nous serons mariés?

IRÈNE   A Paris, bien sûr. Tu sais que j'adore la vie en _____1_____. Et toi, mon chou?

SERGE   Tu sais que j'adore la campagne, Irène.

IRÈNE   Moi aussi, chéri. J'aime me promener dans l'air _____2_____ et _____3_____ sur l'herbe verte, et j'adore écouter le chant des _____4_____!

SERGE   Je voudrais habiter dans une petite _____5_____ à la campagne, Irène.

IRÈNE   Une résidence secondaire? Quelle charmante idée, chéri!

SERGE   Tu ne comprends pas, Irène. J'ai un grand désir de devenir _____6_____.

IRÈNE   Tu blagues, Serge! Tu exagères!

SERGE   Non, Irène. Je voudrais avoir une maison _____7_____ sur le penchant d'une agréable _____8_____, une maison blanche avec des _____9_____ verts.

IRÈNE   Est-ce que tu es complètement fou, Serge?

SERGE   Avec un _____10_____ où nous planterons nos légumes, et une _____11_____ pour nos poulets...

IRÈNE   Tu me _____12_____ peur, Serge!

SERGE   Et même une étable pour nos _____13_____!

IRÈNE   Au revoir, Serge! Va te chercher une paysanne!

Vocabulaire satellite

la **montagne**   mountain
le **bois**   woods
la **plage**   seashore
le **lac**   lake
le **champ**   field
faire du camping   to go camping, to camp
faire de la bicyclette   to go bicycle riding
faire un pique-nique   to have a picnic
faire de la natation   to go swimming
faire une excursion (en auto, à bicyclette, à pied)   to take a car trip, bike trip, to hike
méditer (sur)   to meditate (about)
se détendre   to relax
cueillir des fruits   to pick fruit
s'ennuyer   to be bored
la **tranquillité**   peace, quiet
la **solitude**   solitude
paisible   peaceful
isolé   isolated
un moustique   mosquito
une abeille   bee
piquer   to sting

Pratique de la langue

1. Imaginez que vous êtes un(e) invité(e) à la maison idéale de Rousseau. Ecrivez une lettre à un(e) ami(e) lui racontant ce que vous y faites et comment vous vous y amusez.
2. Complétez : «Si j'étais riche, j'irais à la campagne. Je...»
3. Gisèle (Jean-Marie) vit en ville depuis longtemps mais elle (il) n'aime plus y vivre parce qu'elle (il) déteste la pollution, le crime, le bruit, le train de vie rapide, la circulation affreuse, et les autres problèmes de la ville. Mais qu'est-ce qu'elle (il) va faire? Ecrivez un dialogue entre Gisèle (Jean-Marie) et son psychiatre.
4. Décrivez un pique-nique extraordinaire (désastreux? bizarre? romantique?) et lisez votre description devant la classe.
5. Préparez un dialogue entre Rousseau et le paysan qui retourne au travail (voir «Si j'étais riche...,»).

La campagne en révolte

The strong opposition which exists in the French mind between the country and the city (and which preceded the opposition between *la province* and Paris) refers not only to two very different types of landscape but also to two very distinct ways of life, as exemplified in La Fontaine's famous seventeenth century fable, *Le Rat des villes et le rat des champs*. The ancient classic image of the shepherd living an idyllic life in a paradisiac environment contrasts bluntly with the history of the archetypal French peasant who was nicknamed Jacques Bonhomme and whose life over the centuries was caught up in a succession of wars, periods of famine, and ensuing rebellions. For the French peasant of the earlier centuries, "eating grass" was not a metaphoric expression: he lived at the mercy of both landlords and invading soldiers from other communities or regions, and his life was an endless cycle of hard work, war, famine and occasional ritual family or collective celebrations (during which he had the rare privilege of eating meat).

It should not be surprising therefore that a long list of *jacqueries* (peasant rebellions) punctuates the history of rural France. For instance, the *droit de cuissage* (the right for the lord of the land to sleep with his farmer's wife) was a social class privilege for centuries. The French peasant, on the other hand, was only granted the right to vote in 1848. In 1790—in the aftermath of the Revolution—only one quarter of the French people had a relatively good knowledge of the French language, while one third of the population totally ignored it and relied on local dialects. In the nineteenth century, privileged urban travellers still referred to the French peasant as a "savage" and treated him accordingly, despite the fact that he has left us an incredible wealth of folklore: traditional stories, songs, customs, and material culture.

Until technology was introduced, the French peasant's life was totally tied up with the land. In the Bas-Berry (slightly south of the Loire river) the contrast between large estate owners and small farmers became increasingly sharp in the middle of the nineteenth century. The introduction of mechanization brought extra tension, as it was viewed unfavorably by farm laborers, who saw it as taking work away from them at a time when employment was already hard to find. So rigorous was the winter of 1846–47 (the winter that followed that of the Irish potato famine) that it brought blight crops and gave rise to memorable unrest in the French countryside.

Berry, mostly a cereal producing region, then lived through what is historically known as the very last French *jacquerie*. Local officials had stored wheat away when it was scarce and had raised prices in order to make a larger profit. The rural population rose up in protest, as the following text illustrates.

La jacquerie de Buzançais en Bas-Berry, 1847

Dans la matinée du 13 janvier, deux équipages à deux chevaux° et deux carrioles° à cheval, escortés par un commis,° le sieur° Pigelet, arrivèrent avec un chargement° de 51 hectolitres° de blé° destiné pour Issoudun. Ils s'arrêtèrent au faubourg° des Hervaux, habité par une population misérable et turbulente, à
5 l'auberge° du sieur Isidore Boulet.

Au moment où ils allaient continuer leur route, ils furent° environnés° par des femmes qui s'opposèrent à leur départ, et qui bientôt appelèrent, pour leur prêter main forte,° les ouvriers de l'atelier de charité.°

Le maire de Buzançais, accompagné des gendarmes, accourut° sur les lieux,°
10 et après de longs efforts, il parvint à° décider° les ouvriers à retourner à leurs travaux.

Les voitures se mirent° de nouveau en mouvement.

Les femmes recommencèrent de nouveau à les entourer, à crier° qu'elles ne partiraient pas, à appeler les ouvriers. Ceux-ci° revinrent,° le rassemblement°
15 s'augmenta et s'anima de plus en plus. Malgré la résistance qui lui fut opposée, les tentatives° faites pour le dissiper et le calmer, il° parvint à conduire les voitures jusque dans la cour° du collège qui forme une dépendance° de la mairie. On

---

l'équipage à deux chevaux *m* carriage and pair / **la carriole** cart / **le commis** = *l'apprenti, l'assistant* / **le sieur** = *monsieur* / **le chargement** load / **l'hectolitre** *m* = *100 litres* / **le blé** wheat / **le faubourg** suburb / **l'auberge** *f* inn / **furent** = *être (passé simple)* / **environné** = *entouré* / **prêter main forte** to lend a helping hand / **l'atelier de charité** *m* charity workhouse / **accourir** to rush / **les lieux** *m* premises / **parvenir à** = *réussir à* / **décider** = *persuader* / **se mirent** = *se mettre (passé simple)* / **crier** to scream / **ceux-ci** the latter (= *les ouvriers*) / **revinrent** = *revenir (passé simple)* / **le rassemblement** gathering / **la tentative** attempt / **il** = *le rassemblement* / **la cour** courtyard / **la dépendance** annex

Buzançais, en Bas-Berry, 1847

détela° les chevaux, on déchargea° les sacs de blé, puis on emmena au loin les
voitures à force de bras.°

20   Au coin de la grande rue° de Buzançais se trouve une vaste maison qui était
habitée par Madame Huard-Chambert et par son fils unique, âgé d'environ
quarante ans; le portail° de cette maison donne sur° la Porte-de-Luçay et
précède une cour. En ce moment, la fausse porte° du portail était ouverte, parce
que deux individus, porteurs d'un engagement° qu'on faisait souscrire° aux
25 propriétaires,° venaient d'entrer chez Madame Huard-Chambert.

Venin, celui qui se donnait le titre de chef des brigands, entra, un gros bâton°
à la main, dans la cuisine de Madame Chambert, et de là dans la chambre où
cette dame venait de signer, sur une petite table auprès de la fenêtre, d'après le
conseil° de son fils, l'engagement qu'on lui avait présenté. Exalté par les scènes
30 de pillage auxquelles il venait de se mêler° et peut-être par l'ivresse,° il frappa

dételer to unharness / **décharger** to unload / **on emmena... à force de bras** the
wagons were rolled away / **la grande rue** = *la rue principale* / **le portail** gate / **donner
sur** = *ouvrir sur* / **la fausse porte** false door / **l'engagement** *m* commitment /
souscrire to sign / **le, la propriétaire** owner / **le bâton** stick / **le conseil** advice /
se mêler (à) to get involved in / **l'ivresse** *f* drunkenness

avec son bâton sur une table où le couvert était mis,° et cria : «Il me faut de l'argent°!»

A cette brusque interpellation, Louis Bourgeot, domestique° de Madame Chambert, s'avança sur Venin; celui-ci le menace et lève son bâton. Bourgeot le
35 saisit par le milieu du corps et le renverse° à deux reprises,° il se relève et poursuit le domestique, que° menace également un autre individu, armé d'une fourche,° probablement Arrouy.

C'est alors que M. Chambert, dans la pensée que la vie de Bourgeot et peut-être la sienne sont en danger, va s'armer d'un fusil,° et placé à la porte de la
40 chambre de sa mère, qui fait face à celle de la cuisine, met cette arme en joue,° en disant : «Qui a frappé mon domestique?» Le porteur de la liste s'écrie que ce n'est pas lui. M. Chambert vise° Venin au moment où ce dernier° poursuivait encore Bourgeot; Venin se dirige assez lentement vers M. Chambert; tout à coup il le saisit d'une main au collet,° de l'autre rabat° le canon° du fusil; en ce
45 moment le coup part° sans qu'on puisse savoir si l'explosion a été le fait de° la volonté° de M. Chambert, ou d'un malheureux hasard. Venin reçoit la charge toute entière dans le bas-ventre,° fait un demi-tour° et tombe à la renverse° en s'écriant : «Je suis mort!» Le coup avait été tiré à bout portant° car le feu avait pris à sa blouse.°

50 Cependant, M. Chambert, toujours armé de son fusil, avait monté l'escalier et s'était retiré au premier étage; de là, il menaçait de faire feu sur ceux qui s'avanceraient. On lui conseille de se cacher dans une cheminée, dans une armoire.° C'était une imprudence peut-être, et il eût mieux valu,° en un instant, chercher à fuir° de la maison; mais enfin le malheureux se laisse persuader, se
55 retire dans un cabinet° qui donne sur la rue, à la suite de° la chambre à coucher, et s'enferme dans une vaste armoire où il pouvait se tenir debout.

Le pillage continuait en bas avec une sorte de rage. Enfin, on envahit° le premier étage, on cherche M. Chambert. Se voyant découvert, il sort de sa retraite et se trouve au milieu d'une bande d'assassins altérés° de son sang.°
60 Là s'accomplit une scène dont les détails nous échappent.° M. Chambert aurait pris° par les mains l'un des accusés, Louis Bézard, en lui disant : «Nous

---

mettre le couvert to set the table / **Il me faut de l'argent** = *J'ai besoin d'argent* / **le, la domestique** = *le serviteur, la servante* / **renverser** to knock down / **à deux reprises** = *deux fois consécutives* / **que... individu** = *qu'un autre individu menace* / **la fourche** pitchfork / **le fusil** rifle / **mettre une arme en joue** to take aim with a weapon / **viser** to aim at / **ce dernier** = *the latter* / **le collet** = *le cou, le col* / **rabattre** to bring down / **le canon** barrel (of a gun) / **le coup part** the gun goes off / **le fait de** = *causé par* / **la volonté** will / **le bas-ventre** lower belly / **le demi-tour** half-turn / **tomber à la renverse** to fall backwards / **tirer à bout portant** to fire at point blank range / **la blouse** smock / **l'armoire** *f* wardrobe / **il eût mieux valu** = *il aurait été préférable de* / **fuir** to flee / **le cabinet** study / **à la suite de** beyond / **envahir** to invade / **altéré de** thirsty for / **le sang** blood / **échapper** to escape / **aurait pris** allegedly took

sommes tous perdus! Je vous demande grâce.» Rouet-Bézard, son gendre,° s'est
vanté de° lui avoir porté° le premier coup. Enfin, Velluet, dans un incroyable
transport de fureur, lui aurait lancé° par dessus la tête sa cognée° qui l'aurait
65 atteint au front.°

Quoi qu'il en soit,° M. Chambert, la tête déjà toute ensanglantée,° les
cheveux hérissés,° levant les bras au ciel, parvint à échapper à ses bourreaux,° et
descendit l'escalier. Il se sauva dans la boutique d'un bourrelier,° et alla se
blottir° au fond d'une alcôve, entre deux lits.

70 Il était là, en attendant son sort,° car il avait été poursuivi. Brillant-Godeau
entre le premier dans la chambre, découvre M. Chambert qui s'écrie : «Grâce!
grâce! mes amis.» —Non, pas de grâce, et il le livre aux assassins qui attendaient
leur victime.

Suivant une déposition, on frappait sur M. Chambert comme sur un boeuf.°
75 Michot court après lui, et lui assène° à plusieurs reprises, sur la tête et sur le
corps, des coups de sa lourde masse.° Etienne Billant lui donne plusieurs coups de
sa masse de cantonnier,° moins pesante,° mais non moins terrible entre des mains
vigoureuses. Foigny lui enfonce° dans le corps une fourche dont il avait cassé les
deux dents latérales.° La femme Cotteron le frappe à coups de sabots.° Arrouy
80 essaie de le percer au ventre avec sa fourche, mais elle ne peut pas pénétrer; il la
lui enfonce alors dans la figure,° si profondément, que pour la retirer, il soulève°
la tête et qu'enfin il est forcé de poser son pied sur le visage ou sur l'épaule.°
D'autres encore le frappent, et le vieux Légeron disait : «Quel rude° homme que
ce M. Chambert, il se serait défendu de six.° Quand on l'a traqué° par terre, je
85 lui ai sauté° sur la tête à deux mains, je n'ai pu le tenir; ses cheveux me sont restés
dans les mains; si les autres n'étaient pas arrivés pour l'assommer,° il aurait
échappé.»

La Gazette des Tribunaux. Archives de la cour d'assise de l'Indre sur l'«Affaire du Buzançais,»
Collection des Archives départementales de l'Indre.

Postscript

Three of the accused were sentenced to death and were executed on the public square on April 16, 1847. The femme Cotteron, one of the rare women involved in the pillaging, was condemned to five years of prison. Most of the prisoners with jail sentences were sent to Limoges, the capital of the Limousin region.

le gendre = *le mari de sa fille* / **se vanter** = *to boast* / **porter un coup** to deal a blow /
aurait lancé allegedly threw / **la cognée** axe / **l'aurait atteint au front** allegedly hit
him in the forehead / **quoi qu'il en soit** be that as it may / **ensanglanté** = *couvert de
sang* / **hérissé** bristled / **le bourreau** torturer / **le bourrelier** saddler / **se
blottir** to huddle / **le sort** fate / **le bœuf** ox / **assener un coup** to give a blow / **la
masse** club / **le cantonnier** roadmender / **pesant** heavy / **enfoncer** to drive in /
la dent latérale outer tooth / **le sabot** wooden shoe / **la figure** = *le visage* /
soulever to raise / **l'épaule** *f* shoulder / **rude** tough / **il... six** he would have been
able to ward off six / **traquer** to surround / **sauter** to jump / **assommer** to beat
to death

Qu'en pensez-vous?

Etes-vous d'accord ou non avec les déclarations suivantes? Justifiez votre réponse.

1. Les paysans du Bas-Berry se sont révoltés en 1847 parce qu'ils voulaient le droit de vote.
2. Seuls les hommes (et non les femmes) ont protesté contre la famine et l'absence de blé pour faire du pain.
3. Le maire de Buzançais est venu tout seul pour parler aux pauvres en révolte.
4. Quand le blé a été rentré, la violence s'est arrêtée.
5. Mme Huard-Chambert et son fils habitaient une petite maison modeste à l'extérieur de Buzançais.
6. Ils représentaient, pour les paysans, la classe des riches propriétaires de la région qui contrôlent le prix des céréales.
7. Quand Venin est entré dans la cuisine, il portait un fusil et a demandé à manger.
8. C'est Louis Bourgeot, le domestique des Chambert, qui a tué Venin avec un couteau de cuisine.
9. Les révoltés (ou «brigands») n'avaient pas d'armes comparables à celles de M. Chambert.
10. La mort accidentelle et horrible de Venin a excité la violence de ses compagnons.
11. Mme Chambert s'est battue à coups de sabots avec la femme Cotteron pour défendre son fils.
12. Ce texte judiciaire officiel décrit les riches propriétaires comme des victimes innocentes et les paysans révoltés comme des sauvages.

Nouveau contexte

Complétez les phrases suivantes en employant les termes appropriés. Employez chaque terme une seule fois.

Noms : bâtons *m*, blé *m*, blouse *f*, carrioles *f*, chargements *m*, famine *f*, gendarmes *m*, maire *m*, paysanne *f*, propriétaires *m ou f*, rassemblements *m*, sabots *m*
Verbes : tirer à bout portant, se vante de

Au milieu du 19ᵉ siècle, la France est encore, en grande partie, rurale. En fait, en 1846, les trois quarts des Français sont des paysans. Pourtant, le paysan français n'a encore ni le droit de vote ni de représentation politique directe et vit constamment dans la peur de la _____1_____ car le _____2_____ est cher et ses enfants ont faim. Les riches _____3_____ spéculent sur le prix des céréales pendant les périodes de crise. La femme du paysan, la _____4_____, vit elle aussi dans une anxiété permanente car les familles de la campagne berrichonne (de Berry) sont pauvres. Le paysan porte, comme vêtements, une _____5_____ et des _____6_____ en bois. La plupart du temps, il mange du pain noir et des châtaignes (*chestnuts*) mais rarement de la viande qui est trop chère pour lui, et seulement pour les fêtes. Le pain blanc est à la fois son luxe et son dessert.

   C'est pourquoi, en 1847, il y a souvent des _____7_____ populaires quand des _____8_____ à cheval apportent des _____9_____ de blé. Ces convois sont généralement protégés par la police, en particulier par des compagnies de _____10_____ délégués par le _____11_____ de la ville.

Pourtant, la police est prête à _____12_____, avec ses fusils, sur ces pauvres gens qui n'ont pour se défendre que des ustensiles de travail, armes primitives : des fourches ou des _____13_____. De plus, la police _____14_____ ses victoires contre les paysans, victoires qu'elle considère comme héroïques car elle veut défendre l'ordre établi des notables des campagnes et des grands bourgeois spéculateurs, représentants de l'ordre social, même si leur richesse est établie sur la misère des paysans qui travaillent pour eux.

Vocabulaire satellite

la **province**   in the French definition, everything in France but Paris
la **terre**   land
la **récolte**   crop
le **marché**   market
la **faim, la famine**   hunger, famine
la **misère**   poverty
le (la) **propriétaire**   landowner
se **rassembler**   to gather
se **révolter**   to rebel
faire une bonne affaire   to get a good deal
faire monter le marché   to make the prices go up

voler   to steal
le **voleur, la voleuse**   thief
les **autorités municipales**   town authorities
l' **avocat** *m*   lawyer
le **procès**   trial
mériter   to deserve
mourir de mort naturelle   to die a natural death
être condamné à la prison à perpétuité   to be condemned to prison for life
être condamné à mort   to be condemned to death

Pratique de la langue

1. Complétez les déclarations suivantes :
   a. Le 14 janvier 1847, le lendemain de la révolte paysanne, le maire de Buzançais fait quelques commentaires à la presse sur les événements du jour précédent.
      1. Hier, les paysans de la région...
      2. La police...
      3. Les femmes...
      4. Moi, le maire de Buzançais, je...
   b. Le même jour, une paysanne dont le mari a été tué par les gendarmes est interviewée :
      1. Mon mari...
      2. Mes enfants...
      3. Moi, je...
      4. Les propriétaires de la région...
   c. Quelque temps après, le juge du tribunal d'Issoudun, qui est un grand notable (ami des spéculateurs), fait une déclaration officielle pour justifier le fait qu'il a envoyé les paysans à la guillotine :
      1. Les paysans d'ici...

      2. Ils...

      3. Leurs femmes, leurs familles et eux...

      4. Le devoir de la justice est de...

2. Jouez les situations suivantes :

    a. Un journaliste interviewe Mme Chambert et lui demande où elle était et ce qu'elle faisait pendant que son fils était massacré.

    b. Michot a été guillotiné. Son fils va voir le juge d'Issoudun pour protester contre la condamnation de son père et prendre sa défense.

    c. Une voisine demande à la femme Cotteron de lui raconter la mort de Venin.

3. D'après vous, la famine, la misère, le désespoir étaient-ils une justification suffisante pour le meurtre de M. Chambert? Oui? Non? Pourquoi? Commentez. D'une manière générale, l'assassinat d'un autre être humain peut-il jamais être justifié?

Sujets de discussion ou de composition

1. Faites une présentation orale ou écrivez une composition dans laquelle vous direz où vous comptez vous installer définitivement un jour. Dites pourquoi vous allez choisir cet endroit et pourquoi vous allez rejeter d'autres possibilités.

2. Décrivez votre endroit préféré à la campagne. Quand est-ce que vous aimez y aller? Quelles activités y faites-vous? Avec qui aimez-vous y aller?

3. Commentez la déclaration suivante : «La violence naît souvent de la peur.»

5

Les classes sociales

Un charpentier et sa servante au moyen âge

Henri IV et le peuple

In the person of Henry IV (1553–1610), class distinctions are blurred. Like perhaps no other king in the history of France, Henry IV felt close to the people and enjoyed walking in their midst. Many historians rank him as the most beloved of French kings. Through one of those ironic twists of fate, the manner in which he died—he was the victim of a political assassination—only served to increase general affection for him. He himself had foreseen such a turn of events, telling his people: «Le naturel des Français est de n'aimer point ce qu'ils voient. Ne me voyant plus vous m'aimerez et, quand vous m'aurez perdu, vous me regretterez.»

Much of Henry IV's success can be attributed directly to his person. Warm and affable by nature, he inquired after people and took a genuine interest in their activities; his ready smile and sincere greeting invited his subjects to approach him. He sought out the company of others, frequently inviting himself to sit down to dinner and sparking the conversation with his ready wit. His attitude was relaxed, simple and without ceremony. Henry IV enjoyed life in all

Henri IV et sa famille

its aspects and made no effort to conceal his exuberance. Tending to look on the bright side of things, he possessed a keen sense of humor and a sharp, spontaneous wit. He learned to be a good judge of human nature, seeing through people to their real intentions. This knowledge, combined with his natural charm, attracted many followers.

Henry IV was an intelligent human being, a self-made man. His training was not obtained in the schools but was rather of a practical nature. His intellectual curiosity led him to inquire about many things and helped develop his good common sense. He liked to make decisions on the spot, instinctively. His goal was to make his people happy and enable them to «mettre la poule (*chicken*) au pot tous les dimanches.» Like his finance minister Sully, he viewed agriculture as the key to the economy: «labourage (*tilling*) et pâturage (*grazing*) sont les deux mamelles (*breasts*) de la France.» In many ways, he was a rustic gentleman, coming to know his country on the back of his horse where he felt most at home. His countrymen viewed him more as one of them than as royalty.

Henry IV had a successful reign as king of France. He raised the French economy to a state of prosperity which it had not seen since the foundation of the monarchy. As a Protestant who had converted to Catholicism prior to becoming king, he proclaimed religious freedom for all through the Edict of Nantes (1598). Upon his accession to the throne in 1589, he founded the Bourbon dynasty.

In his personal life he was a rather deplorable husband—he had thirteen children with five different women—but he was a good father, who genuinely loved all his children without distinction, raising them all together and spending as much time as possible with them.

The following excerpt offers a glimpse of this personal side of King Henry IV.

Un roi populaire

Henri IV circule en sa capitale ainsi qu'un simple particulier,° se mêle à la foule,° interroge les humbles. Allant une fois au Louvre, accompagné de force noblesse° et ayant rencontré en son chemin° une pauvre femme qui conduisait une vache, le Roi s'arrêta et lui demanda combien sa vache et ce qu'elle voulait la vendre.°
5   Cette bonne femme lui ayant dit le prix : «Ventre-saint-gris,° dit le Roi, c'est trop, elle ne vaut° pas cela, mais je vous en donnerai tant.°» Alors cette pauvre femme va lui dire° : «Vous n'êtes pas marchand de vaches, Sire, je le vois bien.

---

ainsi... particulier like an ordinary individual   /   **se mêle à la foule** mingles with the crowd   /   **force noblesse** = *beaucoup de nobles*   /   **en son chemin** = *en route*   /   **combien... vendre** how much her cow was worth and what she wanted to sell it for   /   **ventre-saint-gris** an oath attributed to Henry IV   /   **valoir** to be worth   /   **tant** so much   /   **va lui dire** = *lui dit*

—Pourquoi ne le serais-je pas, ma commère°? lui répondit le Roi. Voyez-vous
pas tous ces veaux° qui me suivent°?»

10   Il se fourre° parmi des paysans° au bac° de Neuilly et demande à l'un d'eux
pourquoi il a la barbe° noire et les cheveux blancs. Il citera souvent la réponse :
«Sire, c'est que mes cheveux sont plus vieux de vingt ans que ma barbe.» Un
pareil ton° entre un chef d'Etat et ses sujets disparaîtra à jamais° avec lui....

Il a dans sa vie privée trois passions tyranniques : les femmes, le jeu,° la
15   chasse.° Miraculeusement, Gabrielle° suffit à satisfaire la première. Tant qu'elle
sera là,° le Vert Galant° ne lui préférera aucune beauté....

L'amour, cependant, n'apaise° pas la véritable frénésie qu'apporte le Roi à
manier° les dés,° les cartes. Il y consacre° des nuits entières, n'hésite pas, affirme
Villegomblain, à chercher «des joueurs° dans Paris, gens de peu et de petite
20   étoffe° pour la plupart, mais qui jouaient gros jeu°....»

Les «différences» étaient énormes. Au moins vingt mille pistoles° quo-
tidiennes° de gain ou de perte.° Un Portugais assez douteux,° Pimentel, prendra
à Sa Majesté plus de deux cent mille écus°—le tiers de la dot° de Marie de
Médicis°! On comprend la fureur, les remontrances,° de Sully.

25   La chasse n'offre pas tant d'inconvénients.° Pourtant Henri s'y adonne° avec
un tel feu° qu'il en revient parfois malade et doit «s'aller rafraîchir une heure au
lit». Il y reçoit aussi des blessures° dont l'une, provenant° d'un coup de pied° de
cheval, manque de lui être fatale.° Rien ne l'arrête, ni le rhume,° ni la goutte,° ni
le vent, ni la neige. Le cerf,° le loup,° le sanglier,° les oiseaux, tout lui est bon. Une
30   de ses joies est d'aller à l'aube° «voler°» des perdreaux° qu'il mangera à son
dîner après les avoir patriarcalement partagés° entre les gens de sa suite°....

En vérité, cet homme ne saurait tenir en place.° Jamais il n'a pu s'astreindre°
à réunir son Conseil° autour d'une table. Les affaires de l'Etat, il les traite en
marchant à travers ses jardins. Si vraiment le temps est trop mauvais, il arpente°

---

ma commère my good woman / **le veau** = *le petit de la vache* / **suivre** = *accompagner* /
se fourrer to thrust oneself / **le paysan** peasant / **le bac** ferry / **la barbe** beard /
un pareil ton such a tone / **à jamais** = *pour toujours* / **le jeu** gambling / **la**
chasse hunting / **Gabrielle :** *Gabrielle d'Estrées, maîtresse d'Henri IV* / **tant qu'elle sera**
là as long as she is at his side / **le Vert Galant** nickname of Henry IV referring to his amorous
escapades (*vert* = vigorous) / **apaiser** = *calmer* / **manier** to handle / **le dé** (gambling)
die / **consacrer** to devote / **le joueur** gambler / **de peu et de petite étoffe** of little
importance (*étoffe* = fabric) / **jouer gros jeu** to gamble heavily / **la pistole** old coin /
quotidien daily / **la perte** loss / **douteux** shady / **l'écu** *m* old coin / **le tiers de la**
dot one-third of the dowry / **Marie de Médicis** = *femme d'Henri IV* / **la remontrance** =
la réprimande, le reproche / **l'inconvénient** *m* = *le désavantage* / **s'adonner** to devote oneself /
le feu fire, passion / **la blessure** injury / **provenir** to result from / **le coup de**
pied kick / **manque de lui être fatale** nearly proves fatal / **le rhume** cold / **la**
goutte gout / **le cerf** stag, deer / **le loup** wolf / **le sanglier** wild boar / **à**
l'aube at dawn / **voler** to hunt with falcons / **le perdreau** young partridge /
partager to share / **les gens de sa suite** = *ses domestiques, ses serviteurs* / **ne saurait tenir**
en place could not stay in place / **s'astreindre** = *s'obliger, se forcer* / **réunir son**
Conseil to call together his Council (of Ministers) / **arpenter** to stride up and down

35 une galerie. Les secrétaires d'Etat attendent à distance respectueuse, la plume en
main.° Ils consigneront° par écrit la décision lorsqu'elle sera prise.

Le siège° de la monarchie n'est pas moins mouvant°.... Le gouvernement se
trouve là où se trouvent le souverain et ses gens....

Un caprice° de Sa Majesté suffit à mettre en chemin la Cour et tout l'appareil°
40 de l'Etat. Le Roi dit inopinément° à son lever : «Messieurs, nous partirons
tantôt».° Immédiatement l'on s'apprête° et dès l'après-midi chacun enfourche
sa monture° (les carrosses° sont rares et la mode indolente° des litières° est à peu
près° passée avec les Valois).° Les seigneurs,° les soldats, les pages, les serviteurs
sont à cheval; les dames sur des haquenées°; les prêtres, les secrétaires sur des
45 mules. D'énormes charrettes° transportent les bagages qui comprennent° le lit et
le couvert.° On «tendra°» l'appartement royal à l'arrivée. Parfois il s'agit
seulement de gagner° un château familier, Fontainebleau, Saint-Germain,
Monceau, Blois, Chambord. Plus souvent Sa Majesté est partie mater° une
résistance, inspecter un camp, ranimer° un loyalisme défaillant,° préparer une
50 expédition militaire. Dans ce cas, l'on ne sait trop en quel endroit l'on couchera.
Le Roi exercera son droit de gîte° et s'installera° chez un de ses sujets, chez les
moines° d'une riche abbaye,° au cœur d'une bonne ville.

Philippe Erlanger, La Vie quotidienne sous Henri IV

Qu'en pensez-vous?

Etes-vous d'accord ou non avec les déclarations suivantes? Justifiez votre réponse.

1. Henri IV se croit marchand de vaches.
2. Le paysan au bac de Neuilly plaisante avec le roi.
3. Henri IV a trois passions dans sa vie privée.
4. Le roi apporte une véritable frénésie au jeu.
5. Henri IV joue gros jeu.
6. La chasse n'offre aucun inconvénient.
7. Henri IV aime aller à la chasse le matin.
8. Les décisions du roi sont prises autour d'une énorme table ronde.
9. Les déplacements du roi ne sont pas simples.
10. Pendant ces déplacements on ne sait pas toujours où on passera la nuit.

la plume en main pen in hand / **consigner** to record / **le siège** seat /
mouvant shifting / **le caprice** whim / **l'appareil** *m* apparatus /
inopinément unexpectedly, suddenly / **tantôt** = *bientôt* / **s'apprêter** = *se préparer* /
enfourcher sa monture to mount up / **le carrosse** stagecoach / **la mode
indolente** lazy fashion / **la litière** litter / **à peu près** just about / **Valois** the previous
French dynasty (1328–1589) / **le seigneur** lord / **la haquenée** hack, quiet horse / **la
charrette** cart / **comprendre** = *inclure* / **le couvert** shelter / **tendre** to set up / **il
s'agit... gagner** it's only a matter of reaching / **mater** to quell / **ranimer** to revive /
défaillant = *qui décline* / **son droit de gîte** his right to lodging / **s'installer** = *se loger* /
le moine monk / **l'abbaye** *f* = *le monastère*

Nouveau contexte

Complétez les phrases suivantes en employant les termes appropriés. Employez chaque terme une seule fois.

Noms : arrivée *f*, blessure *f*, coup de pied *m*, paysanne *f*, rhume *m*, temps *m*
Verbes : il s'agit, apporterai, s'arrête, te rafraîchir, rencontrais, suivre
Adjectifs : entière, malade, pareille
Autre expression : à cheval

Albertine, petite bourgeoise de Paris, rend visite à sa cousine, Fleurette, jeune _____1_____
qui habite une ferme en Normandie.
—Il fait du soleil. Le _____2_____ est si beau! Qu'allons-nous faire?
—Tu as raison. Il ne faut pas perdre une _____3_____ journée. Si nous faisions une
    promenade _____4_____?
—Ah non! Je ne suis pas une cavalière expérimentée. J'ai peur de recevoir une
    _____5_____ d'un animal qui ne me connaît pas. S'il me donnait un _____6_____, par
    exemple?
—Tu n'as rien à craindre, Albertine. Je te donnerai un cheval doux. _____7_____ tout
    simplement de faire attention.
—Oui, mais si en chemin je _____8_____ un loup ou un sanglier?
—Sois tranquille, ma petite cousine. Tu pourrais te promener une journée _____9_____
    dans cette région sans voir un seul animal.
—Mais si j'avais une mauvaise expérience?
—Aucun danger, Albertine. Ce vieux cheval de ferme ne fait que _____10_____ le chemin
    tracé. Et s'il se trouve en présence d'un obstacle, il _____11_____ immédiatement.
—Mais je ne suis pas en pleine forme aujourd'hui. Je crains d'attraper un gros
    _____12_____. Je ne voudrais pas me rendre _____13_____ et compromettre le reste de
    mes vacances.
—Pas de problème, cousine. Dès que nous rentrerons, dès notre _____14_____ à la maison,
    tu pourras te mettre au lit et _____15_____ un bon moment avant de dîner. Je
    t' _____16_____ même une tasse de thé chaud pour te ranimer.
—Tout cela est si compliqué, Fleurette. Allons plutôt au cinéma, veux-tu?

Vocabulaire satellite

l' **idée fixe** *f* obsession	**de toutes ses forces** with all
l' **effet** *m* effect	one's might
la **faiblesse** weakness	**avouer** to admit
la **loterie** lottery	**nier** to deny
le (la) **gagnant(e)** winner	**céder (à)** to give in (to)
obsédé obsessed	**obéir (à)** to obey
puissant powerful	**se soumettre (à)** to yield (to)
juste fair	**résister (à)** to resist

maîtriser to control
vaincre to overcome
avoir de la chance to be lucky
ne pas avoir de chance to be
  unlucky

tenter sa chance to try one's
  luck
tirer le bon numéro to draw
  the right number

Pratique de la langue

1. Imaginez que vous êtes un personnage célèbre que tout le monde connaît de vue (*by sight*). Pour pouvoir vous mêler à la foule, vous portez un grand chapeau et des lunettes de soleil. Malheureusement il y a toujours quelqu'un qui vous reconnaît. Jouez une scène dans laquelle un passant essaie de vous identifier tandis que vous contredisez tout ce qu'il dit.
2. Parmi toutes les plaisanteries et les blagues que vous connaissez, choisissez votre favorite et, au lieu de la raconter, jouez-la à l'aide d'un(e) ou de plusieurs camarades.
3. Pour parler comme il faut avec quelqu'un, il faut employer le bon ton, ni trop familier ni trop respectueux. Imaginez une rencontre entre vous, le président de votre université, un visiteur distingué, votre camarade de chambre, et votre petit frère.
4. A débattre : les jeux de hasard (*games of chance*) sont pour l'Etat une excellente source de revenus qu'on devrait exploiter davantage.
5. A débattre : la chasse n'est pas un sport. C'est une activité cruelle. On devrait l'abolir.

La vie quotidienne de Louis XIV

King Louis XIV (1638–1715), known as the "Sun King" (*le Roi Soleil*), is perhaps the most famous aristocrat in French history. King of the most influential country in Europe and the envy of European and French nobility, he transformed the aristocratic way of life into a showcase of sumptuous and refined etiquette and ritual.

In 1682 he took the bold step of moving the French court—some 1,000 noblemen and 4,000 servants—from the Louvre in Paris to his newly constructed and magnificent chateau at Versailles, a village several miles west of Paris. He took this step to shield himself from the unrest of the people of Paris and the conspiracies of rebellious princes, and also to surround himself with a well-defined court that would eagerly satisfy his thirst for pomp and grandeur.

Ceremony, especially ceremony directed toward meeting the needs of the king, dominated life at Versailles. Hierarchy determined protocol. An aristocratic pecking order was established that informed the king's courtiers how, when, and where they were to discharge their duties and conduct their daily lives. These rituals were nurtured and followed punctiliously. For members of the

Le lever du roi Louis XIV

aristocracy Versailles was the most important place to be, and to be anywhere
else was considered a kind of exile.

The smallest favor of the king was eagerly sought after. Take the little game of
"who should hold the candlestick," for example. When Louis was about ready to
retire at the end of the day, he would first go to his bedside to say his prayers.
Since virtually every aspect of the king's life was conducted in public, selected
courtiers and attendants were present. The chaplain on duty would hold a
candlestick so the king could read his prayer book easily. While the king was
going to his armchair to begin the formal ceremony of getting undressed, the
chaplain handed the candlestick to the first valet, who took it to the king.
Solemnly looking over the courtiers assembled in the room, the king
dramatically selected one and repeated his name in a loud voice; this honored
courtier would hold the candlestick during the ceremony of preparing the king
for bed.

Louis XIV discharged his official duties responsibly; he allowed ample time
each day to meet with advisors and dignitaries and maintain his
correspondence. He did not neglect his amusements, however, two of his most
passionate being hunting and billiards. The king went hunting three afternoons
a week. An excellent rider and crack shot, he bagged as many as 250 game in a
single day. He often distributed his bounty as gifts to the ladies who
accompanied him. He played billiards on his magnificent carved and gilded
table every day between 7:00 and 8:00 p.m., and after billiards he played cards,
often for large sums of money.

The king also loved music. He added a number of new instruments, notably violins, to the orchestra of his father, Louis XIII, and maintained choirs composed of 90 male and female singers. The king himself played the flute, the harpsichord, and the guitar, and he also enjoyed singing. In virtually every salon there were platforms for the choir or orchestra, and he listened to his choir every morning at mass.

The following selection describes the minute points of etiquette that accompanied the *lever du roi*, the morning rising of the Sun King.

Le lever du roi

Le roi dort. La vie, dans le palais, semble suspendue. Seul veille° le premier valet de chambre° qui ne quitte jamais son maître, même la nuit, et dort près de lui.

A sept heures du matin, ce premier valet de chambre se lève. Lui seul peut approcher constamment Louis. Un quart d'heure plus tard, habillé, le premier
5 valet introduit silencieusement les serviteurs chargés d'allumer le feu.° Puis un autre ouvre les volets° de la chambre, un troisième fait disparaître le lit de veille° sur lequel le premier valet a couché et les restes de la collation° que le roi peut prendre la nuit s'il s'éveille° et est pris d'une fringale.°

Il est alors sept heures et demie. Le premier valet s'approche du lit royal et,
10 sans toucher aux rideaux° qui l'entourent, murmure : «Sire, voilà l'heure.» Puis il va ouvrir la porte au premier médecin et au premier chirurgien.° Le premier médecin examine son patient, prescrit quelque remède.

A huit heures un quart, pénètre à son tour le premier gentilhomme de la chambre du roi. Le premier gentilhomme ouvre les rideaux du lit. L'intimité du
15 roi a pris fin.° Il va désormais° vivre en public. Comme sous l'effet d'une baguette° magique, le palais de Versailles s'éveille, et déjà les courtisans,° par ordre hiérarchisé, emplissent° les antichambres.

Vont se succéder les grandes et les secondes entrées,° puis celle des gens de qualité.
20 Seuls ont droit aux grandes entrées les membres de la famille royale, les princes du sang° et les grands officiers de la Couronne° chargés de devoirs domestiques.

---

seul veille the only person keeping watch is | **le valet de chambre** valet | **allumer le feu** to light the fire | **le volet** shutter | **le lit de veille** bed for keeping watch | **la collation** = *le petit repas* | **s'éveiller** to wake up | **la fringale** hunger pang | **le rideau** curtain | **le chirurgien** surgeon | **a pris fin** = *est finie* | **désormais** henceforth | **la baguette** wand | **le courtisan** courtier | **emplir** to fill | **vont se succéder... entrées** = *les grandes et les secondes entrées vont se succéder* | **le sang** blood | **la couronne** crown

Le premier valet de chambre s'approche du roi et, sur ses mains, dépose quelques gouttes° d'esprit-de-vin.° A son tour, le grand chambellan° présente le
25 bénitier.° Louis se signe.° Tous les assistants se dirigent° alors vers le cabinet du conseil° dont les portes ont été ouvertes. Un aumônier° les attend. L'office° dure à peine° un quart d'heure. Le roi, qui l'a suivi de son lit, ajoute° habituellement quelques prières personnelles.

On introduit le barbier et le valet du cabinet des perruques.° Le roi choisit sa
30 perruque. Il en possède une quantité considérable. Elles sont fournies par les meilleurs perruquiers du royaume.°

Il est huit heures et demie. Le roi sort de son lit, chausse° des mules,° enfile° sa robe de chambre que lui tend le premier chambellan. Puis il se dirige vers un des fauteuils situés de part et d'autre° de la cheminée, s'assoit. Le grand chambellan
35 lui ôte° son bonnet de nuit.° Le premier barbier, ou l'un de ses aides, commence à le peigner.° Le petit lever est terminé. Le suisse° annonce les secondes entrées.

Ceux qui font partie° des secondes entrées sont en effet plus nombreux. Mais ils ne doivent ce privilège qu'à des fonctions bien déterminées et intimes : y figurent° les quatre secrétaires du cabinet, les lecteurs° de la chambre, le
40 contrôleur de l'argenterie,° les premiers valets de garde-robe.° Enfin, les gentilshommes favorisés qui ont obtenu le brevet d'affaires ° en vertu duquel° il est loisible° d'entrer dans la chambre du roi quand celui-ci° se trouve sur sa chaise percée.°

La chaise percée est considérée comme un meuble° véritable. Recouverte de
45 velours,° munie° d'un bassin de faïence,° elle comporte° même un guéridon° qui permettait de lire ou d'écrire tout en satisfaisant aux lois° de la nature.

Le roi a repris place sur son fauteuil (ordinaire). Le barbier achève° de le peigner et ajuste sur sa tête la perruque qu'il a choisie. C'est la perruque du lever, moins haute que celle qu'on lui verra pendant le reste de la journée.
50 Jusqu'ici, à l'exception de la famille royale, seuls les officiers de la chambre ont été introduits près de Louis. C'est maintenant le tour des «gens de qualité» qui vont assister au grand lever. Leur entrée fait l'objet de tout un cérémonial.

---

la goutte drop / **l'esprit-de-vin** *m* = *l'alcool* / **le chambellan** chamberlain / **le bénitier** holy water basin / **se signer** to make the sign of the cross /**se diriger** = *aller* / **le cabinet du conseil** council room / **l'aumônier** *m* chaplain / **l'office** *m* service / **à peine** hardly / **ajouter** to add / **la perruque** wig / **le royaume** kingdom / **chausser** = *mettre* / **la mule** slipper / **enfiler** to slip on / **de part et d'autre** on either side / **ôter** to remove / **le bonnet de nuit** night cap / **peigner** to comb / **le suisse** the Swiss (guard) / **faire partie de** to take part in / **figurer** to take part / **le lecteur** reader / **l'argenterie** *f* silver plate / **la garde-robe** wardrobe / **le brevet d'affaires** letter of entry / **en vertu duquel** by virtue of which / **loisible** = *permis* / **celui-ci** = *le roi* / **la chaise percée** commode (toilet) / **le meuble** piece of furniture / **le velours** velvet / **muni de** equipped with / **la faïence** earthenware / **comporter** to include / **le guéridon** folding table / **la loi** law / **achever** = *finir*

Chacun des personnages donne son nom à l'huissier° qui le répète au premier gentilhomme et celui-ci° le communique au roi.

55   Le roi demande alors son déjeuner. Il est neuf heures et quelques minutes. Après quoi, Louis XIV termine sa toilette.° Il n'est rasé,° par le barbier, que tous les deux jours. Puis on va l'habiller. Il ôte lui-même sa robe de chambre et sa camisole de nuit,° enlève les reliques qu'il a coutume de porter sur lui. On apporte la chemise que le dauphin,° s'il est présent, lui tend. Tout se déroule°
60 lentement. L'habillement se poursuit° sans que le roi quitte son fauteuil. Mais il a l'habitude et «faisait presque tout lui-même avec adresse et grâce». Les membres du service d'honneur s'empressent° autour de lui pour l'aider.

On offre au roi les cravates.° Il en choisit une qu'il noue° lui-même. On lui apporte trois mouchoirs° : il en prend deux. Enfin l'horloger° du roi, qui a
65 remonté° la montre° du souverain, la lui fait remettre.°

Le roi est prêt.

Jacques Levron, La Vie quotidienne à la cour de Versailles

Qu'en pensez-vous?

Etes-vous d'accord ou non avec les déclarations suivantes? Justifiez votre réponse.

1. Louis XIV dort seul dans sa chambre.
2. C'est le premier valet qui dit : «Sire, voilà l'heure.»
3. Le premier médecin ouvre les volets.
4. En général, la vie de Louis XIV est très privée.
5. Seulement les membres de la famille royale ont droit aux grandes entrées.
6. Le roi participe à l'office dans son lit.
7. Le roi a peu de perruques.
8. Le roi se lève à huit heures et demie.
9. Il reçoit les gentilshommes favorisés pendant qu'il est assis sur un trône splendide.
10. Le peuple (*common people*) fait partie de la troisième entrée.
11. Louis XIV dépend totalement de ses serviteurs quand il s'habille et se déshabille.

Nouveau contexte

Complétez les phrases suivantes en employant les termes appropriés. Employez chaque terme une seule fois.

l'huissier *m* usher / **celui-ci** = *le premier gentilhomme* / **la toilette** getting washed / **rasé** shaved / **la camisole de nuit** night-shirt / **le dauphin** son of Louis XIV / **se dérouler** to proceed / **se poursuivre** to go on / **s'empresser** to crowd / **la cravate** tie / **nouer** to tie / **le mouchoir** handkerchief / **l'horloger** *m* watchmaker / **remonter** to wind / **la montre** watch / **remettre** to hand over

Noms : cravate *f*, goutte *f*, mouchoir *m*, perruque *f*, perruquier *m*, toilette *f*, volets *m*
Verbes : a commencé, me dirigeais, s'éveillait, me suis levé, ai remonté, sortais

La confession du perruquier

Bonjour! Je m'appelle Charles Chevelure et je suis _____**1**_____ . Malheureusement, je suis chauve (*bald*) aussi.

Ce matin, je _____**2**_____ , comme d'habitude, à six heures. J'ai ouvert les _____**3**_____ . Il faisait beau et Paris _____**4**_____ . Après avoir fait ma _____**5**_____ , j'ai mis ma chemise, ma _____**6**_____ , et mon pantalon. Puis je _____**7**_____ ma montre, j'ai mis mon _____**8**_____ dans ma poche (*pocket*), et j'ai bu un peu de café (une _____**9**_____ seulement, parce que j'étais en retard).

Pendant que je _____**10**_____ de l'appartement, j'avais l'impression que j'avais oublié de faire quelque chose. Mais quoi? Je ne savais pas.

Pendant que je _____**11**_____ vers les escaliers, j'ai rencontré ma concierge, Mme Vaucluse, qui _____**12**_____ à rire en regardant ma tête. Zut alors! J'avais oublié de mettre ma _____**13**_____ ! Moi, perruquier! Comme je suis bête!

Vocabulaire satellite

le **luxe**	luxury	**raffiné**	refined
la **cérémonie**	ceremony	**arrogant**	arrogant
le **pouvoir**	power	**compatissant**	compassionate
les **manières** *f*	manners	**privilégié**	privileged
mériter	to earn, merit	**puissant**	powerful
se sentir supérieur	to feel superior	**faire sa toilette**	to get washed
avoir un(e) domestique	to have a servant	s' **habiller**	to get dressed
		se **déshabiller**	to get undressed
riche, pauvre	rich, poor	se **peigner**	to comb one's hair
juste, injuste	just, unjust	se **raser**	to shave
		se **maquiller**	to put on make-up

Pratique de la langue

1. Le lever du roi est dramatique. Créez une petite scène et jouez-la avec des camarades de classe.
2. Comparez et contrastez votre lever avec celui de Louis XIV. Dressez une liste de toutes les différences et ressemblances.
3. Préparez un des dialogues suivants entre Louis XIV et
   a. un(e) courtisan(e) qui voudrait une faveur,
   b. un serviteur qui essaie trop de l'aider,
   c. un valet qui voudrait changer l'ordre de la cérémonie du lever.
4. Imaginez que vous êtes un(e) journaliste d'un pays démocratique qui écrit un article critiquant la pompe de la cérémonie du lever.

La révolution industrielle et la création d'une classe ouvrière

The Industrial Revolution in France, as in England, set in motion a migration of workers from the country to the city. It redefined social classes and brought about great modifications of life-style. In a nation up to then largely rural, urban centers sprang up, populated by a new proletariat.

The Industrial Revolution, however, did not produce instant improvement. In the early 1830s, silk workers in Lyons rebelled against the ruling classes and expressed their discontent and despair by taking over the city for three days. Their life and work had been little improved by the new mechanization, as adjustments to modernization came slowly and old forms of craftsmanship persisted.

The early feminist and social reformer Flora Tristan (1803–1844) was uniquely endowed for her task. She had grown up in poverty and had been forced to start working in a Parisian engraving shop at the age of seventeen. Although of aristocratic descent on her father's side, she saw herself as one of the "bourgeois voyants," the enlightened bourgeoisie, as she felt that she had been privileged in birth. As for the unenlightened members of the bourgeoisie, she claimed that they had the taste of "turnips that had been boiled three times."

Flora Tristan visited Lyons twice in the spring of 1844 during a year of peregrinations around France to document "the moral, intellectual, and material status of the working class." Between these two visits, she stopped in the town of Saint-Etienne, a striking contrast to Lyons's activism. Whereas workers in Lyons displayed a political awareness and a desire to organize for collective strength, in Saint-Etienne most of the laborers were recent arrivals

Ouvriers à Saint-Etienne au 19ᵉ siècle

from rural areas. Not only were they illiterate but many were even unable to speak standard French.

Tristan's social theories can be found in her books: *Pérégrinations d'une paria* (1838) and, especially, *L'Union ouvrière* (1843). She portrayed with irony the stupidity and selfishness of the ruling classes and their "unacceptable alliance" with the established church—an alliance that she viewed as being based on secrecy, moral corruption, and exchange of privileges. "I learn more from an intelligent worker in two days than I could learn from a bourgeois in ten years," she said.

Tristan dreamed of a universal movement that would unite workers the world over in political and social solidarity to bring about an improvement in their living and working conditions, and earn them their rightful place in society. During her life she fought for a variety of workers', women's, and children's rights. She opposed capital punishment, denounced prostitution, and supported a couple's right to divorce. At her death in 1844 she was viewed as a kind of messianic figure; the workers called her their saint. Through her writings and activities, she indeed prepared the way for international socialism.

The following text consists of notes from Tristan's *Tour de France* written in 1844. She describes the living and working conditions of illiterate textile workers who moved from the country to Saint-Etienne in the hope of earning a decent living. The text demonstrates her socialist zeal: compassion for the workers who toil for so little, and anger at the bosses who exploit them for personal gain.

Ouvriers et ouvrières de la ville de Saint-Etienne au milieu du dix-neuvième siècle

Ce matin je suis allée visiter la Manufacture d'armes° avec le capitaine Gautier.

En sortant de là, je suis allée visiter le quartier° des ouvriers rubaniers° (quartier St.-Benoît). Les ouvriers vont là afin d°'avoir du jour,° de l'air, pas de poussière,° trois choses indispensables pour fabriquèr du ruban° frais. Le
5 monsieur qui m'accompagnait me disait que les fabricants° sont si inhumains envers ces malheureux esclaves° que dans l'hiver ils exigent° qu'on ne fasse pas de feu dans la pièce où on travaille. Le feu ternirait° les rubans. Ils exigent aussi que ces malheureux s'éclairent à la bougie° parce que la fumée° de l'huile ou de la chandelle° ternirait. Afin d'être bien sûrs que l'ouvrier brûle de la bougie ils leur
10 vendent à 32 et 34 sous° la livre.° Ils font donc encore un bénéfice° sur cette

---

l'arme *f* weapon / **le quartier** district / **l'ouvrier rubanier** ribbon maker (in a textile factory) / **afin de** = *pour* / **le jour** daylight / **la poussière** dust / **le ruban** ribbon / **le fabricant** manufacturer / **l'esclave** *m, f* slave / **exiger** to require / **ternir** to tarnish / **à la bougie** by candlelight / **la fumée** smoke / **la chandelle** candle / **le sou** penny / **la livre** per pound / **le bénéfice** = *le profit*

fourniture.° Comme l'ouvrage° va toujours plus fort° dans l'hiver que dans l'été, le pauvre ouvrier dépense une assez forte somme en bougies et de plus° il souffre du froid horrible dans une ville où le froid est excessif. Il lui faut rester attelé° à la barre° 15, 17 et 18 heures ayant les mains gourdes° à ce point que souvent il ne

15 peut pas arranger la soie.° Maintenant parlons du gain : 1; 1,25; 2 francs. Voilà les fortes journées.° Ils chôment° souvent à la fin des pièces° 6, 10 et 15 jours. Le fabricant exploite le malheureux° ouvrier de toutes les manières : il lui met plus de soie qu'il n'en faut pour la pièce de façon à° avoir 5, 6 et 8 aunes° de plus qu'il ne paie à l'ouvrier. L'ouvrier a bien le droit d'aller se plaindre° devant le conseil

20 des prud'hommes.° Oui! mais ici comme à Lyon ils savent à quoi s'en tenir° sur la justice des prud'hommes : premièrement, il faut perdre son temps; deuxièmement, on s'attire° la haine° des fabricants qui ne pardonnent pas à un ouvrier de les avoir convaincus° publiquement qu'ils volent° à l'ouvrier ordinairement 6 ou 8 aunes par pièce.°

25 Les métiers° à rubans sont bien plus compliqués que les métiers à étoffe° de soie et aussi° coûtent-ils plus cher. C'est une affaire de 1.500 à 1.800 fr. Les ouvriers sont si malheureux qu'ils n'ont plus le moyen° d'acheter ces métiers. Depuis 4 ou 5 ans il ne s'en fait plus,° on raccommode° les vieux. Tant mieux, cette misère diminuera le nombre des ouvriers.

30 On les nomme métiers de barre ° parce qu'il faut tourner une barre qui met en mouvement° tout le mécanisme du métier. Cet ouvrier doit rester debout et baissé,° ce qui, pendant une journée de 16 heures, devient une fatigue au-dessus des° forces humaines. Ces ouvriers et ouvrières, la majorité sont dans un état d'abrutissement° complet. Tous parlent patois,° sont mis avec° des sabots° et le

35 reste à l'avenant.° Ils sont hideusement laids,° gros, bouffis° (ils ne mangent que de la mauvaise soupe); ils sont repoussants° à voir.

La ville est horriblement sale, mal cailloutée,° pas de trottoirs,° quelques-uns dans les beaux quartiers, un sale petit ruisseau° qu'on nomme la rivière et qui

---

la fourniture supplies / **l'ouvrage** = *le travail* / **aller plus fort** = *être en plus grande quantité* / **de plus** in addition / **attelé** harnessed / **la barre** the bar (of the loom) / **gourd** numb / **la soie** silk / **les fortes journées** = *les journées de travail où on gagne le plus d'argent* / **chômer** to be out of work / **à la fin des pièces** when the material runs out / **malheureux** unfortunate / **de façon à** = *pour* / **l'aune** *f* ell (a former measure, a bit more than a meter) / **se plaindre** to complain / **le conseil des prud'hommes** court of justice / **savoir à quoi s'en tenir** to know what one is dealing with, what to expect / **attirer** to attract / **la haine** hatred / **convaincre** to convict / **voler** to steal / **la pièce** roll of material / **le métier** loom / **l'étoffe** *f* cloth / **aussi** therefore / **le moyen** means / **il ne s'en fait plus** they don't make anymore / **raccommoder** to repair / **tant mieux** so much the better / **le métier de barre** bar loom / **mettre en mouvement** to set into motion / **baissé** bent over / **au-dessus de** above, beyond / **l'abrutissement** = *la stupeur (créée par la fatigue)* / **le patois** = *le dialecte* / **sont mis avec** = *portent* / **le sabot** = *chaussure en bois* / **à l'avenant** likewise / **laid** ugly / **bouffi** bloated / **repoussant** repulsive / **caillouté** cobbled / **le trottoir** sidewalk / **le ruisseau** small brook

passe sous la ville. Ce sale ruisseau arrose,° lave, et fournit au besoin d'eau° de
40 60 000 corps° sans compter les bêtes animales.

Le climat est affreux,° continuellement du vent qui soulève° un nuage° de poussière noire (de charbon°), très froid en hiver, très chaud en été.

Cette ville pour le mouvement progressiste est comme non existante. Les fabricants tiennent toute cette population de travailleurs sous leur pouvoir,°
45 c'est eux qui donnent à manger, et ces maîtres disent aux pauvres esclaves : «Tu seras brute, vil souffle° bête. Tu cesseras d'être homme! Et tu ne mangeras pas!» Et le malheureux paysan, abruti° par la misère et l'esclavage, dégradé au point de ne plus sentir en lui que l'estomac, préfère l'avilissement° à la mort!

J'ai visité hier trois ou quatre ateliers° d'ourdisseuses.° Là encore comme
50 partout l'ouvrière est sacrifiée à la chose. Le métier et rien que le métier, voilà le principe économique du bon fabricant. Dans les ateliers d'ourdissage, tout est fermé. Il y manque d'air. Le peu qui s'y trouve est vicié.° La pauvre ouvrière étouffe,° sa poitrine° se dessèche,° elle devient malade. Qu'importe° au fabricant. Lui, il ne voit que la soie, sa chère soie! Pour elle° il est plein de
55 sollicitude, la soie ne veut pas d'air parce que l'air pourrait la fatiguer. Mais que sa soie se casse,° oh alors cet homme prend feu,° s'attendrit,° il n'écoute plus rien! C'est pousser l'amour du lucre° jusqu'à la démence.° Voilà, dès que l'homme veut jouir de° la fortune, il est forcé de s'avilir°!

Flora Tristan, *Journal du Tour de France*

Qu'en pensez-vous?

Etes-vous d'accord ou non avec les déclarations suivantes? Justifiez votre réponse.

1. Quand Flora Tristan est allée à Saint-Etienne, elle n'a visité que les manufactures de rubans.
2. L'hiver, il fait très froid à la manufacture, mais les ouvriers font du feu dans les pièces où ils travaillent.
3. Dans les ateliers, les ouvriers s'éclairent avec des bougies que les fabricants leur vendent.
4. Il y a plus d'ouvrage en hiver qu'en été.
5. L'ouvrier ne travaille jamais plus de dix heures par jour.
6. Il fait toujours chaud à Saint-Etienne en hiver.

arroser to water / **fournit au besoin d'eau** meets the need for water / **le corps** body (here, person) / **affreux** = *horrible* / **soulever** to raise / **le nuage** cloud / **le charbon** charcoal / **le pouvoir** power / **le vil souffle** foul breath / **abruti** dazed, stunned / **l'avilissement** = *la dégradation* / **l'atelier** *m* workshop / **l'ourdisseuse** female weaver / **vicié** = *pollué* / **étouffer** to suffocate / **la poitrine** chest / **se dessécher** to dry out / **importer** to matter / **elle** = *la soie* / **mais que… se casse** but let his silk break / **prendre feu** = *s'exciter* / **s'attendrir** become soft-hearted / **le lucre** = *le désir du profit* / **la démence** madness / **jouir de** to enjoy / **s'avilir** = *se dégrader*

7. Quand le fabricant exploite l'ouvrier, ce dernier a peur de se plaindre.
8. L'ouvrier qui travaille au «métier de barre» fait un travail absolument épuisant (*exhausting*).
9. Au milieu du 19ᵉ siècle, la ville de Saint-Etienne était très moderne, très agréable et offrait des conditions hygiéniques satisfaisantes.
10. D'après ce texte, les fabricants considéraient leurs ouvriers comme des animaux.
11. Heureusement, les ouvriers étaient organisés et pouvaient protester contre les abus de leurs patrons.
12. En fait, les ouvriers de la ville de Saint-Etienne étaient aussi bien organisés que ceux de la ville de Lyon.
13. Les ourdisseuses de Saint-Etienne travaillaient dans des conditions physiques et morales absolument inacceptables.
14. Pour le fabricant de soie, l'amour de la soie et l'amour de l'argent étaient plus importants que la vie de ses employés.

Nouveau contexte

Complétez les phrases suivantes en employant les termes appropriés. Employez chaque terme une seule fois.

Noms : lucre *m*, manufacture *f*, patois *m*, poussière *f*, soie *f*, sous *m*
Verbes : chôme, se plaindre
Adjectifs : attelés, gourdes, laid, repoussant

Je m'appelle Jean Denis; on m'appelle le Grand Denis. Je suis rubanier. Je travaille à la _____1_____ de rubans du quartier Saint-Benoît, dans la ville de Saint-Etienne. Le ruban de _____2_____ se vend bien mais la vie de l'ouvrier est dure! Ou bien il _____3_____, ou bien il est exploité! Dans les ateliers, il n'y a ni air, ni jour! Seulement de la _____4_____! Et, comme le froid est terrible en hiver, l'ouvrier a les mains _____5_____ à cause de la température et de la grande fatigue. Mais les ouvriers ont peur de _____6_____. Alors, ils restent _____7_____ à la barre jusqu'à dix-huit heures par jour.

Et cela pour quelques _____8_____! Souvent, l'ouvrier est un paysan venu récemment à la ville. Il parle seulement _____9_____, est _____10_____ à voir parce qu'il est mal nourri et surmené (*overworked*) et le fabricant le traite comme une bête. Mais quel est le plus vil, le plus _____11_____ des deux : l'esclave dégradé ou le maître implacable qui l'opprime et pousse l'amour du _____12_____ jusqu'à la démence, préférant le reflet d'un ruban à une vie humaine?

Vocabulaire satellite

l' **usine** *f*, la **manufacture** factory
la **grève** strike
l'**ouvrier**, l'**ouvrière** blue-collar worker

le **salaire** wages
le **patron** boss
le **contremaître** foreman
l' **équipe** *f* team

le **syndicat**   union

le **SMIG** = *Salaire Minimum Interprofessionnel Garanti* (minimum wage)

paresseux, -euse   lazy

courageux, -euse   hard working

surmené   overworked

l' **assurance santé** *f*   health insurance

la **Sécurité Sociale**   national health coverage

la **retraite**   retirement

renvoyer quelqu'un   to fire somebody

travailler comme une bête de somme   to work like a horse

se **plaindre**   to complain

les **heures supplémentaires**   extra hours

travailler à la chaîne   to work on the production line

les **congés payés**   paid vacation

le **repos hebdomadaire**   weekly rest

les **droits humains**   human rights

Pratique de la langue

1. Une ourdisseuse qui travaille à Saint-Etienne, au milieu du 19ᵉ siècle, parle. Complétez les déclarations.
   a. Dans mon atelier, les fenêtres ne sont jamais ouvertes. Il...
   b. Le principe économique du fabricant, c'est...
   c. Le résultat, c'est que la pauvre ouvrière...
   d. Le fabricant n'a de sollicitude que pour...
   e. Il s'avilit donc nécessairement parce que...

2. Faites une liste de trois difficultés que les ouvriers (ou ouvrières) de Saint-Etienne rencontraient dans leur travail. Puis trouvez des solutions possibles à ces problèmes en pensant au monde contemporain.

3. Jouez les situations suivantes :
   a. Deux jeunes ouvriers (ou ouvrières) de la manufacture de rubans rentrent chez eux (elles), un soir d'hiver, et discutent leur journée de travail, leurs préoccupations actuelles et futures.
   b. Même chose pour deux ouvriers (ou ouvrières) d'usine aujourd'hui.
   c. Flora Tristan parle à un ouvrier (paysan venu en ville) et lui pose des questions sur ses aspirations.

Sujets de discussion ou de composition

1. Henri IV avait, dans sa vie privée, trois passions tyranniques. Avez-vous une pareille passion dans votre vie? Racontez-la aux autres membres de la classe. Dites comment elle est née, depuis quand elle vous poursuit, quelle prise (*hold*) elle a sur vous, ce que vous faites pour la satisfaire, combien de temps vous comptez l'entretenir, etc.

2. Voudriez-vous être un roi (une reine)? Pourquoi ou pourquoi pas?

3. Flora Tristan écrit un discours, invitant les ouvriers de Saint-Etienne à s'organiser et se rebeller, s'ils veulent changer leur vie.

3ème PARTIE

Institutions et influences

La France politique et économique

La Révolution française, 1789

Les croisades

A major development in medieval history, the Crusades spanned two centuries
and had significant political, economic, and cultural repercussions. They were a
series of military expeditions organized by the Church to deliver the Holy Land
and, in particular, the Holy Sepulchre of Christ in Jerusalem. During the
eleventh century, the Byzantine Empire under Alexius I was threatened by the
advances of the Seljuk Turks, prompting the Emperor to appeal for aid.

The Church at that time was headed by Urban II, a French pope. In 1095, he
convened the Council of Clermont in central France, where he called for the
First Crusade. The Pope himself preached the Crusade, urging the knights of
his day to stop quarreling among themselves and divert their energies to a
common battle against the infidels. Eventually an army was formed of some
35,000 men which departed for the Holy Land on August 15, 1096. The First
Crusade would last three years. Jerusalem was taken on July 15, 1099.

The First Crusade would not be the last. For the next two centuries, Christian
armies intermittently sought to wrest the Holy Land from the Mohammedans.

Le pape Urbain II

King Louis IX—Saint Louis—led what is generally acknowledged to have been the eighth and final Crusade, which ended with his death in Tunisia in 1270. Although the Crusades did open the door to some cultural contacts with eastern Mediterranean countries, domestic developments would turn out to be more important. The economy was immediately stimulated as knights, in an effort to obtain liquid assets, sold off belongings that could not be used in the war effort. To fund the holy wars, the Church too had to raise new revenue, which it did by taxing benefits derived from church offices. One major result of the Crusades, though slow to emerge, ultimately proved the most significant: the concept of a united Europe, a group of Western nations linked in a common endeavor.

The following excerpt is taken from Barret and Gurgand's *Si je t'oublie, Jérusalem*, an account of the First Crusade based on chronicles, songs, and other documents of the time. It highlights the recruitment speech of Pope Urban II and the overwhelmingly enthusiastic response which it received. It reveals the shrewdness of the Pope who, understanding his people's fondness for battle and their strong religious belief, offered them enticing inducements. Urban II created the notion of the crusade—in essence, an armed pilgrimage— and he arrayed his soldiers in a powerful uniform bearing the highly visible symbol of Christianity, the cross (whence the name crusade, which was coined only after the fact). The incident is narrated by one of the knights successfully recruited by the Pope that day.

La première croisade

«Et qui, demande le pape° Urbain du haut de son estrade,° et qui va chasser ces impies,° leur arracher° ce qu'ils nous ont pris et qu'ils souillent,° qui, sinon vous?... Que rien ne vous retienne,° pas même l'amour que vous portez° à vos enfants, à vos parents, à vos femmes... Rappelez-vous ce que dit le Seigneur°
5 dans son Evangile° : Celui qui aime son père et sa mère plus que moi n'est pas digne° de moi... Il dit aussi que celui qui quittera tout pour le suivre° aura pour héritage la vie éternelle...

C'est pourquoi je vous conjure,° non en mon nom, mais au nom du Seigneur, de convaincre° les Francs° de tout rang,° les gens de pied° comme les chevaliers,°
10 les pauvres et les riches, de partir au secours° des fidèles° du Christ et de rejeter

---

le pape pope / **du haut de son estrade** from his podium / **impie** godless / **arracher** to wrest / **souiller** = *profaner* / **Que... retienne** Let nothing hold you back / **porter** to bear / **le Seigneur** the Lord / **l'Evangile** *m* Gospel / **digne** worthy / **suivre** to follow / **conjurer** = *implorer* / **convaincre** = *persuader* / **les Francs** Franks, inhabitants of France / **de tout rang** of every rank / **les gens de pied** foot soldiers / **le chevalier** knight / **le secours** = *l'aide* / **fidèle** faithful

au loin° la race des infidèles... Cela, je le dis à ceux qui sont ici, et je vais le mander° aux absents, mais c'est le Christ qui l'ordonne°!»

Il s'adresse maintenant aux chevaliers. Il répète que c'est à nous que revient° l'honneur et la gloire de relever° Jérusalem, et ajoute° que Dieu marchera
15 devant nous, qu'il sera notre éclaireur° et notre porte-étendard.° Au lieu de nous déchirer entre voisins,° nous qui aimons tant la guerre, partons donc livrer° un juste et beau combat,° dit-il, une guerre vraiment sainte... L'épée° que nous avons reçue de Dieu et que nous ne devons lever° que pour une cause pure, une querelle légitime et une nécessité impérieuse,° c'est vrai que nous l'avons trop
20 souvent souillée en vaines° querelles, en rapines.° Comme le vassal doit remplir° son obligation de service armé à l'appel° de son suzerain,° voici que° nous devons partir reprendre° aux païens° le fief de Dieu...

Cette guerra-là n'offensera° pas Dieu; au contraire, elle lui sera agréable et nous vaudra,° au lieu de réprimandes et de pénitences,° d'inégalables°
25 récompenses. Qui ne serait prêt° à partir «là où on conkiert paradis et honour°?»

«Dieu vous a accordé, dit le pape, l'insigne° gloire des armes. Prenez donc la route, et vos péchés° vous seront remis.° Partez assurés de la gloire impérissable qui vous attend° dans le royaume des cieux°... Ceux qui partiront pour cette guerre sainte, s'ils perdent la vie, que ce soit° en chemin° ou en combattant les
30 idolâtres, leurs péchés leur seront remis sur-le-champ.° Cette faveur exceptionnelle, je la leur accorde en vertu de l'autorité dont je suis investi par Dieu même°... N'hésitez plus, ne tardez° pas, partez délivrer le tombeau du Seigneur pour le salut° de vos âmes°!»

«Dieu le veut!» crie quelqu'un. C'est vrai que Dieu le veut, et bouleversé,° les
35 larmes aux yeux,° j'entends mes voisins reprendre,° chacun° dans sa langue : «Deus le volt! Deus vult! Diex le viaut°!» Et ma voix se jette° dans la voix formidable : «Dieu le veut! Dieu le veut!»

---

rejeter au loin to drive far back / **mander** = *communiquer* / **ordonner** = *commander* /
c'est... revient... to us belongs . . . / **relever** to restore / **ajouter** to add /
l'éclaireur *m* scout / **le porte-étendard** standard-bearer / **au lieu de... voisins** rather
than tear one another apart as neighbors / **livrer combat** to engage battle /
l'épée *f* sword / **lever** to raise / **impérieux** = *pressant* / **vain** = *futile* / **la
rapine** = *le pillage* / **remplir** to fulfill / **l'appel** *m* call / **le suzerain** suzerain (in the
feudal system, a lord who granted an estate (*fief*) to a vassal in return for the vassal's pledge of
military service) / **voici que** so it is that / **reprendre à** to retake from / **le
païen** pagan / **offenser** to offend / **valoir** = *procurer* / **la pénitence** penance /
inégalable = *incomparable* / **prêt** ready / **là où... honour** = *là où on conquiert paradis et
honneur* (from an Old French song) / **insigne** = *important, remarquable* / **le péché** = *une offense
contre Dieu* / **remettre** = *pardonner* / **attendre** to await / **le royaume des
cieux** kingdom of heaven / **que ce soit** whether it be / **en chemin** on the way /
sur-le-champ = *immédiatement* / **même** himself / **tarder** to delay / **le salut** = *la
rédemption* / **l'âme** *f* soul / **bouleversé** overwhelmed / **les larmes aux yeux** with tears
in my eyes / **reprendre** = *répéter* / **chacun** each / **Deus le volt... viaut** = *Dieu le veut*
(as expressed in various dialects of Old French; there did not exist as yet a single, unified French
language) / **se jeter** to join eagerly

Robert le Moine se rappellera comment le pape a étendu° la main pour demander le silence :

40 —Frères très chers,° dit-il, seul Dieu° a pu vous inspirer ces mots, qu'ils soient donc dans le combat votre cri de guerre, car° ils sont de Dieu. Qu'on n'entende qu'eux dans l'armée du Seigneur : Dieu le veut! Dieu le veut!

L'émotion est à son comble.° Quand le pape peut à nouveau° se faire entendre, il annonce que ceux qui font le vœu° de partir doivent dès maintenant°
45 se marquer, au front° ou sur la poitrine,° du signe de la croix° du Christ; au moment du départ, ils se coudront° la croix dans le dos,° entre les épaules,° afin que s'accomplisse° la parole° du Christ : «Celui qui ne prend pas sa croix pour me suivre, celui-là n'est pas digne de moi!»

On apporte des croix de tissu,° et le premier à se présenter pour la recevoir des
50 mains du pape est l'évêque° du Puy, Adhémar de Monteil— «le visage rayonnant°», dit Baudri de Bourgueil. Derrière° on se presse,° on se bouscule° comme s'il ne devait pas y en avoir pour tous.° Ferveur, contagion. Fusion brûlante° de tous les désirs, de tous les élans° en cet instant où l'homme échappe à° ses pesanteurs° et à ses doutes...

55 Enfin le cardinal Grégoire récite au nom de tous le *Confiteor*.° «Alors tous, se frappant la poitrine,° obtinrent° l'absolution des fautes° qu'ils avaient commises,° et après l'absolution la bénédiction, et après la bénédiction, la permission de s'en retourner chez eux°.»

Pierre Barret et Jean-Noël Gurgand, Si je t'oublie, Jérusalem

Qu'en pensez-vous?

Etes-vous d'accord ou non avec les déclarations suivantes? Justifiez votre réponse.

1. Le pape Urbain dit que les Français doivent quitter leur famille.
2. L'armée se composera de chevaliers.
3. Le pape déclare que les chevaliers auront une aide divine.
4. Les chevaliers n'ont pas toujours employé leur épée pour une juste cause.
5. Le pape dit que les chevaliers sont des vassaux.
6. Il craint que la guerre n'offense Dieu.

étendre to extend / **cher** dear / **seul Dieu... mots** God alone has inspired these words in you / **car** for / **à son comble** at its height / **à nouveau** = *encore* / **le vœu** = *promesse faite à Dieu* / **dès maintenant** = *immédiatement* / **le front** forehead / **la poitrine** chest / **la croix** cross / **coudre** to sew / **le dos** back / **l'épaule** *f* shoulder /**s'accomplisse** = *se réalise* / **la parole** word / **le tissu** cloth / **l'évêque** *m* bishop / **le visage rayonnant** with a radiant face / **derrière** = *derrière lui* / **on... bouscule** people press and jostle / **comme... tous** as if there weren't going to be enough for everyone / **brûlant** = *passionnant* / **l'élan** *m* impulse / **échapper à** to escape / **la pesanteur** weight, burden / **confiteor** = formal prayer of confession (*je confesse à Dieu*) / **se frapper la poitrine** to beat one's breast / **obtinrent** = *obtenir* (*passé simple*) / **la faute** = *le péché* / **commettre** to commit / **s'en retourner chez eux** = *rentrer à la maison*

7. Pour persuader les chevaliers, le pape promet de remettre leurs péchés.
8. Tous les chevaliers crient «Dieu le veut!» d'une seule voix.
9. Tous les chevaliers doivent prendre la croix avant de partir.
10. Il n'y a pas assez de croix pour tout le monde.

Nouveau contexte

Complétez les phrases suivantes en employant les termes appropriés. Employez chaque terme une seule fois.

Noms : appel *m*, comble *m*, dos *m*, élan *m*, larmes *f*, moments *m*, péchés *m*, rang *m*
Verbes : s'adresser à, y avoir, se bousculent, étend, se faire entendre, ne tarde pas
Adjectifs : bouleversé, dignes, exceptionnelle, prêts, rayonnant

Vous êtes là! C'est un des grands _____1_____ de l'histoire, et vous y êtes!
    Le pape _____2_____ la main, ce qui signifie qu'il désire _____3_____. Il veut _____4_____ la foule des fidèles qui se sont rassemblés. Il doit _____5_____ 10 000 personnes devant lui. Il est manifestement _____6_____ par le très grand nombre de gens qui ont répondu à son _____7_____. Les _____8_____ aux yeux, le visage _____9_____ de joie, il _____10_____ à exprimer sa satisfaction.
    L'émotion dans la foule est également à son _____11_____. Les gens _____12_____ pour pouvoir s'approcher du souverain pontife. C'est une scène _____13_____, unique, et seul le pape peut contenir la foule qui se presse pour le voir. Ce sont des gens de tout _____14_____, riches et pauvres, mais tous croyants. Dans leur humilité, ils ne se sentent pas _____15_____ de la mission dont le pape les charge. Ils sont conscients de leurs _____16_____, de leurs fautes. Mais ils sont _____17_____ à partir en croisade, la croix cousue à leur _____18_____, pour obtenir leur pardon et le bonheur éternel. D'une seule voix, dans un énorme _____19_____ d'enthousiasme, ils lancent leur cri de guerre : «Dieu le veut!»

Vocabulaire satellite

le **patron**   boss
l' **employé, e**   white-collar worker
l' **ouvrier,** l'**ouvrière**   blue-collar worker
le **travail**   work
le **salaire**   pay
les **vacances** *f*   vacation
    embaucher   to hire
    promettre (de)   to promise (to)
    licencier   to lay off
    congédier   to fire
la **paix**   peace
la **guerre d'agression, de défense**
    war of agression, defensive war

juste, injuste   just, unjust
utile, inutile   useful, useless
être soldat, militaire   to be a soldier
faire la guerre   to make war
porter les armes   to bear arms
rendre les armes   to surrender
se **défendre**   to defend oneself
tirer un coup de fusil   to fire a gun
blesser   to wound
tuer   to kill

Pratique de la langue

1. L'âge de la féodalité est depuis longtemps passé. Dans le domaine économique actuel, y a-t-il cependant quelque chose qui ressemble au rapport qui existait autrefois entre le seigneur et son vassal? Jusqu'à quel point les deux situations sont-elles pareilles et comment diffèrent-elles l'une de l'autre?

2. A débattre : la guerre est le sort de l'humanité. Y aura-t-il toujours des guerres? Si non, comment arrivera-t-on à y échapper? Est-il jamais souhaitable ou même permis de faire la guerre? Dans quelles circonstances? Quelles seraient les limites d'une guerre tolérable?

3. Vous avez sans doute vos vues personnelles sur quelques-uns des problèmes qui tourmentent notre monde. Les hommes politiques ne veulent pas vous écouter mais vous avez autour de vous, dans la salle de classe, un groupe de gens très sympathiques et compréhensifs (*understanding*). Ils veulent connaître vos idées et les solutions que vous voudriez apporter aux problèmes actuels. Choisissez donc une question qui vous tient à cœur (*in which you have an interest*), parlez-en à vos camarades de classe dans un petit discours persuasif, et commencez ainsi une réforme qui pourrait aller jusqu'on ne sait où.

4. Vous venez d'entendre le discours d'Urbain II et maintenant, avec un groupe d'amis, vous considérez la valeur de ses arguments. En tant que (*as*) chevalier du onzième siècle, comment expliquez-vous le succès du pape dans son discours? Est-ce que vous seriez parti en croisade vous aussi? Si oui, quels arguments vous auraient surtout convaincu? Si non, comment pourriez-vous défendre votre décision de rester à la maison tandis que les autres répondent généreusement à l'appel du pape?

5. Vous êtes un recruteur professionnel chargé d'enrôler des volontaires pour une cause spéciale. Choisissez votre cause à vous et, dans un dialogue, essayez de persuader une autre personne qui ne partage pas votre enthousiasme.

Benjamin Franklin en France

When Benjamin Franklin (1706–1790), one of seventeen children of Josiah Franklin, a Boston candle-maker, landed in Philadelphia as a friendless and penniless seventeen-year-old runaway, he probably had no idea to what extent he would dominate his century, both at home and abroad. He was to become a printer, journalist, scientist, inventor, diplomat, politician, and philosopher, one of the five framers of the Declaration of Independence, and a principal framer of the Constitution of the United States.

Franklin began his foreign service at the age of fifty-one and spent nearly all of the following thirty-three years serving the colonies as a diplomat to the English and French courts. His most important service in France, as a commissioner for Congress, took place between September 1776—one month after the signing of the Declaration of Independence—and March 1785.

Benjamin Franklin à la cour

Franklin's delicate mission was to procure French economic aid for the newly declared republic that had just broken its ties to England. He accomplished his mission with remarkable success, convincing the French to provide a substantial amount of financial aid (some 26,000,000 francs), at a time when the very existence of the American cause depended on it.

His diplomatic mission apart, Franklin made an enormously favorable impression on the French, who had heard of his ingenious experiments with electricity even before his arrival. They were fascinated by his simple Quaker attire—white shirt and brown suit—and they admired his good nature, intelligence, and wit. They were also struck by his modest habits—he preferred his own hair, for example, to a wig and powder. For his part, Franklin appreciated the politeness and civility of the French, and had a special liking for French women who, he said, "have 1000 ways of rendering themselves agreeable."

Franklin spent his leisure time playing chess and frequenting various salons, especially the salon of Madame Helvetius, where he enjoyed discussing politics, morality, and philosophy with leading French and European intellectuals. He also wrote—in French—a number of *bagatelles*, witty moralistic tales or essays, for his close friends.

When Franklin died in 1790, the noted orator Mirabeau addressed the French National Assembly with these words: "Franklin is dead. He has returned to the bosom of the Divinity, the genius who freed America and shed torrents of light upon America." He then proposed that the Assembly wear mourning for three days.

Following is a letter that Franklin wrote in French to his friend André Morellet, an abbot who also frequented the salon of Madame Helvetius. A kind of *bagatelle*, the letter shines with Franklin's humor and wit, as he amusingly pretends that the words *divin* (divine) and *deviner* (to predict the future, to guess) are derived from the word *vin* (wine).

Lettre de l'abbé° Franklin à l'abbé Morellet

Vous m'avez souvent égayé,° mon très-cher ami, par vos excellentes chansons à boire; en échange,° je désire vous édifier par quelques réflexions chrétiennes, morales, et philosophiques sur le même sujet.

In vino veritas, dit le sage. La vérité est dans le vin.

5   Avant Noé,° les hommes, n'ayant que de l'eau à boire, ne pouvaient pas trouver la vérité. Aussi° ils s'égarèrent°; ils devinrent° abominablement méchants,° et ils furent° justement exterminés par l'eau qu'ils aimaient à boire.

Ce bonhomme° Noé, ayant vu que par cette mauvaise boisson° tous ses contemporains avaient péri,° la prit° en aversion; et Dieu, pour le désaltérer,°
10 créa la vigne,° et lui révéla l'art d'en faire le vin. Par l'aide de cette liqueur, il découvrit mainte et mainte° vérité; et, depuis son temps, le mot *deviner*° a été en

---

l'abbé *m* abbot (said here in jest) | **égayer** = *amuser* | **l'échange** *m* exchange |
Noé the Biblical Noah | **aussi** therefore | **s'égarer** to go astray | **devinrent** = *devenir*
(*passé simple*) | **méchant** evil | **furent** = *être* (*passé simple*) | **le bonhomme** good-
natured man | **la boisson** drink | **périr** = *mourir* | **pris** = *prendre* (*passé simple*) |
désaltérer to quench one's thirst | **la vigne** vine | **mainte et mainte** many a |
deviner to predict the future, to guess

usage, signifiant originairement *découvrir*° au moyen° *du vin*. Ainsi,° le patriarche Joseph prétendait° *deviner* au moyen d'une coupe ou d'un verre *de vin*, liqueur qui a reçu ce nom pour marquer qu'elle n'était pas une invention humaine, mais
15 *divine*. Aussi, depuis ce temps, toutes les choses excellentes, même les déités, ont été appelées *divines* ou *divinités*.

Dieu a fait le vin pour nous réjouir.° Quand vous voyez votre voisin° à table, versez° du vin en son verre, ne vous hâtez° pas à y verser de l'eau. Pourquoi voulez-vous noyer° la vérité? Il est vraisemblable° que votre voisin sait mieux
20 que vous ce qui lui convient.° Peut-être il n'aime pas l'eau : peut-être il n'en veut mettre que quelques gouttes° par complaisance pour° la mode : peut-être il ne veut pas qu'un autre observe combien peu il en met dans son verre. Donc, n'offrez l'eau qu'aux enfants. Je dis ceci à vous comme homme du monde; mais je finirai comme j'ai commencé, en bon chrétien, en vous faisant une
25 observation religieuse bien importante, et tirée° de l'Ecriture Sainte,° savoir,° que l'apôtre Paul conseillait bien sérieusement à Timothée de mettre du vin dans son eau pour la santé°; mais que pas un des apôtres, ni aucun des saints pères, n'a jamais conseillé de mettre de l'eau dans le vin.

P.S. Pour vous confirmer encore plus dans votre piété, réfléchissez sur la
30 situation qu'elle a donnée au coude.° Vous voyez, figures 1 et 2, que les animaux qui doivent boire l'eau qui coule° sur la terre, s'ils ont des jambes longues, ont aussi un cou° long, afin qu'ils puissent atteindre° leur boisson sans la peine° de se mettre à genoux.° Mais l'homme, qui était destiné à boire du vin, doit être en état de° porter le verre à sa bouche. Regardez les figures ci-dessous° : Si le coude
35 avait été placé plus près de la main, comme en fig. 3, la partie A aurait été trop courte pour approcher le verre de la bouche; et s'il avait été placé plus près de l'épaule,° comme en fig. 4, la partie B aurait été si longue, qu'il aurait porté le verre bien au-delà de° la bouche : ainsi nous aurions été tantalisés. Mais par la présente situation, représentée fig. 5, nous voilà en état de boire à notre aise, le
40 verre venant justement à la bouche. Adorons donc, le verre à la main, cette sagesse° bienveillante°; adorons et buvons.

---

découvrir to discover / **au moyen de** = *par* / **ainsi** thus / **prétendre** to claim /
réjouir to delight / **le voisin** neighbor / **verser** to pour / **se hâter** to hasten /
noyer to drown / **vraisemblable** = *probable* / **convenir à** to suit / **la goutte** drop /
par complaisance pour in compliance with / **tiré** taken / **l'Ecriture Sainte** = *la
Bible* / **savoir** = *à savoir* (namely) / **la santé** health / **le coude** elbow / **couler** to
flow / **le cou** neck / **atteindre** reach / **la peine** = *la difficulté* / **se mettre à**
genoux to kneel / **en état de** = *capable de* / **ci-dessous** below / **l'épaule** *f* shoulder /
au-delà de beyond / **la sagesse** wisdom / **bienveillant** kindly

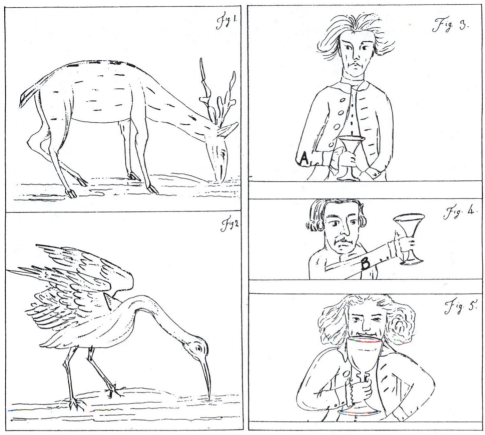

M. Lemontey, *Mémoires inédits de l'abbé André Morellet*

Qu'en pensez-vous?

Etes-vous d'accord ou non avec les déclarations suivantes? Justifiez votre réponse.

1. Franklin dit que l'abbé Morellet l'a égayé avec des chansons folkloriques.
2. L'expression *in vino veritas* signifie «la vérité est dans le vin.»
3. Selon Franklin, les hommes avant Noé n'ont pas trouvé la vérité.
4. Noé, par contre, a découvert la vérité en buvant beaucoup d'eau.
5. Selon Franklin, le mot *divine* est dérivé du mot *vin*.
6. Franklin dit qu'il faut offrir du vin à tout le monde, même aux enfants.
7. Franklin prétend que l'apôtre Paul pensait que le vin était bon pour la santé.
8. Selon Franklin, les animaux dans les figures 1 et 2 ont le cou long pour pouvoir boire de l'eau facilement.
9. Selon lui, la figure 5 représente un homme tantalisé.

Nouveau contexte

Complétez les phrases suivantes en employant les termes appropriés. Employez chaque terme une seule fois.

Noms : boisson *f*, chansons à boire *f*, santé *f*, vin *m*
Verbes : bois, coule, découvrir, noyer, verse
Adjectifs : divine, sage

Le buveur excentrique

Comme j'adore l'huile de foie de morue (*cod-liver oil*)! Pourquoi est-ce que j'en _____1_____? Ce n'est pas pour _____2_____ la vérité ni pour _____3_____ mes chagrins. Ce n'est pas non plus pour égayer mes camarades avec des _____4_____. Je laisse ces activités aux buveurs de _____5_____ ou de bière. La boisson qui me convient, c'est l'huile de foie de morue!

    Chaque matin et chaque soir j'en _____6_____ beaucoup dans un grand verre. Quelle _____7_____ délicieuse! Elle _____8_____ lentement dans ma gorge comme une liqueur _____9_____! En plus, elle est si bonne pour la _____10_____!

    Est-ce que je suis _____11_____ ou simplement excentrique? Je n'en sais rien. Voici tout ce que je sais : j'adore l'huile de foie de morue!

Vocabulaire satellite

faire de la diplomatie to be diplomatic
exprimer, défendre son point de vue to express, defend one's point of view
la **dispute** quarrel
se **disputer** to quarrel
l' **argument** *m* reasoning, argument
convaincre to convince
convertir to convert
être d'accord to agree
changer d'avis to change one's mind
avoir la ferme conviction to believe strongly

s' **opposer à** to oppose
résoudre to resolve
la **franchise** honesty
franc, franche frank
logique logical
juste fair
sage wise
sauver les apparences to save face
trouver un compromis, une solution to find a compromise, solution
la **réconciliation** reconciliation
les **idées contraires** *f* opposing ideas

Pratique de la langue

1. Imaginez que vous êtes le (la) président(e) d'une société d'alcooliques réformés et que vous avez la lettre de Benjamin Franklin. Vous lui écrivez une lettre qui dit pourquoi vous vous opposez à ses arguments.

2. Ecrivez la réponse imaginaire de l'abbé Morellet à Franklin. L'abbé Morellet va essayer de convaincre Franklin que le lait est plus sain (*healthy*) que le vin.
3. Ecrivez une lettre à un professeur de votre choix. Vous essayez de le (la) persuader de changer sa façon d'organiser son cours.
4. Préparez un des dialogues suivants :
   a. Benjamin Franklin et le patron d'une entreprise qui vend de l'eau minérale.
   b. Un père qui explique les dessins de Franklin à son fils (sa fille) de 10 ans.

Politique et symbolique : visages divers de Marianne, la République

The American art critic Jane Kromm has pointed out that Marianne, the symbol of the French Republic or Liberty, has always been portrayed as a strong woman with peasant features, usually young and brunette, attired in unusual dress that frequently exposed the shoulder and one or both breasts, and wearing a Phrygian bonnet symbolic of liberation from slavery.

This allegorical Marianne, a maiden fertility figure, has been a popular and powerful Republican image in France since the Revolution of 1789. She appears on coins and stamps and in political cartoons, and has inspired numerous

Marianne

poems and songs. Every French *mairie* (city hall) boasts a sculpted bust of her. Marianne has also inspired such great artists as Eugène Delacroix. However it is in popular culture that she is most alive: on prints and calendar covers, not to mention in the older editions of the Larousse dictionary with the legend, «Elle seme à tout vent» (She scatters her seed), a metaphorical statement for the general dissemination of knowledge.

In recent years, the French government decided to give Marianne a modern facelift by asking actresses such as Brigitte Bardot and Catherine Deneuve to serve as models. Marianne's most recent image, created for the Bicentennial of the French Revolution (1989), featured the face of Inès de La Fressange, a celebrated Chanel model. Obviously these recent representations are more fashionable than powerfully political, stressing national image rather than radical ideology. But in a 1989 historical issue, *Figaro* magazine, normally well known for its conservative approach, presented on its cover a Moslem Marianne wearing a *tchador* (Islamic veil), to draw attention to the status of Arab immigrant women in France.

The selection below illustrates how the Marianne figure motivated secret societies in France in the 1850s. These organizations sprang up regionally, as groups of workers sought to protest the arbitrariness of the French judicial system and the inequality of wealth, during the Second Republic (1848–1851) and the Second Empire (1852–1870).

In 1855 more than a hundred members of the Marianne secret society from Anjou were arrested by the imperial police. While they claimed that they were only "republicans, democrats, and socialists," the court called them "perverse, lazy drunkards without faith or conviction." The majority were found guilty of seeking to overthrow the government and of undermining social values. Most were condemned to lengthy prison terms and some were forcibly deported.

«Marianne», symbole de la République française et héroïne de société secrète

«La Marianne°», société secrète, fut organisée vers° 1850. Au commencement de 1851, elle se crut° assez forte pour tenter° un mouvement dans le Cher, l'Indre et la Nièvre,° mouvement qui fut réprimé° sans peine.°

En décembre 1851, la Société «La Marianne» répondit au coup d'Etat par la
5 jacquerie° de Clamecy.°

Dès 1853, on trouve les premières traces d'affiliations° à la Marianne à Angers et à Paris. A Angers, les membres de cette société secrète étaient pour la plupart

---

Marianne = *la jeune femme qui symbolise la République française depuis la Révolution de 1789* |
vers around | **crut** = *croire (passé simple)* | **tenter** = *essayer* | **le Cher, l'Indre et la Nièvre** = *départements (divisions administratives) du centre de la France nommés d'après les rivières qui les traversent* | **réprimé** repressed | **peine** = *difficulté* | **la jacquerie** = *révolte de paysans* |
Clamecy = *ville du département de la Nièvre* | **l'affiliation** *f* membership

des carriers° et des filassiers.° Les réunions se tenaient° soit° en pleine campagne, soit en ville au café Beaudrier.

10   Les sociétaires° faisaient des adhérents° parmi° les ouvriers qu'ils rencontraient : ils se plaignaient° de la cherté° du pain, et du gouvernement qui en était la cause.

Qu'était-ce que «La Marianne»? Comment entrait-on dans cette société? Comment était-elle organisée? Quel était son but°?

15   Au sujet du mot «Marianne», le Préfet° de police dans une lettre au Procureur° impérial à la date du 5 mars 1854, assimile le mot REPUBLIQUE (du latin *res publica*, la chose publique) au régime de terreur et d'assassinat,° alors que° chacun sait que Marianne, la femme du peuple coiffée° du bonnet phrygien,° «La Gueuse°» comme on l'appelait, symbolise le régime de la 20 Démocratie et de la Liberté.

Il est probable, sinon certain, qu'avant de recevoir un adhérent à la Société «La Marianne , les présentateurs s'entouraient° de garanties au sujet du caractère, de l'intelligence, de la moralité et, surtout, des idées politiques des candidats.

25   D'après les révélations faites par des témoins° aux poursuites° d'une société secrète établie dans la Drôme° à la fin de 1850, voici quelles étaient les formules d'initiation :

L'initié, les yeux bandés,° est placé à genoux° sur deux couteaux en croix° et sur deux pièces° de 5 francs, et le dialogue suivant s'engage entre lui et 30 l'initiateur :

—Désires-tu être affilié à la Société? —Oui.

—Promets-tu de ne jamais révéler les secrets? —Je le promets.

—Jures°-tu d'obéir à tous les ordres qui te seront donnés, lors même° qu'ils te prescriraient° de tuer° ton semblable°? —Je le jure.

35   —Que sens°-tu sous ta main? —Je sens deux couteaux et deux pièces de 5 francs.

—Ces objets sont placés là pour t'apprendre que si l'appât° de l'argent t'engageait à trahir° la société, elle t'en punirait par la mort.

---

le carrier quarry worker / **le filassier** hemp worker / **se tenir** = *avoir lieu* / **soit...**
soit either . . . or / **les sociétaires** = *les membres de la société* / **l'adhérent** = *le membre* /
parmi among / **se plaindre** to complain / **la cherté** = *le prix élevé* / **le but** goal /
le préfet chief / **le procureur** prosecutor / **l'assassinat** assassination, murder /
alors que whereas / **coiffé de** = *portant sur la tête* / **le bonnet phrygien** = *bonnet rouge
que porte Marianne et qui symbolisait, dans les temps anciens, la libération d'un esclave* (slave) / **La
Gueuse** rascally wench (*nom parfois donné à la République par les bourgeois*) / **s'entourer de** to
avail oneself of / **le témoin** witness / **les poursuites** *f* proceedings / **la Drôme** =
département et rivière du sud-est de la France / **bandé** blindfolded / **à genoux** kneeling /
en croix in the form of a cross / **la pièce** coin / **jurer** to swear / **lors même
que** even if / **prescrire** to stipulate / **tuer** to kill / **le semblable** fellow creature /
sentir to feel / **l'appât** *m* enticement / **trahir** to betray

A ce moment, on débande les yeux du récipiendaire° et deux anciens° affiliés,
40 saisissant les couteaux, les brandissent° sur sa tête en disant : «Oui, le Frère qui
vendrait nos secrets mériterait la mort, et nous la lui ferions subir°.»

Serment° des Mariannistes prêté° la main appuyée° sur un poignard° :

«Je jure sur ces armes,° symbole de l'honneur, de servir la République
démocratique et sociale, et de mourir pour elle, s'il le faut°!

45 Je jure, en outre,° haine° et vengeance à tous les rois et à tous les royalistes, et
que mes entrailles° deviennent plutôt la pâture° des bêtes féroces que de jamais
faillir° à mon serment.

Je le jure trois fois.

Je jure, sur mon honneur, au nom de la sainte cause pour laquelle je viens
50 d'être reçu, de marcher en tout lieu° avec mes frères et de prêter° aide et
assistance à tous les démocrates!

Je le jure trois fois, au nom du Christ rédempteur°!»

Les réunions ne comprenaient° pas plus de deux ou trois affiliés. Aucun écrit°
n'était conservé. Ils avaient aussi une écriture° spéciale ressemblant aux signes
55 sténographiques actuels.°

Le but politique de la Société est nettement° déterminé dans une lettre
adressée aux Comités de l'Ouest :

«Saisissons la première occasion de renverser° le tyran et de fonder enfin cette
République démocratique et sociale qui est la nécessité de la situation, comme
60 elle doit être le but de tous nos efforts.»

N'empêche qu°'au procès° d'Angers,° le procureur impérial déclare «... que le
but de ces associations secrètes était le bouleversement° radical de la société et
l'assassinat de l'Empereur. Ces misérables,° dit-il, complotent° le renversement
de la famille, de la religion et enfin de la société. C'est la barbarie qu'ils veulent
65 substituer à la civilisation. Ils ne méritent aucune espèce° d'indulgence.» Et il
les condamne impitoyablement° à des peines° sévères : 54 mois de prison et
700 francs d'amende° sont infligés à onze inculpés.°

François Simon, *La Marianne : société secrète au pays d'Anjou*

---

le récipiendaire newly elected member / **ancien** senior / **brandir** = *tenir en l'air* /
subir to undergo / **prêter serment** to take an oath / **appuyé** resting / **le**
poignard dagger / **l'arme** *f* weapon / **s'il le faut** = *si c'est nécessaire* / **en**
outre moreover / **la haine** hatred / **les entrailles** *f* innards / **la pâture** = *la*
nourriture / **faillir à** to fail to keep / **en tout lieu** everywhere / **prêter** = donner /
rédempteur redeemer / **comprendre** to comprise / **l'écrit** *m* written record /
l'écriture *f* writing / **actuel** present-day / **nettement** = *clairement* / **renverser** to
overthrow / **n'empêche que** nevertheless / **le procès** trial / **Angers** = *ville de la région*
d'Anjou, au sud de la Loire / **le bouleversement** upheaval / **le misérable** wretch /
comploter to plot / **l'espèce** = *la sorte* / **impitoyablement** = *sans pitié* / **la peine** =
la punition / **l'amende** *f* fine / **l'inculpé** *m* person charged

Qu'en pensez-vous?

Etes-vous d'accord ou non avec les déclarations suivantes? Justifiez votre réponse.

1. Le personnage de Marianne, comme symbole de la République, existait avant le 19ᵉ siècle.
2. Marianne était représentée comme une jeune femme aristocrate qui portait une perruque (*wig*).
3. En 1850 une société secrète populaire, du nom de «la Marianne», a été organisée dans la région d'Anjou.
4. Après 1853 les membres de la société étaient essentiellement des ouvriers et des cuisiniers.
5. Les réunions avaient toujours lieu dans une salle de théâtre.
6. La police impériale pensait que les Républicains, membres de la société Marianne, étaient des terroristes et des assassins dangereux.
7. Avant d'accepter un nouveau membre, la Société faisait une enquête (*investigation*) sur lui.
8. Quand un nouveau membre était initié, il y avait un rituel d'initiation symbolique.
9. Les deux objets centraux de ce rituel étaient un crayon et un livre, symboliques de la connaissance.
10. Les membres de la société étaient prêts à tuer, si nécessaire.
11. Leur but ultime était de créer une République démocratique et sociale.
12. D'habitude la justice impériale était particulièrement indulgente avec ces Républicains parce qu'elle se rendait compte qu'ils travaillaient pour la démocratie.

Nouveau contexte

Complétez les phrases suivantes en employant les termes appropriés. Employez chaque terme une seule fois.

Noms : assassinat *m*, fois *f*, peine *f*, poignard *m*, témoins *m*
Verbes : a juré, méritait, se tenait, avait trahi
Adjectif : coiffé

Voici un article de presse racontant le jugement de Jojo Chicago, gangster bien connu de la ville de Marseille, au sud-est de la France (capitale française de la prostitution, de la drogue et du crime).

Ce matin, Jojo Chicago, gangster marseillais bien connu, a comparu devant la justice. Il était _____1_____ d'un chapeau à la Bogart et _____2_____ d'une manière arrogante. Le juge l'a accusé de l' _____3_____ d'un politicien local. L'arme du crime était un _____4_____. Deux _____5_____ avaient vu ce jour-là la voiture de Jojo dans la rue. La victime était membre d'une organisation locale qui _____6_____ Jojo l'année précédente en le dénonçant à la police pour trafic de drogue. Le juge a dit à Jojo qu'il _____7_____ une _____8_____ maximum. Il a ajouté que c'était la quatrième _____9_____ cette année que Jojo paraissait devant la justice pour une raison ou une autre. Jojo _____10_____ qu'il serait désormais (*henceforth*) un bon garçon mais il est parti en prison quand même!

Vocabulaire satellite

le **politicien** (*souvent péjoratif*)
    politician
le **gangster** gangster
l' **assassin** *m* murderer
le **coup d'Etat** coup
    menacer to threaten
    voler to steal
    faire feu to fire
la **matraque** night stick, club
l' **émeute** *f* riot
la **frontière** border
la **douane** customs

    fou (folle) crazy
la **peine capitale** capital punishment
la **prison à vie** life imprisonment
la **vérité** truth
    cacher to hide
    avoir peur to be scared
    capturer to catch, arrest
le **C.R.S.** *membre de la Compagnie*
    Républicaine de Sécurité qui maintient
    l'ordre quand il y a une manifestation
    publique

Pratique de la langue

1. Un récent initié de «la Marianne» raconte à un très bon ami sa cérémonie d'initiation :
   a. J'étais content parce que...
   b. J'étais nerveux parce que...
   c. Le rituel était...
   d. Marianne («La Gueuse») symbolise pour nous...
   e. J'ai juré de...
2. Jouez les situations suivantes :
   a. Une rencontre de deux sociétaires de la société Marianne au café Beaudrier. Ils préparent un complot contre la police impériale. Imaginez la discussion.
   b. Une rencontre entre un sociétaire de la Marianne qui vient de sortir de prison et l'Empereur, qui s'accusent mutuellement d'être des criminels.
3. Deux étudiants discutent une manifestation de rue où la police est intervenue : l'un approuve la manifestation tandis que l'autre s'y oppose.

Sujets de discussion ou de composition

1. Dans notre société contemporaine, certains chefs religieux sont critiqués lorsqu'ils expriment leurs opinions sur les grandes questions du jour (par exemple, la contraception, l'avortement, la guerre). D'autres, par contre, sont blâmés parce qu'ils ne font connaître aucune de leurs idées politiques. A votre avis, les chefs religieux devraient-ils exercer leur influence dans le domaine politique? Si oui, comment? Si non, pourquoi pas?
2. Préparez un dialogue entre deux personnes qui se disputent sur un sujet (amusant? sérieux? ridicule?) de votre choix.
3. Que pensez-vous des sociétés secrètes (qu'elles soient d'orientation religieuse, politique, ou simplement sociale comme les fraternités universitaires américaines)? Sont-elles dangereuses? enfantines? Pourquoi sont-elles secrètes? Quel rôle jouent-elles dans la société?

Images de la France

Notre-Dame de Chartres

Les cathédrales de France

One of the images strongly associated with France is that of the cathedral. France was the birthplace of Gothic architecture in the twelfth century, the beginning of the great cathedral age. Gothic architecture evolved from the Romanesque, which had come into being in the late tenth and early eleventh century, and which was characterized in part by heavy walls, small windows, and semicircular arches. In the Gothic style, flying buttresses were used to support bigger and taller edifices, the pointed arch was substituted for the rounded, and large stained-glass windows replaced the small perforations in the thick Romanesque walls.

Medieval cathedrals possessed great symbolic significance. The printing press did not come into existence until the end of the Middle Ages, in the fifteenth century. Until that time, architecture served to represent medieval thought in visible form and to express concretely the sentiments of the people. Victor Hugo, in his novel *Notre-Dame de Paris* (1831), states: ". . . architecture was, up to the fifteenth century, the chief register of humanity; . . . during this space of time, no idea of any elaboration appeared in the world without being built into masonry; . . . the human race has never had an important thought which it has not written in stone." All medieval art thus had a didactic purpose. Windows and statues were signs to be read. In the eyes of the noted critic Emile Mâle, cathedrals constituted «la Bible du pauvre».

The Middle Ages were a period of exceptional faith. One stands in awe today before a cathedral, a monument which goes beyond the ordinary measure of human capability. Construction was generally initiated by a bishop (a cathedral is a church that is the seat of a bishop). Once launched, the project was enthusiastically embraced by all of the faithful, at every level of society. It truly became a religious communal undertaking as workers pledged their labor in a spirit of penance and devotion, particularly devotion to the Virgin Mary (*Notre Dame*).

Given the limited resources available at the time, erecting a cathedral usually involved several generations of workers. Notre-Dame de Paris, for instance, was built in stages from 1163 to 1345. There are today, in France alone, more than sixty Gothic cathedrals. The term "Gothic," incidentally, was coined by Italian humanists of the Renaissance and was meant to characterize all medieval art pejoratively, since the Goths were considered the most barbaric of the tribes which had invaded the Roman empire. The term is a complete misnomer, as the Goths had nothing whatsoever to do with Gothic art.

The Cathedral of Notre-Dame de Chartres is one of the most famous in France. At first, several churches were erected consecutively on the present site, each subsequently destroyed by fire. The cathedral was built early in the thirteenth century, during a relatively short period of thirty years. It was officially dedicated to Notre-Dame in 1260 in a ceremony attended by the

beloved King of France, Louis IX, who would later become Saint Louis.
Additional work was done, however, as late as the sixteenth century. Notre-
Dame de Chartres attests the evolution of Gothic architecture from the
Romanesque, as it uniquely displays, side by side, two steeples, one with a
Romanesque spire and the other with a Gothic spire. Chartres is known for its
extensive statuary (it features over 1800 statues) and its extraordinary stained-
glass windows. It also boasts the largest nave in France (at the height of the
Gothic tradition, rival towns were known to openly compete to see which could
erect the tallest or biggest cathedral).

The following excerpt captures the living faith of the people who constructed
the cathedrals and the spirit that moved them in their labor of love. It describes
an era when faith in God and devotion to the saints formed the very basis of
everyday existence.

La construction des cathédrales

A Chartres nous trouvons un exemple de ce zèle° ardent qui animait les cœurs
fidèles, quand il s'agissait de° la construction d'un édifice chrétien. Ces détails
sont empruntés° à une lettre écrite en 1145 aux religieux de l'abbaye° de
Tuttebery, en Angleterre, par Haimon, abbé° de Saint-Pierre-sur-Dive, en
5 Normandie.

«C'est un prodige inouï,° dit-il, que° de voir des hommes puissants,° fiers° de
leur naissance et de leurs richesses, accoutumés à une vie molle° et voluptueuse,
s'attacher à un char° avec des traits° et voiturer° les pierres, la chaux,° le bois, et
tous les matériaux nécessaires pour la construction de l'édifice sacré. Quelquefois
10 mille personnes, hommes et femmes, sont attelées° au même char, tant° la charge
est considérable, et cependant° il règne° un si grand silence qu'on n'entend pas le
moindre° murmure. Quand on s'arrête dans les chemins, on parle, mais
seulement de ses péchés° dont on fait confession avec des larmes° et des prières;
alors les prêtres° engagent° à étouffer° les haines,° à remettre° les dettes, etc. S'il
15 se trouve° quelqu'un d'assez endurci° pour ne pas vouloir pardonner à ses

---

le zèle = *la ferveur* | **il s'agissait de** = *il était question de* | **emprunter** to borrow |
l'abbaye *f* = *le monastère* | **l'abbé** *m* = *le directeur de l'abbaye* | **le prodige inouï** =
l'événement extraordinaire (lit., dont on n'a jamais entendu parler) | **c'est... que** construction used for
emphasis: *c'est un prodige inouï que de voir* = *voir est un prodige* | **puissant** = *fort* | **fier** proud |
mou (molle) = *pas dur* | **le char** = *la voiture* | **le trait** trace (of a harness), rope or strap |
voiturer = *transporter dans une voiture* | **la chaux** lime | **atteler** = *attacher à une voiture* |
tant so | **cependant** yet | **il règne** there reigns | **le moindre** = *le plus petit* | **le
péché** = *l'offense contre Dieu* | **la larme** tear | **le prêtre** priest | **engager** = *exhorter* |
étouffer to stifle | **les haines** *f* = *l'antagonisme, la rivalité* | **remettre** to remit | **il se
trouve** = *il y a* | **endurci** = *impénitent*

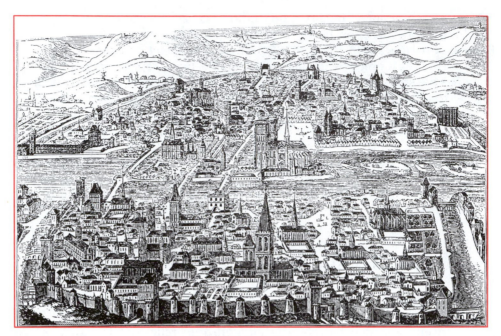

La cathédrale de Chartres

ennemis, et refuser de se soumettre à ces pieuses exhortations, aussitôt il est détaché du char et chassé de la sainte compagnie.

Haimon rapporte ensuite que ces travaux s'entreprenaient° principalement durant la belle saison, que pendant la nuit on allumait° des cierges° sur les
20 chariots° autour de l'église en construction, et qu'on veillait° en chantant des hymnes et des cantiques.°

Enfin il nous apprend,° et ceci mérite d'être noté, que ce pieux usage de se réunir pour travailler à la construction des églises, ayant pris naissance° à Chartres, se continua pour une foule° d'autres églises, «surtout dans les lieux° où
25 l'on élevait des temples sous l'invocation de la sainte Vierge».

On trouve aussi dans une lettre de Hugues, archevêque° de Rouen, écrite à Théodoric ou Thierry, évêque d'Amiens, en 1145, des détails sur ces grandes réunions d'ouvriers bénévoles,° qui faisaient vœu de° travailler à l'œuvre° des cathédrales, en esprit de pénitence et de mortification.

---

s'entreprenaient were undertaken | **allumer** = *mettre le feu à* | **le cierge** = *la chandelle* | **le chariot** wagon | **veiller** to lie awake, to stay up | **le cantique** = *le chant religieux* | **apprendre** = *faire connaître* | **prendre naissance** = *commencer* | **la foule** = *le grand nombre* | **le lieu** = *l'endroit* | **l'archevêque** *m* archbishop | **bénévole** = *qui travaille sans être payé* | **faire vœu de** = *promettre à Dieu* | **l'œuvre** *f* = *l'activité, le travail*

30   «Les habitants de Chartres, dit l'archevêque de Rouen, ont concouru° à la construction de leur église en charriant° des matériaux; Notre Seigneur° a récompensé leur humble zèle par des miracles qui ont excité les Normands à imiter la piété de leurs voisins. Nos diocésains,° ayant donc reçu notre bénédiction, se sont transportés à Chartres où ils ont accompli leur vœu.° Depuis
35   lors,° les fidèles de notre diocèse et des autres contrées° voisines ont formé des associations dans un but° semblable; ils n'admettent personne dans leur compagnie, à moins qu'il ne° se soit confessé, qu'il n'ait renoncé aux animosités et aux vengeances et ne soit réconcilié avec ses ennemis. Cela fait, ils élisent° un chef° sous la conduite duquel ils tirent° leurs chariots en silence et avec
40   humilité.»

C'était donc par ces admirables moyens° que nos grandes églises s'élevaient vers le ciel : on peut bien dire certainement qu'elles sont l'œuvre des populations chrétiennes. On peut encore ajouter° qu'elles sont la traduction° en pierre des pensées et des sentiments dont elles étaient universellement animées. Voyez
45   toutes ces cathédrales qui se dressent° comme par enchantement! La prière des générations catholiques monte au ciel avec les flèches° élancées.° La foi religieuse s'épanouit° dans cette belle floraison° architecturale qui semble porter à Dieu l'espérance et le parfum de toutes les âmes°!

Et pourtant,° malgré cette ardeur des populations, la construction des
50   monuments religieux durait quelquefois plusieurs âges d'homme. Cela se conçoit.° Comme à cette époque on avait foi dans une religion immortelle, on croyait à l'avenir et l'on ne se laissait pas aller à l'idée malheureuse de ne faire qu'une mesquine° improvisation dans le désir de jouir° plus tôt, ou dans la crainte que l'œuvre ne serait jamais terminée. On commençait toujours sur un
55   vaste plan, et quand les ressources de la contrée venaient à s'épuiser,° on suspendait les travaux, et on léguait° avec confiance aux générations futures le soin° d'achever° la maison de Dieu. La postérité recueillait° toujours avec amour le saint héritage, et les fils poursuivaient à peu près° sur le même plan les travaux sacrés commencés par leurs pères.

60   M. l'abbé J.-J. Bourassé, *Les Cathédrales de France*

---

concourir = *participer* | **charrier** = *transporter dans un char* | **Notre Seigneur** Our Lord | **le diocésain** = *le membre d'un diocèse* | **le vœu** = *la promesse faite à Dieu* | **depuis lors** = *depuis ce moment-là* | **la contrée** = *la région* | **le but** = *l'intention* | **à moins que... ne** unless | **élire** = *choisir par élection* | **le chef** = *le directeur* | **tirer** to pull | **le moyen** means | **ajouter** = *dire en plus* | **la traduction** = *l'expression* (lit. translation) | **se dresser** to rise up | **la flèche** spire | **élancé** soaring | **s'épanouir** to blossom | **la floraison** flowering | **l'âme** *f* soul | **pourtant** = *cependant* | **se concevoir** = *être concevable* | **mesquin** = *médiocre* | **jouir** = *prendre plaisir* | **s'épuiser** = *être complètement consommé* | **léguer** = *transmettre* | **le soin** = *la responsabilité* | **achever** = *terminer* | **recueillir** = *recevoir* | **à peu près** = *plus ou moins*

Qu'en pensez-vous?

Etes-vous d'accord ou non avec les déclarations suivantes? Justifiez votre réponse.

1. Les ouvriers sont des membres du prolétariat.
2. Ils ressemblent à des chevaux.
3. Quand la charge est considérable, on entend beaucoup de bruit.
4. On entend parfois la voix des hommes et des prêtres.
5. Celui qui refuse de se repentir de ses péchés est rejeté par les autres.
6. Les soirées se passent en chantant.
7. Certaines églises suivent l'exemple de Chartres.
8. Les ouvriers ne gagnent pas un très bon salaire.
9. Ils travaillent pour réparer leurs péchés.
10. Des habitants de Normandie sont allés travailler à Chartres.
11. Les ouvriers n'admettent pas tout le monde dans leur association.
12. Les cathédrales sont un symbole de la foi des gens.
13. Les ouvriers travaillent avec impatience.
14. Les fils n'apprécient pas l'héritage que leurs pères leur laissent.

Nouveau contexte

Complétez les phrases suivantes en employant les termes appropriés. Employez chaque terme une seule fois.

Noms : avenir *m*, but *m*, confiance *f*, fidèles *m*, une foule de, lieu *m*, matériaux *m*, moyens *m*, œuvre *f*, ouvriers *m*
Verbes : achever, il s'agit de, apprend, s'arrêtent, avaient entrepris
Adjectifs : animée, endurcies, inouï

Deux touristes _____1_____ devant la cathédrale de Notre-Dame de Paris pour en admirer la splendeur. Le premier s'exclame d'une voix _____2_____ :
—Les guides ont raison. Cette cathédrale est un prodige _____3_____!
—Je suis tout à fait d'accord. Il n'y a que les âmes les plus _____4_____ qui resteraient indifférentes devant ce spectacle.
—Un édifice comme celui-ci est très instructif et m' _____5_____ beaucoup de choses au sujet des gens du moyen âge.
—Oui, quand on contemple une telle _____6_____ d'art, _____7_____ bien remarquer _____8_____ détails révélateurs.
—Ce qui me frappe, moi, c'est non seulement les qualités esthétiques mais aussi les réalisations pratiques : les _____9_____ nécessaires à la construction, les procédés techniques, les _____10_____ de transporter ces pierres énormes et de les poser les unes sur les autres.
—Il est évident que ce ne sont pas des _____11_____ ordinaires qui ont travaillé à ce projet. Ce devait être des gens qui avaient _____12_____ en l' _____13_____ et qui ne perdaient jamais de vue le _____14_____ de tous leurs soins : la construction d'un _____15_____ de piété pour tous les _____16_____ à venir.
—C'est sans doute cette foi puissante qui leur a permis d' _____17_____ ce projet collectif que d'autres _____18_____ presque deux cents ans auparavant (*before*).

Vocabulaire satellite

élever l'esprit   to elevate the spirit

exprimer l'abstrait   to express the abstract

réaliser toutes les capacités humaines, les aspirations les plus nobles   to achieve full human potential, the most noble aspirations

satisfaire les besoins intellectuels, émotifs   to satisfy intellectual, emotional needs

manifester la pensée, les sentiments   to express thought, feelings

contenter le besoin esthétique   to satisfy the aesthetic need

dépasser la routine   to go beyond the routine

aspirer à la perfection   to aspire to perfection

apprécier la valeur esthétique   to appreciate the aesthetic value

tenir compte du côté pratique   to consider the practical side

songer à un avenir lointain, prochain   to think of a distant, near future

l' **art** *m* **de l'ingénieur**   engineering

les **règles** *f* **de l'architecture**   rules of architecture

le **style gothique, roman, moderne**   Gothic, Romanesque, modern style

la **structure**   structure

le (la) **croyant(e)**   believer

le (la) **pratiquant(e)**   church-goer

préoccupé du quotidien   preoccupied with daily living

soucieux (soucieuse) du quotidien   worried about daily living

inquiet (inquiète)   worried

Pratique de la langue

1. La cathédrale est une œuvre d'art architecturale. Quelle est l'utilité de l'art dans le monde moderne? Préparez un débat sur la question suivante : l'art est un luxe qu'on ne peut plus se permettre à l'époque actuelle.

2. La cathédrale est un exemple extraordinaire de la réussite d'une entreprise collective. Vaut-il toujours mieux travailler en groupe et collaborer avec d'autres? Ou y a-t-il des circonstances où l'on préfère travailler indépendamment et seul? Citez des exemples concrets pour illustrer les deux points de vue.

3. La construction de la cathédrale a résulté de la générosité inouïe des fidèles. Dans notre société contemporaine, y a-t-il toujours des gens bénévoles? Y a-t-il des signes d'altruisme? Ou est-ce que, au contraire, accoutumé à la vie molle, on est devenu trop matérialiste, trop égoïste pour venir à l'aide de son voisin ou pour collaborer avec lui? Racontez une histoire (vraie, imaginaire, sérieuse, amusante, etc.) qui montre la générosité ou l'égoïsme des gens.

4. Le moyen âge, nous le savons, était une époque de foi religieuse. Les cathédrales en sont une manifestation tangible. Comment caractériseriez-vous l'époque actuelle? Est-ce que la foi est un élément marquant de la société contemporaine? Avez-vous l'impression

que les gens d'aujourd'hui sont très croyants? Pratiquent-ils leur religion? Quel est le mobile (la motivation) de leur vie? Ecrivez et présentez un dialogue où divers membres de la société expriment leur point de vue. Le groupe pourrait comporter (inclure) un(e) religieux (religieuse), un(e) sceptique, un(e) croyant(e), un(e) pratiquant(e), un(e) athée, un(e) agnostique, etc.

Repas de palais

Paying special attention to the preparation and presentation of food is an old cultural tradition in France. However, the beginnings of what we call today *cuisine bourgeoise* (home family cooking) only go back to the eighteenth century with the publication of two handbooks by Nicholas de Bonnefons, then *premier valet du roi* to the adolescent Louis XV.

Under Louis XIV (1638–1715), magnificence was brought into every aspect of daily life at the Court. As a child during the Fronde (1643–1658)—a civil war instigated by the Parisian nobility against the forceful Prime Minister, Cardinal Mazarin,—the young king had suffered cold, hunger, humiliation, and poverty. At the death of Mazarin, Louis XIV came to hold total power. He viewed himself as king by divine right. Having never liked Paris, he built, at Versailles, five miles away, a splendid palace to which the seat of government was transferred in 1682.

Louis XIV's interest in the arts, elegance and display brought splendor at all levels to Versailles, which became famous for its numerous and magnificent banquets and festivals, not to mention its pageants. While the king became known as the Sun King, the monarchy grew more and more isolated from the people and therefore assumed an increasingly mythical quality. This was a time of triumph for *haute cuisine*. *Etiquette* became a form of governing, and eating a form of public social performance. The king's meals at Versailles came from kitchens located about a quarter of a mile from where he ate. The royal dinner was carried in procession to the king's table under armed escort. A total of 498 attendants of one kind or another were required to provide Louis XIV with a meal. The ritual was so deliberate that it took three persons some seven to eight minutes just to bring him a glass of water!

Midday dinner was a private meal *au petit couvert*, eaten by the king in his own room, sometimes attended by his brother and, later, his son. On special occasions, he supped in public *au grand couvert*, with members of the royal family. The setting of the table and the serving of the meal were closely regulated. The most important course in a seventeenth century meal was the biggest. Silver tureens formed the principal decoration of any banquet. The first course was generally an elegant soup. The second course consisted of a substantial piece of meat or fish, elaborately garnished. It was called *rôti* (roast)

Louis XIV à table

even if it was not roasted. The diners ate primarily what they could reach. Only the highest ranking people would practice the custom of using water and a towel for hand-washing while at the table. Only the king ate bare-headed. Other gentlemen removed their hats when grace was said and wore them throughout the meal except when a toast was offered.

   Although the use of forks had become a standard practice in the higher classes of society, Louis XIV ate with his fingers all his life. Some viewed him as a tyrant, others as an idol, but what is certain is that if his reign contributed greatly to the development of French cuisine, it also brought about the end of the monarchy. The power of the sun, which he had used as his symbol (*le Roi soleil*) for so many years, was soon to decline, foreshadowing the troublesome times of the French Revolution.

Louis XIV, roi-gourmet° ou roi-gourmand°?

Louis XIV était ce qu'on appelle aujourd'hui une belle fourchette.° N'entendant rien° à la cuisine, raillant° avec raison Marie-Thérèse, sa femme, qui grignotait° toute la journée, il ne prenait rien entre ses repas, «rien, pas même un

---

gourmet = *qui aime la nourriture raffinée, de qualité* | **gourmand** = *quelqu'un qui mange en grande quantité* | **la fourchette** fork | **n'entendre rien à** = *ne rien comprendre à* | **railler** = *se moquer de* | **grignoter** to nibble

fruit»; mais il s'amusait à «voir manger et manger à en crever°». Lui-même
5   dévorait en° vrai glouton. La princesse palatine° nous dit qu'elle l'a vu souvent
«manger quatre assiettes° de soupes diverses, un faisan° entier, une perdrix,° une
grande assiette de salade, deux grandes tranches° de jambon, du mouton au jus
et à l'ail,° une assiette de pâtisserie, et puis encore du fruit et des œufs durs°». Il
tenait° de sa mère cet appétit prodigieux et toujours en éveil.° «Aux premières
10   cuillerées de potage,° l'appétit s'ouvrait et il mangeait si prodigieusement et si
solidement soir et matin, et si également° encore qu'on ne s'accoutumait point° à
le voir. Un vendredi du mois de juin 1708, étant indisposé, fatigué, abattu° au
point qu'il ne put faire maigre,° il voulut bien qu'on ne lui servît à dîner que des
croûtes,° un potage aux pigeons et trois poulets rôtis; le soir, il prit du bouillon
15   avec du pain et point de° viande.» Cela passa mal,° de sorte que° le lendemain,
son état empirant,° on ne lui donna encore que «des croûtes, un potage avec une
volaille° et trois poulets rôtis, dont il mangea, comme le vendredi, quatre ailes,°
les blancs° et une cuisse°». C'était là pour lui un menu de malade, et à vrai dire il
ne cessa guère° de l'être après qu'il eut passé° quarante ans.
20   L'estomac n'est pas courtisan.° On a beau s'appeler° Louis XIV, quand on se
bourre de° nourriture, qu'on a de mauvaises dents et qu'on ne prend pas le temps
de mâcher,° il faut souvent avoir recours au° médecin. Fallot, Daquin et Fagon
ont successivement tenu° de la santé de leur royal client un journal bien curieux
et bien humiliant, surtout pour un si puissant roi.
25   C'est que le Louis XIV des médecins n'est pas le Louis XIV de l'histoire
officielle; ce n'est pas le brillant cavalier si aimé des dames, l'auguste souverain
dont toute la personne revêt° une incomparable majesté, et dont personne ne
peut supporter le regard.° Ce fut d'abord un jeune homme faible, malsain,°
lymphatique,° valétudinaire° avant l'âge; puis bientôt après, un vieillard°
30   morose, sujet aux vertiges et aux indigestions, tourmenté par les rhumatismes, la

---

à en crever = *à en mourir* | **en** = *comme un* | **la princesse palatine** = *belle-sœur du Roi, qui
avait elle-même un très grand appétit* | **l'assiette** *f* plate | **le faisan** pheasant | **la
perdrix** partridge | **la tranche** slice | **l'ail** *m* garlic | **dur** hard-boiled | **il
tenait** = *il avait hérité* | **en éveil** = *actif, qui ne dort pas* | **la cuillerée de potage** spoonful
of soup | **également** regularly | **on... à le voir** = *on ne s'habituait pas à voir le roi comme ça* |
abattu = *découragé, extrêmement triste* | **faire maigre** = *manger un repas sans viande* | **la
croûte** crust | **point de** = *pas de* | **passer mal** = *être difficile à digérer* | **de sorte que** so
that | **empirer** = *devenir plus mauvais* | **une volaille** fowl | **l'aile** *f* wing | **le
blanc** chicken breast | **la cuisse** drumstick | **ne... guère** not really | **il eut passé** =
il avait passé | **courtisan** courtier, flatterer | **on a beau s'appeler** = *même si on s'appelle* |
se bourrer de to stuff oneself with | **mâcher** to chew | **avoir recours à** = *faire appel à* |
tenir un journal to keep a diary | **revêtir** = *présenter* | **le regard** glance | **malsain** =
en mauvaise santé | **lymphatique** = *sans énergie* | **valétudinaire** = *de santé précaire, maladif* |
le vieillard = *le vieil homme*

gravelle,° la goutte,° la fièvre, les catarrhes,° abreuvé de° tristesses, de chagrins° et de dégoûts.° A cet égard,° nul° homme ne fut plus homme.

Malgré tout, dans ces grands appartements de Versailles où le vieux roi, sans cesse médicamenté,° saigné° et purgé, gèle° en face de la Maintenon,° il reste
35 esclave° de l'étiquette. En public, il ne fléchit° pas un instant sous ce poids° écrasant°; il impose jusqu'à la fin le respect et l'obéissance passive. On devrait servir Dieu comme on sert le roi, écrit Madame de Sévigné°; et presque mourant, il soutient° encore de ses mains débiles° tout l'appareil° du pouvoir absolu qui va disparaître avec lui.

40 Mais aux yeux de la Cour, Louis XIV n'est plus un être humain; c'est un monument immuable° dans sa grandeur, qui personnifie la royauté, et qui semble devoir rester debout toujours. «Me croyiez-vous donc immortel?» dit-il au dernier moment à ceux qui pleuraient autour de lui; et Chamfort° nous a conservé cette exclamation naïve d'un courtisan : «Après la mort du roi, on peut
45 tout croire!» Pas moins, quand on ouvrit le corps de ce demi-dieu,° «son estomac surtout étonna, et ses boyaux° par leur volume et leur étendue° au double de l'ordinaire, d'où lui vint d'être° si grand mangeur et si égal°».

Alfred Franklin, La Vie privée d'autrefois

Qu'en pensez-vous?

Etes-vous d'accord ou non avec les déclarations suivantes? Justifiez votre réponse.

1. Louis XIV, tout comme sa femme Marie-Thérèse, aimait grignoter entre les repas.
2. Il pouvait manger comme un vrai glouton.
3. Il tenait de son père cet appétit prodigieux.
4. Il faisait toujours maigre le vendredi, selon la coutume catholique traditionnelle.
5. Quand il était abattu, il refusait de manger.
6. Ses excès ont été mauvais pour sa santé pendant toute sa vie.
7. Pourtant, les courtisans de Versailles le considéraient comme un demi-dieu.
8. Quand ils ont fait l'autopsie de Louis XIV après sa mort, ses médecins ont découvert qu'il avait des boyaux gigantesques.

---

la gravelle gravel (a condition of the bladder and kidneys) / **la goutte** gout / **les catarrhes** *m* catarrh (inflammation of a mucous membrane) / **abreuvé de** = *plein de* / **le chagrin** sorrow / **le dégoût** disgust, distaste / **à cet égard** = *de ce point de vue* / **nul** = *aucun* / **médicamenté** medicated / **saigné** bled / **geler** to freeze / **la Maintenon** = *Mme de Maintenon, que Louis XIV épousa en 1683* / **l'esclave** *m, f* slave / **fléchir** to bend / **le poids** weight / **écrasant** crushing / **Mme de Sévigné** = *écrivain du 17ᵉ siècle* / **soutenir** = *supporter* / **débile** = *faible* / **l'appareil** *m* apparatus / **immuable** unchanging / **Chamfort** = *moraliste français du 18ᵉ siècle* / **le demi-dieu** half god / **les boyaux** *m* bowels / **l'étendue** *f* extent, size / **d'où... être** which accounted for his being / **égal** = *régulier*

Nouveau contexte

Complétez les phrases suivantes en employant les termes appropriés. Employez chaque terme une seule fois.

Noms : glouton *m*; gourmet *m*; maladies *f*; poulet *m*; tranche *f*
Verbes et expressions verbales : se bourre; crever; mâcher; tient de
Adjectif : égal

Complainte imaginaire d'une courtisane

Ah, mon Roi ne mange pas comme un oiseau! Il a un appétit extraordinaire qu'il _____1_____ sa mère! Il peut manger à en _____2_____! Ses mauvaises habitudes ont affecté sa santé et il est tout le temps malade! Il _____3_____ de nourriture, ne prend pas le temps de _____4_____ et a constamment recours à ses médecins.

Mon Roi, habitué aux splendeurs de Versailles, ne se contenterait pas d'une _____5_____ de bœuf succulente. Pour lui, le _____6_____ n'est jamais assez blanc! Ah, pourquoi a-t-il fallu que la princesse d'Autriche épouse un si grand mangeur! Il a l'appétit toujours en éveil et toujours si _____7_____ qu'il dévore sans arrêt. Un régime aussi excessif ne pourra lui apporter qu'une vieillesse bien triste, pleine de _____8_____ provoquées par ses mauvaises habitudes alimentaires. Il mange toujours avec excès. Ce n'est qu'un grand _____9_____! Ne venez pas me dire qu'il est _____10_____!

Vocabulaire satellite

ne plus avoir faim   to be full
le **plat**   dish
l' **assiette** *f*   plate
le **verre**   glass
le **couvert**   place setting
la **tasse**   cup
la **nappe**   tablecloth
la **serviette**   napkin
avoir un appétit d'oiseau   to have a very small appetite
manger comme un goinfre   to eat like a pig
avoir une alimentation équilibrée   to have a balanced diet
avoir mal au cœur   to have indigestion

être au régime   to be on a diet
immangeable   inedible
mettre le couvert   to set the table
se **mettre à table**   to sit down to eat
mettre les coudes sur la table   to put one's elbows on the table
la **viande**   meat
la **charcuterie**   cold cuts
le **poisson**   fish
les **légumes** *m*   vegetables
le **fromage**   cheese
le **pâté de foie**   liver pâté
grossir (maigrir)   to gain (lose) weight
avoir un taux de cholestérol élevé   to have a high cholesterol rate

Pratique de la langue

1. Complétez les déclarations suivantes du point de vue de Louis XIV :
   a. Je n'aime pas faire maigre le vendredi parce que je déteste...
   b. Je grossis. J'ai besoin d'être...
   c. Bah! Quel mauvais repas! Décidément mon cuisinier a préparé un dîner...
   d. Mes médecins disent que la charcuterie, la viande et le fromage ne sont pas bons pour moi parce que...
   e. Mon repas idéal quand je suis malade, c'est... et quand je suis en bonne santé, c'est...
   f. La seule chose qui m'ennuie, c'est que je suis toujours malade, j'ai...
   g. Il est évident que mes courtisans à Versailles n'ont pas les meilleures manières quand ils sont à table! Ils...
2. Faites une liste de trois choses dangereuses pouvant résulter de mauvaises habitudes alimentaires.
3. Jouez les situations suivantes :
   a. Le roi Louis XIV commande un de ses repas du lendemain à son cuisinier.
   b. Le roi Louis XIV est à table avec sa femme la princesse Marie-Thérèse d'Autriche, qui attaque ses habitudes alimentaires. Imaginez une conversation qui se termine en dispute.

Vincent Van Gogh

The late nineteenth-century French impressionist painters, among them Manet, Monet, Van Gogh, Seurat, Cézanne and Gauguin, have always been held in high esteem by the American public. In fact, American art dealers were among the first to recognize the artistic genius of these artists and purchase their paintings. Vincent Van Gogh, whose "Portrait of Dr. Gachet" sold for a record 75 million dollars at Christie's in 1990, is one of the most respected and prized impressionist painters.

The oldest of six children, Van Gogh was born on March 30, 1853, in the village of Groot Zundert, Holland. As a child he loved nature and enjoyed taking peaceful walks in the nearby woods, sometimes accompanied by his younger brother Theo, who gradually became his best friend.

Their father was a minister and their uncles were art dealers. Theo, in fact, successfully followed in his uncles' footsteps. The same was not true for Vincent, however, who had no success in his attempt to become an art dealer in the family businesses in The Hague, London, and Paris.

He then tried to become a missionary in a poor mining district in Belgium. He also failed at this occupation, for not only was he an uninspired preacher, but he threw himself into the endeavor with such an overabundance of

Vincent Van Gogh

Christian zeal—he lived in a simple hut and even gave away his clothing to needy miners—that his mission created somewhat of a scandal. Van Gogh's first ambitious painting, "The Potato Eaters" (1885), depicts a humble family of miners dining on a simple meal of potatoes.

After two unhappy romances—one with a cousin and the other with an alcoholic prostitute with a young child—he decided to move to Paris to be near Theo, who was working in the family art business. There he took art lessons and met a number of impressionist painters, notably Seurat and Gauguin.

In 1888 Van Gogh's passion for color and light inspired him to go to the village of Arles, located in southern France. Although he had dreams of establishing an art colony there, the only artist he could convince to join him was Gauguin. At first Gauguin did provide the personal and professional companionship that Van Gogh so sorely needed, but the two had such opposing temperaments and visions of art that they soon began to quarrel. Gauguin left abruptly for Paris on Christmas Eve 1889 and Van Gogh, in a sudden act of self-destruction, cut off his own right ear.

From that time until his death by suicide in 1890, Van Gogh's life was plagued by mental illness, which was aggravated by his desperate living conditions—he drank to excess, lived only on coffee for days at a time, and often did not have enough money to pay for canvases and paints. His life would have been even more intolerable had it not been for the continuous financial and personal support of Theo, who also encouraged his brother in his art and arranged for the sale of the only painting that Van Gogh sold during his lifetime.

The famous correspondence between Vincent and Theo, which continued virtually uninterrupted from 1872 to 1889, provides the major source of insight into Van Gogh's personal and artistic life. The following three letters demonstrate his conception of art and his compassion for Belgian coalminers.

Trois lettres à son frère Théo

Lettre I

avril 1879

Il n'y a pas longtemps j'ai fait une excursion fort intéressante, j'ai notamment passé six heures dans une mine.

5   Et encore dans une des mines les plus vieilles et les plus dangereuses des alentours,° nommée Marcasse. Cette mine a une très mauvaise réputation par suite des° nombreux accidents qui s'y produisent, soit° à la descente, soit à la remonte,° soit à cause de l'air étouffant° ou des explosions de grisou,° ou l'eau souterraine, ou l'effondrement° d'anciennes galeries,° etc. C'est un endroit
10   sombre et à première vue tout dans son voisinage° a un aspect° morne° et funèbre.°

Les ouvriers de cette mine sont généralement des gens émaciés et pâles de fièvre, ils ont l'aspect fatigué et usé,° hâlé° et vieux avant l'âge, les femmes en général sont blêmes° et fanées.° Autour de la mine, des misérables habitations de
15   mineurs, avec quelques arbres morts complètement enfumés,° des haies° de ronces,° des tas° de fumier° et de cendres,° des montagnes de charbons° inutilisables.

Lettre II

août 1888

20   Au lieu de chercher à rendre exactement ce que j'ai devant les yeux, je me sers° de la couleur plus arbitrairement pour m'exprimer° fortement.

Lettre I : les alentours *m* vicinity / **par suite de** = *en conséquence de* / **soit... soit... soit...** either . . . or . . . or . . . / **la remonte** ascent / **étouffant** suffocating / **le grisou** fire-damp (a combustible mine gas) / **l'effondrement** *m* collapse / **la galerie** tunnel / **le voisinage** neighborhood / **l'aspect** *m* look / **morne** = *sombre, lugubre* / **funèbre** = *lugubre, triste* / **usé** worn out / **hâlé** tanned, browned / **blême** = *pâle* / **fané** faded / **enfumé** blackened (here, by coal dust) / **la haie** hedge / **la ronce** bramble / **le tas** pile / **le fumier** manure / **la cendre** ash / **le charbon** coal / **Lettre II : se servir de** = *utiliser* / **s'exprimer** = *se faire comprendre*

Enfin, laissons cela tranquille en tant que théorie,° mais je vais te donner un exemple de ce que je veux dire.

25 Je voudrais faire le portrait d'un ami artiste, qui rêve de grands rêves, qui travaille comme le rossignol° chante, parce que c'est ainsi sa nature. Cet homme sera blond. Je voudrais mettre dans le tableau mon appréciation, mon amour que j'ai pour lui.

Je le peindrai donc tel quel,° aussi fidèlement que je pourrai, pour commencer.

30 Mais le tableau n'est pas fini ainsi. Pour le finir je vais maintenant être coloriste arbitraire.

J'exagère le blond de la chevelure,° j'arrive aux tons orangés, aux chromes,° au citron° pâle.

Derrière la tête, au lieu de peindre le mur banal du mesquin° appartement, je 35 peins l'infini, je fais un fond° simple du bleu le plus riche, le plus intense que je puisse confectionner,° et par cette simple combinaison la tête blonde éclairée° sur ce fond bleu riche obtient un effet mystérieux comme l'étoile° dans l'azur° profond.

Lettre III

40   avril 1882

Il faut bien comprendre comment je considère l'art. Pour arriver à la vérité, il faut travailler longtemps et beaucoup. Ce que je veux et ce à quoi je vise,° est bigrement° difficile, et pourtant je ne crois pas viser trop haut.

45 Je veux faire des dessins, qui *frappent*° certaines gens.

Soit dans la figure,° soit dans le paysage,° je voudrais exprimer non pas quelque chose de sentimentalement mélancolique, mais une profonde douleur.°

Somme toute,° je veux arriver au point qu'on dise de mon œuvre : cet homme sent° profondément, et cet homme sent délicatement.

50 Que suis-je aux yeux de la plupart°—une nullité° ou un homme excentrique ou désagréable—quelqu'un qui n'a pas de situation° dans la société ou qui n'en aura pas, enfin un peu moins que rien.

---

laissons... théorie let's put theory aside / **le rossignol** nightingale / **tel quel** as is / **la chevelure** = *les cheveux* / **le chrome** chromium (metallic blue-white) / **le citron** (lemon) yellow / **mesquin** meager / **le fond** background / **confectionner** = *faire* / **éclairé** = *illuminé* / **l'étoile** *f* star / **l'azur** *m* = *le ciel bleu* / **Lettre III : viser** to aim at / **bigrement (fam.)** = *très* / **frapper** = *impressionner* / **la figure** = *le visage* / **le paysage** landscape / **la douleur** = *la souffrance* / **somme toute** in short / **sentir** to feel / **la plupart** = *le plus grand nombre* (*de gens*) / **la nullité** = *une personne sans talent ni valeur* / **la situation** place

Bon, suppose qu'il en soit exactement ainsi, alors je voudrais montrer par mon œuvre ce qu'il y a dans le cœur d'un tel excentrique, d'une telle nullité.

55 C'est mon ambition, qui est moins fondée sur la rancœur° que sur l'amour «malgré tout», plus fondé sur un sentiment de sérénité que sur la passion. Encore que° je sois souvent dans la misère, il y a pourtant en moi une harmonie et une musique calme et pure. Dans la plus pauvre maisonnette, dans le plus sordide petit coin,° je vois des tableaux ou des dessins. Et mon esprit va dans cette

60 direction par une poussée° irrésistible.

L'art demande un travail opiniâtre,° un travail malgré tout et une observation toujours continue.°

Georges Philippart, *Lettres de Vincent Van Gogh à son frère Théo*

Qu'en pensez-vous?

Etes-vous d'accord ou non avec les déclarations suivantes? Justifiez votre réponse.

1. Van Gogh a passé une demi-heure dans une mine.
2. Selon lui, cette mine a une très bonne réputation.
3. Les mineurs et leurs familles sont en bonne santé.
4. En faisant le portrait d'un ami artiste, Van Gogh voudrait montrer son amour pour cet ami.
5. Pour commencer, il peindra son ami aussi fidèlement que possible.
6. Ensuite, il deviendra coloriste arbitraire.
7. Van Gogh emploie la couleur rouge pour peindre l'infini.
8. Van Gogh pense qu'il faut travailler longtemps et beaucoup.
9. Il voudrait faire des dessins qui frappent par leur douleur.
10. Il pense que la plupart des gens ont beaucoup de respect pour lui.
11. Van Gogh aime peindre les gens riches.

Nouveau contexte

Complétez les phrases suivantes en employant les termes appropriés. Employez chaque terme une seule fois.

Noms : amour *m*, dessins *m*, misère *f*, nullité *f*, peintre *m*, peinture *f*
Verbes : m'exprimer, frappent, travaillent, vises
Adjectif : émaciés
Adverbe : profondément

DENIS Ma mère, j'ai décidé de devenir _____1_____ .
MÈRE Comment? Est-ce que tu es fou? Tu vas devenir avocat!

---

la rancœur rancor, enmity / **encore que** although / **le coin** corner / **la poussée** push / **opiniâtre** = *obstiné* / **continu** = *sans interruption*

DENIS   Tu sais que je fais des _____2_____ et des tableaux depuis longtemps.

MÈRE   Tu sens _____3____, c'est vrai, et tu as du talent, mais tu ne _____4____ pas assez haut.

DENIS   Mais j'adore la _____5____ !

MÈRE   Je sais bien, Denis. Mais si tu ne réussis pas, on va te traiter comme une _____6_____ !

DENIS   Mais je vais réussir, maman. Je vais travailler constamment.

MÈRE   Mais pourquoi, Denis? Je ne comprends pas...

DENIS   Je voudrais faire des tableaux qui _____7____ certaines gens. Je voudrais mettre dans mes tableaux mon _____8____ pour les pauvres qui sont dans la _____9____, pour les mineurs _____10____ et pâles qui _____11____ dans les mines, pour les clochards (*bums*) qui ont faim... Je voudrais _____12____ fortement!

MÈRE   J'essayerai de comprendre, Denis. Tu sais que je t'aime beaucoup.

Vocabulaire satellite

le **tableau**   painting
la **peinture**   painting; the art of painting
le **dessin**   sketch
dessiner   to sketch
le **peintre**   painter
peindre   to paint
l' **aquarelle** *f*   watercolor
la **peinture à l'huile**   oil painting
le **musée**   museum
l' **exposition** *f*   art show
le (la) **marchand(e) de tableaux**   art dealer

vendre (acheter) aux enchères   to sell (to buy) at auction
le **style (réaliste, romantique, impressionniste, etc.)**   (realistic, romantic, impressionist, etc.) style
le **sujet**   subject
le **ton**   tone
la **couleur**   color
la **ligne**   line
la **technique**   technique

Pratique de la langue

1. Préparez un des dialogues suivants et jouez-le avec un(e) camarade de classe :
   a. Van Gogh et un(e) étudiant(e) d'art
   b. Van Gogh et son psychiatre
   c. Van Gogh et un(e) marchand(e) de tableaux enthousiaste
   d. Van Gogh et son frère Théo
   e. Van Gogh et un critique hostile.
2. Imaginez que vous êtes critique d'art et que vous critiquez une nouvelle exposition d'art (de Van Gogh, de?). Ecrivez votre critique et lisez-la devant la classe.
3. Imaginez que vous êtes le directeur (la directrice) d'un musée d'art très riche et que vous êtes chargé(e) d'acheter un nouveau tableau. Quel tableau allez-vous acheter et pourquoi?

4. Un(e) de vos ami(e)s songe à abandonner sa carrière de médecin pour devenir peintre, et il (elle) vous demande conseil. Préparez un dialogue et jouez-le avec un(e) camarade de classe.

5. Imaginez que vous êtes un marchand de tableaux et que vous venez de trouver un tableau de Van Gogh dans le grenier (*attic*) de votre grand-mère. Qu'est-ce que vous allez faire avec ce tableau?

Sujets de discussion ou de composition

1. Aujourd'hui, à l'époque des gratte-ciel (*skyscrapers*) et de la construction rapide, avons-nous perdu la capacité d'apprécier l'œuvre d'art qu'est une cathédrale gothique? Quelles sont les différences essentielles entre un gratte-ciel et une cathédrale? Quelles sont les ressemblances?

2. Dans sa seconde vie, Louis XIV est devenu un fast-foodeur. Faites-lui comparer sa vie actuelle avec celle du 17e siècle, en commençant par : «Ah, quelle différence!»

3. Aimez-vous aller au musée? Si oui, décrivez une excursion que vous y avez faite. Si non, expliquez pourquoi vous n'aimez pas y aller.

8

La Francophonie

La Salle sur les bords du Mississippi

Louis Jolliet et Jacques Marquette

Through the course of history, the French have played a prominent role in discovering and exploring new territories. During the reign of François Ier, in the early moments of the French Renaissance, Jacques Cartier set sail for the New World on a voyage which culminated in his claiming Canada for the king in 1534. Under Henri IV the colonisation of Canada (then called Nouvelle-France) was undertaken by Samuel de Champlain, who founded Québec in 1608. Missionaries came in substantial numbers in the early seventeenth century to live and work among the Indians. Isaac Jogues, for example, a Jesuit missionary, became known as the Apostle of the Hurons; he was eventually massacred by the Iroquois in 1646.

Perhaps the most celebrated of the French missionaries was Jacques Marquette (1637–1675), a Jesuit priest who, with Louis Jolliet, would become the first white man to explore the upper Mississippi. Father Marquette went to Canada in 1666, and within two years he helped found a mission at Sault-Sainte-Marie, a site on the border between present-day Michigan and Ontario. In 1671 he established another mission at Saint-Ignace just north of the Straits of Mackinac. His career would take a new turn the following year with the arrival of Louis Jolliet (1645–1700). Born in Quebec, Jolliet had been educated by the Jesuits and had gone to Paris to study cosmography. In 1672 he was commissioned to lead an expedition whose purpose was to chart that prodigious body of water that the Indians had named Missi (great) Sipi (river). Some believed that the river flowed south to the Gulf of Mexico while others believed that it might lead to the Pacific Ocean.

Jolliet arrived in Saint-Ignace with orders from Père Marquette's superiors instructing the missionary to join Jolliet's expedition. In May 1673, Jolliet and Marquette, together with five companions, set out in two birchbark canoes. They reached the Mississippi on June 15 and continued downstream past the mouth of the Missouri River almost as far as the Arkansas. They stopped near the present border of Louisiana and Arkansas, fearing capture by Spanish settlers farther downstream and not wishing to risk losing all of the valuable data that they had gathered. They had achieved the goal of their mission, establishing that the Mississippi did indeed flow into the Gulf of Mexico. The total journey had covered nearly 3,000 miles.

Marquette was completely exhausted by the expedition and never did recover from it. He died in 1675 on the shores of Lake Michigan near the present site of Ludington, Michigan. Jolliet went on to be appointed the king's hydrographer, teaching others to map navigable waters. In 1694 he led another expedition which charted the coast of Labrador. Jolliet and Marquette's original voyage of discovery was completed in 1682 by another French explorer, René Robert Cavelier, sieur de La Salle, who sailed down the river all the way to its mouth and, in the process, claimed this vast area for France, naming it Louisiana in honor of King Louis XIV who had authorized his mission.

All of Jolliet's papers were lost in a boating mishap near Montréal. Our knowledge of the Jolliet-Marquette expedition comes from the work of Jacques Marquette, *Découverte de quelques pays et nations de l'Amérique septentrionale* (North America). The following excerpt from Marquette's notes tells us of an episode near the Iowa River where the party encountered Illinois Indians who gave Marquette a calumet (peace pipe) to use as a symbol of peaceful intentions when meeting other Indian tribes downstream.

Marquette, Jolliet, et les Illinois

Le 25 juin, nous aperçûmes° sur le bord° de l'eau des pistes° d'homme, et un petit sentier° assez battu° qui entrait dans une belle prairie. Nous nous arrêtâmes pour l'examiner, et jugeant que c'était un chemin° qui conduisait° à quelque village de Sauvage,° nous prîmes résolution de° l'aller reconnaître.° Nous laissons donc
5 nos deux canots° sous la garde de nos gens, leur recommandant° bien de ne pas se laisser surprendre, après quoi M. Jolliet et moi entreprîmes° cette découverte° assez hasardeuse pour deux hommes seuls,° qui s'exposent à la discrétion d'un peuple barbare et inconnu. Nous suivons en silence ce petit sentier, et après avoir fait environ° deux lieues,° nous découvrîmes° un village sur le bord° d'une
10 rivière, et deux autres sur un coteau° écarté° du premier d'une demi-lieue. Ce fut pour lors° que nous nous recommandâmes à Dieu de bon cœur,° et ayant imploré son secours,° nous passâmes outre° sans être découverts, et nous vînmes° si près que nous entendions même parler les Sauvages. Nous crûmes° donc qu'il était temps de nous découvrir,° ce que nous fîmes° par un cri que nous
15 poussâmes° de toutes nos forces, en nous arrêtant sans plus avancer. A ce cri les Sauvages sortent promptement de leurs cabanes,° et nous ayant probablement reconnus pour Français, surtout voyant une Robe-Noire, ou du moins° n'ayant aucun sujet de défiance,° puisque° nous n'étions que deux hommes et que nous les avions avertis de° notre arrivée, ils députèrent° quatre vieillards pour nous
20 venir parler,° dont deux portaient des pipes à prendre du tabac,° bien ornées° et

---

apercevoir to notice / **le bord** edge / **la piste** track / **le sentier** path / **assez battu** rather beaten / **le chemin** way, road / **conduire** to lead / **Sauvage** = *Indien* / **prendre résolution de** to resolve / **l'aller reconnaître** = *aller le reconnaître (explorer)* / **le canot** canoe / **recommander** = *exhorter* / **entreprendre** to undertake / **la découverte** = *l'exploration* / **seul** alone / **environ** = *approximativement* / **la lieue** league *(2 lieues = 5 miles)* / **découvrir** = *trouver* / **le bord** bank / **le coteau** slope / **écarté** = *séparé* / **pour lors** = *à ce moment-là* / **de bon cœur** = *avec plaisir* / **le secours** = *l'aide* / **passer outre** = *aller plus loin* / **vînmes** = *venir (passé simple)* / **crûmes** = *croire (passé simple)* / **se découvrir** = *se faire connaître* / **fîmes** = *faire (passé simple)* / **pousser** to utter / **la cabane** hut / **du moins** at least / **n'ayant... défiance** having no reason for distrust / ˋ**puisque** since / **avertir de** = *annoncer* / **députer** = *envoyer comme député* / **pour nous venir parler** = *pour venir nous parler* / **le tabac** tobacco / **orné** ornate

Marquette et Jolliet sur le Mississippi

empanachées de divers plumages.° Ils marchaient à petits pas,° et, élevant leurs
pipes vers le soleil, ils semblaient lui présenter à fumer,° sans néanmoins° dire
aucun mot.° Ils furent assez longtemps à faire le peu de chemin° depuis° leur
village jusqu'à nous. Enfin, nous ayant abordés,° ils s'arrêtèrent pour nous
25 considérer avec attention. Je me rassurai° en voyant ces cérémonies qui ne se
font° parmi eux qu'entre amis, et bien plus° quand je les vis° couverts d'étoffe,°
jugeant par là qu'ils étaient de nos alliés. Je leur parlai donc le premier, et je leur
demandai qui ils étaient; ils me répondirent qu'ils étaient Illinois et pour marque
de paix, ils nous présentèrent leur pipe pour pétuner.° Ensuite ils nous invitèrent
30 à entrer dans leur village, où tout le peuple nous attendait avec impatience.°

    Voyant tout le monde assemblé en silence, je leur parlai par quatre présents
que je leur fis. Par le premier je leur disais que nous marchions en paix pour
visiter les nations qui étaient sur la rivière jusqu'à la mer. Par le second je leur

empanaché de divers plumages decorated with different feathers / **à petits pas** with short
steps / **ils semblaient... fumer** they seemed to be offering it (the sun) something to smoke /
néanmoins nevertheless / **sans dire aucun mot** without saying a single word / **le peu de
chemin** the small distance / **depuis** from / **aborder** to reach / **se rassurer** to be
reassured / **se font** = *ont lieu* / **bien plus** even more so / **vis** = *voir* (*passé simple*) /
l'étoffe *f* fabric, material (i.e., unusual dress for Indians) / **pétuner** = *fumer* / **avec
impatience** anxiously

déclarai que Dieu qui les a créés avait pitié d'eux, puisque après tout ce temps
35 qu'ils l'ont ignoré,° il voulait se faire connaître à tous ces peuples; que j'étais
envoyé de sa part pour ce dessein,° que c'était à eux à le reconnaître et à lui obéir.
Par le troisième, que le grand capitaine des Français leur faisait savoir° que
c'était lui qui mettait° la paix partout et qui avait dompté° l'Iroquois. Enfin, par
le quatrième, nous les priions° de nous donner toutes les connaissances° qu'ils
40 avaient de la mer et des nations par lesquelles nous devions passer pour y arriver.

Quand j'eus fini° mon discours, le capitaine se leva, et tenant la main sur la
tête d'un petit esclave° qu'il nous voulait donner,° il parla ainsi : «Je te remercie,
Robe-Noire, et toi, François—s'adressant à M. Jolliet—de ce que vous prenez
tant de peine° pour nous venir visiter°; jamais la terre n'a été si belle ni le soleil si
45 éclatant° qu'aujourd'hui; jamais notre rivière n'a été si calme, ni si nette de
rochers,° que vos canots ont enlevés° en passant; jamais notre pétun° n'a eu si
bon goût,° ni nos blés° n'ont paru° si beaux que nous les voyons maintenant.
Voici, mon fils, ce que je te donne pour te faire connaître mon cœur; je te prie
d'avoir pitié de moi et de toute ma nation. C'est toi qui connais le Grand Génie°
50 qui nous a tous faits. C'est toi qui lui parles et qui écoutes sa parole.° Demande-
lui qu'il me donne la vie et la santé,° et viens demeurer° avec nous pour nous le
faire connaître.» Cela dit,° il mit le petit esclave proche de° nous, et nous fit un
second présent, qui était un calumet° tout° mystérieux, dont ils font plus d'état°
que d'un esclave. Il nous témoignait° par ce présent l'estime qu'il faisait de
55 monsieur notre Gouverneur, sur le récit que nous lui en avions fait°; et par un
troisième, il nous priait, de la part de toute sa nation, de ne pas passer outre, à
cause des grands dangers où nous nous exposions.

Ernest Gagnon, Louis Jolliet

Qu'en pensez-vous?

Etes-vous d'accord ou non avec les déclarations suivantes? Justifiez votre réponse.

1. Les voyageurs aperçoivent des pistes d'animaux sur le bord de l'eau.
2. La découverte de Jolliet et Marquette est hasardeuse.
3. Ils trouvent deux villages sur le bord de la rivière.

---

ignorer = *ne pas connaître* / **le dessein** = *l'intention* / **faire savoir** to inform / **mettre** = *établir, fixer* / **dompter** to subdue / **prier** = *implorer* / **les connaissances** *f* = *les informations* / **j'eus fini** I had finished (*passé antérieur*) / **l'esclave** *m* slave / **nous voulait donner** = *voulait nous donner* / **tant de peine** so much trouble / **nous venir visiter** = *venir nous visiter* / **éclatant** bright / **nette de rochers** clear of rocks / **enlever** to remove / **le pétun** = *le tabac* / **le goût** taste / **le blé** corn / **paraître** = *sembler* / **le Génie** Spirit / **la parole** word / **la santé** health / **demeurer** = *vivre* / **cela dit** that having been said / **proche de** near / **le calumet** = *la pipe* / **tout** = *très* / **faire état de** = *estimer* / **témoigner** = *faire connaître* / **sur le récit... fait** based on what we had told him

4. Jolliet et Marquette font connaître leur présence aux Sauvages.
5. Les Sauvages n'ont pas peur des Français.
6. Ils abordent Jolliet et Marquette sans tarder.
7. Le narrateur est rassuré par les actions des quatre députés.
8. Les députés font voir qu'ils veulent la paix.
9. Le missionnaire a quatre messages à transmettre.
10. Le capitaine, lui, a trois messages à transmettre.

Nouveau contexte

Complétez les phrases suivantes en employant les termes appropriés. Employez chaque terme une seule fois.

Noms : bord *m*, découvertes *f*, paix *f*, secours *m*, sentier *m*
Verbes : avertir, ignores, paraît, pousser, rassure-toi, reconnais
Adjectifs : écarté, éclatant, quelque, seul

—Mes parents viennent de m' _____1_____ : cette année nous prenons nos vacances à la campagne. Nous faisons du camping!
—Ah! quel plaisir! Une tente sur le _____2_____ d'une rivière! Une promenade sur un _____3_____ battu! La _____4_____, la tranquillité, le calme!
—Ah oui, ça _____5_____ toujours plus gai quand on n'a pas besoin d'y aller soi-même!
—_____6_____, mon ami. Tu vas faire toutes sortes de belles _____7_____. Tu vas trouver des choses agréables que tu _____8_____ en ce moment : un bel après-midi sous un soleil _____9_____, un petit endroit _____10_____ où on peut demeurer _____11_____ avec ses pensées, etc.
—Je _____12_____ que tu as peut-être raison. Mais je crains toujours de rencontrer _____13_____ animal dans les bois. Qu'est-ce que je ferais alors?
—Tu n'as qu'à _____14_____ un cri.
—Crier «au _____15_____ »?
—Oui, et très fort!

Vocabulaire satellite

quelque chose de nouveau, de différent something new, different
l' **imprévu** *m* the unexpected
le **signe de la tête** nod
tenter sa chance to try one's luck
expérimenter to experiment
éprouver to experience
parcourir to travel through
se **faire surprendre** to be surprised (by someone or something)

se **perdre** to get lost
surmonter to overcome (an obstacle)
faire de nouvelles connaissances to make new acquaintances
tendre la main à quelqu'un to hold out one's hand to someone
serrer la main à quelqu'un to shake someone's hand
sourire to smile
s' **avancer** to come forward

prendre la parole   to begin to speak

faire signe de la main   to beckon

hardi   daring

aventureux, aventureuse venturesome

lâche   faint-hearted

Pratique de la langue

1. Préparez et jouez la scène suivante : Vous êtes dans un bois avec un(e) ami(e) et vous apercevez des pistes d'animal dans un sentier. Quelle est votre première réaction à tous deux (curiosité? crainte?)? Vous décidez finalement de suivre ces traces pour voir où elles vont vous mener.

2. Etes-vous jamais monté(e) dans un canot? Etait-ce une expérience agréable ou désagréable? Quelle est votre attitude générale vis-à-vis de l'eau? Aimez-vous la mer, le lac, l'étang? Aimez-vous monter en bateau? Pourquoi ou pourquoi pas? Ecrivez un dialogue (amusant? bizarre? réaliste?) dans lequel deux amis font une excursion en canot.

3. Jolliet et Marquette abordent un village qu'ils ne connaissent pas. Ils sont accueillis (*greeted*) par quatre vieillards qui les considèrent avec attention. Comme marque de paix, les vieillards emploient la pipe qu'ils élèvent vers le soleil et qu'ils présentent ensuite aux visiteurs pour fumer. Imaginez et jouez une scène dans laquelle vous et un ou deux camarades rencontrez un autre groupe de personnes étrangères. Quelle est votre réaction instinctive? (Chacun s'exprime ouvertement.) Comment faites-vous pour témoigner à ces étrangers votre attitude bienveillante (*friendly*)?

4. Vous faites une excursion à pied dans la forêt. Vous arrivez à un carrefour (*crossroads*). Le chemin de gauche est un chemin battu tandis que l'autre paraît beaucoup moins parcouru (*traveled*). Lequel des deux choisissez-vous? Pourquoi? Qu'est-ce que vous trouvez au bout du chemin?

Les Acadiens au Canada

Wasted are those pleasant farms, and the farmers forever departed!
Scattered like dust and leaves, when the mighty blasts of October
Seize them, and whirl them aloft, and sprinkle them far o'er the ocean.

Evangeline, 1847

The expulsion of the Acadians from their homeland in Nova Scotia in 1755, which Longfellow recounted in the poem *Evangeline*, is a tale of heart-wrenching separation. Acadian history began in 1632, when some forty families from France settled in Nova Scotia, which was then called Acadia and was under the control of the French. These industrious Acadians found their way to the fertile shores of the Minas Basin where they prospered by cultivating crops, raising livestock, and planting orchards.

In 1713 Acadia passed into the hands of the English, who changed its name

L'expulsion des Acadiens

to Nova Scotia and ordered all Acadians to pledge allegiance to the king of England. At first the Acadians steadfastly refused. However, threatened with immediate expulsion if they did not sign the oath, they finally pledged their allegiance in 1729, but with the provision that they never be required to bear arms against the French.

The English were content to accept this compromise until Charles Lawrence became governor of Nova Scotia in 1745. Lawrence perceived the Acadians as loyal allies of France, which had mounted a successful expedition into Nova Scotia in 1747, winning back some territory. Ambitious and unscrupulous, he devised a plan in early 1755 that would rid Nova Scotia of all Acadians, and he charged John Winslow, a colonel from Massachusetts, with the task of implementing it.

On September 4, 1755, Winslow sent couriers to the various villages in the Minas Basin, ordering all male Acadians, in the name of the king of England, to assemble the next day in the church of the village of Grand-Pré. On September 5 he read a proclamation to the 418 Acadian males of all ages who had assembled, informing them that they must forfeit their land, homes, and livestock, and accept immediate deportation, with their families, from Nova Scotia. (It turned out that the king of England knew nothing of this; Lawrence had used his name to assure full compliance with the order.)

Following is an account of John Winslow's proclamation to the 418 males who assembled in the church in Grand-Pré on September 5, 1755.

L'expulsion des Acadiens

A trois heures précises, quatre cent dix-huit Acadiens de tout° âge étaient réunis° dans l'église. Quand les derniers furent° entrés, et les portes fermées et gardées, le commandant,° accompagné de quelques officiers, vint se placer debout,° dans le chœur,° devant une table sur laquelle il posa ses instructions et l'adresse qu'il
5 avait à lire.

Il promena° un instant ses regards sur cette foule° de figures hâlées° par le soleil, qui le fixaient dans un anxieux silence; puis il leur lut° l'adresse suivante que traduisait à mesure° un interprète :

«Messieurs, j'ai reçu de Son Excellence le gouverneur Lawrence les
10 instructions du roi, que j'ai entre les mains. C'est par ses ordres que vous êtes assemblés, pour entendre la résolution finale de Sa Majesté concernant les habitants français de cette sienne° province de la Nouvelle-Ecosse,° où depuis près d'un demi-siècle vous avez été traités avec plus d'indulgence qu'aucuns° autres de ses sujets dans aucune partie de ses Etats. Vous savez mieux que tout
15 autre quel usage vous en avez fait.

«Le devoir que j'ai à remplir, quoique nécessaire, m'est très désagréable et contraire à ma nature et à mon caractère, car je sais qu'il doit vous être pénible° étant de même sentiment que moi. Mais il ne m'appartient pas° de m'élever contre les ordres que j'ai reçus; je dois y obéir. Ainsi, sans autre hésitation, je vais
20 vous faire connaître les instructions et les ordres de Sa Majesté, qui sont que vos terres et vos maisons, et votre bétail° et vos troupeaux° de toutes sortes sont confisqués par la couronne,° avec tous vos autres effets, excepté votre argent et vos objets de ménage,° et que vous-mêmes vous devez être transportés hors de° cette province.

25 «Les ordres péremptoires° de Sa Majesté sont que tous les habitants français de ces districts soient déportés; et, grâce à° la bonté de Sa Majesté, j'ai reçu l'ordre de vous accorder° la liberté de prendre avec vous votre argent et autant de° vos effets que vous pourrez emporter° sans surcharger° les navires° qui doivent vous recevoir. Je ferai tout en mon pouvoir pour que ces effets soient
30 laissés en votre possession et que vous ne soyez pas molestés° en les emportant, et aussi que chaque famille soit réunie dans le même navire, afin que cette

---

tout every / **réuni** assembled / **furent** = *être (passé simple)* / **le commandant** *i.e.,* John Winslow / **debout** standing / **le chœur** choir / **promener** to pass / **la foule** crowd / **la figure hâlée** tanned face / **lut** = *lire (passé simple)* / **à mesure** = *en même temps* / **cette sienne** this his / **la Nouvelle-Ecosse** Nova Scotia / **aucun** any / **pénible** = *difficile* / **il ne m'appartient pas** it does not behoove me / **le bétail** livestock / **le troupeau** flock / **la couronne** crown / **l'objet de ménage** *m* household good / **hors de** out of / **péremptoire** peremptory, final / **grâce à** thanks to / **accorder** = *donner* / **autant de** as many of / **emporter** to carry away / **surcharger** to overload / **le navire** ship / **molesté** persecuted

déportation, qui, je le comprends, doit vous occasionner° de grands ennuis,° vous soit rendue aussi facile que le service de Sa Majesté peut le permettre. J'espère que dans quelque partie du monde où le sort° va vous jeter, vous serez

35　des sujets fidèles, et un peuple paisible° et heureux.

　　«Je dois aussi vous informer que c'est le plaisir de Sa Majesté que vous soyez retenus sous la garde et la direction des troupes que j'ai l'honneur de commander.»

　　Winslow termina son discours en les déclarant tous prisonniers du roi.

40　　Il est plus facile d'imaginer que de peindre° l'étonnement et la consternation des Acadiens en écoutant cette sentence. Ils comprirent alors que les vagues soupçons° qu'ils avaient refusé d'entretenir° étaient trop fondés; et que cette assemblée n'avait été qu'un infâme° piège° où ils s'étaient laissé prendre.° Cependant ils ne se rendirent pas compte, du premier coup, de toute l'horreur de

45　leur situation : ils se persuadèrent que l'on n'avait pas réellement l'intention de les déporter.

Raymond Casgrain, Un pèlerinage au pays d'Evangéline

Postscript

From October 8 through October 21, some 3,000 Acadians were forced to board 13 vessels bound for Philadelphia, Boston, Maryland, and Virginia. Although Lawrence had promised to keep families intact, he in fact did everything in his power to separate them in order to lessen the chances of reunification.

　　Many Acadians were refused entry to ports; others died from disease, famine, and loneliness. Some made their way to Louisiana, where they became known as Cajuns, while others found their way back to Nova Scotia, where they settled peacefully on the shores of St. Mary's Bay, far from their original homeland in the Minas Basin.

Qu'en pensez-vous?

Etes-vous d'accord ou non avec les déclarations suivantes? Justifiez votre réponse.

1. Les Acadiens dans l'église étaient tout à fait à l'aise.
2. Le commandant a fait son discours dans un français impeccable.
3. Winslow a prétendu (*claimed*) que ses instructions étaient venues du roi d'Angleterre.
4. Les Acadiens, selon Winslow, ont été des sujets fidèles.
5. Winslow a prétendu qu'il était heureux d'accomplir ses instructions.
6. Il a appris aux Acadiens que tous leurs effets seraient confisqués.

---

occasionner = *causer* | **l'ennui** *m* = *le problème* | **le sort** fate | **paisible** peaceful |
peindre = *décrire* | **le soupçon** suspicion | **entretenir** to think about |
infâme infamous | **le piège** trap | **se laisser prendre** to let oneself be taken in

7. Les Acadiens ont appris aussi qu'ils seraient déportés.
8. Winslow a dit qu'il ferait tout son possible pour assurer que chaque famille soit réunie dans le même navire.
9. Après avoir terminé son discours, Winslow a ordonné aux Acadiens de quitter tout de suite l'église et de rentrer chez eux.
10. Les Acadiens pensaient que les instructions de Winslow n'avaient rien révélé de nouveau.
11. Ils pensaient que le roi n'allait pas vraiment les déporter.

Nouveau contexte

Complétez les phrases suivantes en employant les termes appropriés. Employez chaque terme une seule fois.

Noms : effets *m*, église *f*, navire *m*, prisonnier *m*, sujets *m*, terre *f*
Verbes : déporter, traiter
Adjectifs : confisqués, déportés, infâme, péremptoire

Lettre imaginaire d'un Acadien à sa femme

le 6 septembre 1755

Ma chère Sophie,

Je t'écris cette lettre secrète dans l' _____1_____ à Grand-Pré, où je suis _____2_____ des officiers de Sa Majesté. Comme tu sais déjà probablement, nous serons _____3_____ ! Quel ordre _____4_____ ! Comment peut-on nous _____5_____ ainsi?

Le commandant Winslow nous a informés que tous nos _____6_____, sauf notre argent et les objets de ménage que nous pouvons transporter, seront _____7_____. Est-ce que tu te rends compte? Nous allons perdre notre _____8_____ et notre maison! Mais tout ne sera pas perdu, car chaque famille sera réunie dans le même _____9_____. Winslow l'a promis.

Nous ne pouvons pas imaginer que Sa Majesté a vraiment l'intention de nous _____10_____. Après tout, ne sommes-nous pas des _____11_____ fidèles? Winslow a prétendu que l'ordre était _____12_____, mais nous ne le croyons pas.

Je t'écrirai une autre lettre, ma chère femme, quand je pourrai. J'espère que tu recevras celle-ci. Je t'embrasse tendrement.

Ton mari,
Charles

Vocabulaire satellite

la **déportation**   deportation
　　déporter   to deport
l' **oppresseur** *m*   oppressor

avoir la nostalgie du foyer   to long for home
séparé   separated

manquer à quelqu'un   to miss someone (*e.g., Tu me manques* = I miss you; *Je te manque* = You miss me)
réuni   reunited
se **souvenir de**   to remember
le **souvenir**   memory
subir de dures épreuves   to suffer hardships

s' **installer dans un pays étranger**   to settle in a foreign country
l' **immigrant(e)**   immigrant
devoir fidélité à   to owe allegiance to
persévérer   to persevere
vaincre   to overcome
l' **espoir** *m*   hope
se **révolter contre**   to revolt against

Pratique de la langue

1. Imaginez que vous êtes la femme d'un des Acadiens emprisonnés dans l'église à Grand-Pré. Vous décidez d'écrire une lettre de protestation au roi d'Angleterre.
2. Préparez un des dialogues suivants :
   a. Une conversation entre deux Acadiens dans l'église à Grand-Pré immédiatement après avoir entendu la proclamation de John Winslow.
   b. Une conversation où un «Cajun» de Louisiane explique la déportation à son petit-fils (sa petite-fille).
   c. Une conversation entre le commandant Winslow et un de ses officiers quelques minutes après la proclamation.
3. Imaginez que vous êtes un Acadien qu'on a déporté à Boston. Vous venez d'apprendre qu'on a déporté votre femme à Philadelphie. Ecrivez-lui une lettre.

Le colonialisme et ses victimes

The arrival of French troops in Algeria in 1830 launched France's colonial policy in North Africa. Hostilities between the French government and Algerian authorities were to last well over a century, culminating in Algerian independence in 1962.

Throughout the nineteenth century, the civilian, military, and administrative presence of the French in Algeria remained constant despite a series of political regimes in France ranging from the monarchy to the republic to the empire. Although most of these governments represented divergent ideologies and sometimes adopted varying attitudes towards the colonization process, they remained faithful to what was termed the "French mission to civilize."

From the outset, Arab resistance was strong and proud under the leadership of the great emir Abd-el-Kader, who led a ruthless war against the French for fifteen years (1832–1847). His major rival was Marshal Thomas Robert Bugeaud de Piconnerie, an aristocrat who was to be named Governor General of Algeria in 1840.

Troupes françaises en Algérie

The selection below is taken from *Les Français en Algérie*, the travelling memoirs of Louis Veuillot (1813–1883), a Frenchman who spent six months in Algeria in 1841 and served as assistant-secretary to Bugeaud during the period which corresponds to the very first phase of his administration in Algeria as Governor General.

The text tells the tragic story of a garrison of 1,200 French soldiers trapped in the town of Milianah during the resistance of Abd-el-Kader. Milianah had been captured a year before by other French troops who had pillaged it and left it in ruins. Nothing grew there except a few vegetables, which were sold at a very high price; all supplies had to be imported from France.

Algiers was about twenty miles away but communications were extremely difficult. The Algerians avoided open confrontation and practiced a war of subterfuge. Veuillot writes in his introduction : "The presence of Abd-el-Kader could be felt everywhere but he could be seen nowhere." Most of the French soldiers did not die in battle but rather from starvation, difficult climatic conditions, and what the writer calls nostalgia.

The French government seems to have made no special effort to come to the troops' rescue, literally abandoning them to their desperate situation, while

Arab forces systematically attacked the town every night. In the end, according to the author, only thirty soldiers remained alive out of the original 1,200.

Veuillot's sentimental and heroic tone does not come only from his sympathy for the French victims but also from his religious conviction. He viewed the fight against the Algerians as a holy war and wrote rather naively in a letter to his brother: "The last days of Islam have come. In twenty years Algeria will not worship any other god than Jesus Christ. We are completing the crusades."

Veuillot also tells us that Bugeaud himself criticized the French colonization project, which he considered unsatisfactory both in its military approach and its human aspects. He resented the fact that the settlers in Algiers were for the most part civil servants, speculators, and tavern keepers, that French soldiers were seen drunk in the streets, and that open prostitution flourished. The Arab people, by contrast, were "proud and full of dignity."

In recent times, one of the striking developments resulting from the French colonization of Algeria, Tunisia, and Morocco is the flow of Arab emigrants into France in search of work, following the independence of these countries. By the end of the 1980s, North-African immigrants on French soil numbered approximately two million, and Islam had become the second religion in France.

Les Français en Algérie

«On était au milieu de juin. Sous un soleil qui marquait 30 degrés Réaumur,° il fallait assainir° la ville, réparer la muraille,° faire faction,° se battre,° garder le troupeau,° notre unique ressource et le perpétuel objet de la convoitise° des Arabes, qui tentaient° sans cesse de l'enlever.° La masure° que nous appelions
5   l'hôpital fut bientôt remplie de° fiévreux,° la plupart couchés sur la terre, les plus malades sur des matelas° formés de quelques débris° de laine° ramassée° dans les égouts,° où les Arabes l'avaient noyée° avant de s'enfuir,° et que nous avions tant bien que mal° lavée. Cependant, tout alla passablement jusqu'aux premiers jours de juillet. Le moral et la santé se soutinrent°; nous pûmes° à peu près suffire°
10   aux fatigues excessives qu'exigeaient° les travaux les plus urgents. Mais le mois de juillet nous amena° une température de feu; le thermomètre monta au soleil jusqu'à 58 degrés centigrades, le vent du désert souffla° et dura sans relâche°

30 degrés Réaumur = *86 degrés Fahrenheit* | **assainir** = *décontaminer* | **la muraille** wall | **faire faction** to be on sentry duty | **se battre** to fight | **le troupeau** herd | **la convoitise** desire | **tenter** = *essayer* | **enlever** to take away | **la masure** dilapidated cottage | **rempli de** filled with | **le fiévreux** = *le malade (qui a de la fièvre)* | **le matelas** mattress | **le débris** fragmentary pieces | **la laine** wool | **ramassé** picked up | **l'égout** *m* sewer | **noyer** = *plonger dans l'eau* | **s'enfuir** to flee | **tant bien que mal** as best we could | **se soutinrent** = *soutenir (passé simple)*, were sustained | **pûmes** = *pouvoir (passé simple)* | **suffire à** to cope with | **exiger** to require | **amener** to bring | **souffler** to blow | **sans relâche** = *sans interruption*

vingt-cinq jours, les maladies éclatèrent° avec une violence formidable; la
diarrhée, la fièvre pernicieuse, la fièvre intermittente, enlevèrent beaucoup de
15 monde et n'épargnèrent° personne.

«A peine° aurais-je pu trouver, en certains moments, cent cinquante hommes
capables d'un bon service actif. Il fallait, en les menant° à leur poste, donner le
bras aux hommes que l'on mettait en faction.° Ces pauvres soldats, dont le visage
maigre et défait° s'inondait° à chaque instant de sueur,° pouvaient à peine se
20 soutenir° sur leurs jambes tremblantes; n'ayant plus même la force de parler, ils
disaient péniblement° à leur officier, avec un regard° qui demandait grâce :

—Mon lieutenant, je ne peux plus aller, je ne peux plus me tenir.°

—Allons, mon ami, répondait tristement l'officier, qui souvent n'était guère
en meilleur état, un peu de cœur°; c'est pour le salut° de tous. Place-toi là,
25 assieds-toi.

—Eh bien! oui, répondait le malheureux, content de cette permission, je vais
m'asseoir.

«On l'aidait à défaire° son sac,° il s'asseyait dessus,° son fusil° entre ses jambes,
contemplant l'espace avec ce morne° regard qui déjà ne voit plus. Ses camarades
30 s'éloignaient,° la tête baissée.° Bientôt le sergent arrivait, et de la voix sombre°
qu'ils avaient tous : —Mon lieutenant, il faut un homme.°

—Mais il n'y en a plus. Que le pauvre un tel° reste encore pendant une
heure.

—Un tel a monté sa dernière garde°!

35 «Il fallait conduire, porter presque un mourant à la place du° mort.»

—Et ils obéissaient? dis-je au colonel, qui avait les yeux remplis de larmes.°

—Je n'ai pas eu, reprit-il, à punir un acte d'indiscipline. Mais je ne pouvais
leur ordonner de vivre. Quelques-uns devinrent° fous.

«J'étais forcé de m'ingénier° de toutes manières pour combattre mille
40 dangers, pour tromper° mille besoins impossibles à prévoir.° Afin de lutter°
contre les désastreux effets de la nostalgie, j'avais organisé une section de
chanteurs qui, deux fois par semaine, essayaient de récréer° leurs camarades en
leur faisant entendre les airs et les chansons de la patrie.° La maladie attaqua les

---

éclater to break out / **épargner** to spare / **à peine** hardly / **mener** to lead /
en faction on duty / **défait** = *ravagé* / **s'inonder** to become soaked /
la sueur perspiration / **se soutenir** to support oneself, to stand /
péniblement distressingly / **le regard** look / **se tenir** = *être debout* / **le cœur** = *ici,*
le courage / **le salut** salvation / **défaire** to unpack / **le sac** bag / **dessus** = *sur le*
sac / **le fusil** gun / **morne** dismal / **s'éloigner** to walk away / **baissé** down,
lowered / **sombre** deep / **il faut un homme** = *nous avons besoin d'un homme* / **un tel** so
and so / **monter la garde** to keep watch / **à la place de** in place of / **la larme** tear /
devinrent = *devenir (passé simple)* / **s'ingénier** to contrive / **tromper** to deceive,
elude / **prévoir** to foresee / **lutter** = *combattre* / **récréer** = *amuser, divertir* /
la patrie motherland

chanteurs; presque tous moururent, comme ceux que leurs chants n'avaient pu
45 sauver.

«On nous avait abandonnés si vite et avec une si cruelle imprévoyance,° que,
dès les premiers jours,° les souliers° manquèrent à° un grand nombre d'hommes.
Je me souvins° heureusement des chaussures° espagnoles. Les peaux° fraîches de
nos bœufs° et de nos moutons, distribuées aux compagnies, leur servirent à faire
50 des espadrilles.° Beaucoup aussi manquaient de° linge° et d'habillements.° La
mort n'y pourvut que trop°!...

«Je vous ai dit qu'une partie des vivres° étaient avariés.° La farine° surtout ne
produisait qu'un pain détestable, et encore vîmes°-nous le moment où ce
mauvais pain nous manquerait,° non pas faute de° farine, mais faute de
55 boulangers.° Que vous dirai-je? Les bataillons se sont trouvés souvent presque
sans officiers, l'hôpital presque sans chirurgiens° et sans infirmiers.°

«Tout se tournait contre nous. Les fruits que nous offraient les arbres étaient
dangereux et se changeaient en poison. La mortalité allait en croissant.° Je
remarquai que les Arabes, voulant s'assurer de nos pertes,° venaient compter la
60 nuit les fosses° dont nous entourions° les murs de la ville, et nous en creusions° de
nouvelles tous les jours! J'ordonnai qu'on les fît° plus profondes et qu'on mît
dans chacune plusieurs cadavres à la fois.° J'avais beau m'armer de toutes mes
forces,° je ne pouvais m'y faire.° Je m'étais attaché à ces soldats si bons, si
malheureux, si résignés, si braves. Je sens que je ne m'endurcirai° jamais à ce
65 souvenir.»

—Mais, dis-je, colonel, comment se fait-il° que ces détails n'aient pas été
connus en France?

—Les rapports officiels ont gardé le silence, reprit-il.° Cela était trop
désastreux. On s'est borné à° dire que «la garnison° de Milianah, éprouvée° par
70 le climat, avait été relevée°.» Cette phrase est devenue célèbre dans l'armée
d'Afrique.

Louis Veuillot, *Algérie : Souvenirs d'un voyage fait en 1841*

---

l'imprévoyance *f* lack of vision / **dès les premiers jours** from the first days on / **le
soulier** shoe / **manquer à** to be lacking / **souvins** = *souvenir (passé simple)* / **la
chaussure** shoe / **la peau** skin / **le bœuf** ox / **l'espadrille** *f* rope-soled sandal /
manquer de to lack / **le linge** underclothing / **l'habillement** *m* clothing / **La mort...
trop!** Death filled that need only too well! / **les vivres** *m* provisions / **avarié** rotting /
la farine flour / **vîmes** = *voir (passé simple)* / **ce mauvais pain nous manquerait** we
would be lacking this bad bread / **faute de** due to a lack of / **le boulanger** baker /
le chirurgien surgeon / **l'infirmier** *m* nurse / **allait en croissant** was increasing / **la
perte** loss / **la fosse** grave / **entourer de** to surround with / **creuser** to dig /
fît = *faire (imperfect subjunctive)* / **à la fois** = *en même temps* / **j'avais... forces** try as
I might to arm myself / **s'y faire** to get used to it / **s'endurcir** to become hardened /
comment se fait-il how is it / **reprit-il** = *répondit-il* / **se borner à** = *se limiter à* / **la
garnison** garrison / **éprouvé** tried, tested / **relevé** relieved (of duty)

Qu'en pensez-vous?

Etes-vous d'accord ou non avec les déclarations suivantes? Justifiez votre réponse.

1. D'après le texte, les conditions de vie des soldats français en Algérie étaient misérables.
2. Leur unique ressource était les armes.
3. L'hôpital était vide (*empty*) parce que le climat était très frais et que les conditions hygiéniques étaient idéales.
4. Les malades n'avaient que des grabats (lits misérables) inconfortables, faits de laine sale, pour dormir.
5. En juillet, les conditions climatiques étaient insupportables.
6. Heureusement, le vent du désert ne soufflait que quelques heures consécutives.
7. Les soldats français résistaient sans difficulté aux Arabes parce qu'ils étaient en pleine forme physique.
8. Ces soldats étaient vraiment courageux, même héroïques, et d'un grand stoïcisme.
9. Les chanteurs ont essayé de sauver les soldats de la mort mais n'y ont pas échappé eux-mêmes.
10. Les conditions de vie quotidienne des soldats étaient pratiquement primitives et leur officier avait beaucoup d'admiration et de sympathie pour eux.
11. Heureusement, les repas (surtout le pain) étaient absolument délicieux!
12. Pour ces soldats, c'était comme si Dieu, la nature et la France les avaient abandonnés.
13. Le gouvernement français a gardé le plus grand silence possible sur l'histoire de la garnison de Milianah.

Nouveau contexte

Complétez les phrases suivantes en employant les termes appropriés. Employez chaque terme une seule fois.

Noms : armes *f*, boulanger *m*, habillement *m*, laine *f*, murailles *f*, peau *f*, souliers *m*, sueur *f*
Verbes : assainir, a épargné
Adjectifs : défait, croissant, braves
Autre expression : au milieu

Un chef arabe donne son point de vue de l'occupation de son pays par la garnison de Milianah.

Ils sont arrivés _____**1**_____ du mois de janvier. Tout de suite, ils ont construit des _____**2**_____. Leur seule source de nourriture était le troupeau. Leur _____**3**_____ était inadéquat, trop chaud pour le climat algérien, et leurs espadrilles faites de _____**4**_____ d'animal parce qu'ils manquaient de _____**5**_____. Des deux côtés, la mort n' _____**6**_____ personne! Nous, nous avions peu d' _____**7**_____ et nos soldats avaient eux aussi le visage _____**8**_____ et couvert de _____**9**_____. Nous avions abandonné nos réserves de _____**10**_____ pour faire des matelas dans des égouts dégoûtants. Mais ils allaient l'y chercher quand même! Ni eux, ni nous, n'avions de _____**11**_____ pour faire le pain. Le nombre de morts allait toujours _____**12**_____ parce qu'il était impossible d' _____**13**_____ les camps. Tous ces _____**14**_____ soldats, français ou algériens, avaient bien été trahis (*betrayed*) par la France!

Vocabulaire satellite

le **Continent :** *nom donné à la France par les gens des colonies*
l' **outremer** *m* overseas
le **drapeau** flag
l' **armée** *f* army
la **marine** navy
l' **aviation** *f* air force
le **service militaire** draft
la **guerre** war
le **terrain** ground
le **colonialisme** colonialism
le **débarquement** landing
l' **assaut** *m* attack

indigène native
les **affaires étrangères** foreign affairs
l' **espion** *m* spy
l' **état d'urgence** *m* state of emergency
le **fusil** gun
la **baïonnette** bayonet
l' **épée** *f* sword
le **poignard** dagger
le **casque** helmet
la **cavalerie** cavalry
le **galon** stripes (indicating rank)
la **bêtise humaine** human stupidity

Pratique de la langue

1. Décrivez l'attitude des Français dans la garnison de Milianah.
   a. Un soldat français parle de son expérience militaire en Algérie : «Notre vie a été bien dure parce que...» (citez trois raisons).
   b. L'officier en charge de la garnison parle : «J'étais bien triste parce que...» (citez trois raisons).
2. Jouez les situations suivantes :
   a. Un soldat de la garnison de Milianah rentre en France et est interviewé par un journaliste.
   b. De retour en France, l'officier en charge de la garnison de Milianah est appelé par son général qui l'accuse de n'avoir pas fait du bon travail. Il se défend.
3. Imaginez que vous êtes un soldat algérien qui écrit une lettre pleine de haine contre l'occupation française.
4. Comment auriez-vous jugé un soldat de la garnison de Milianah s'il avait déserté parce qu'il était objecteur de conscience?

Sujets de discussion ou de composition

1. Jolliet et Marquette ont laissé leur empreinte (*imprint*) sur les endroits où ils sont passés. Il y a entre autres la ville de Joliet dans l'Illinois et l'Université de Marquette dans le Wisconsin qui portent leur nom. Choisissez un autre endroit en Amérique du Nord où la présence française s'est manifestée. Faites des recherches pour établir la nature précise de la contribution française et présentez vos résultats aux autres membres de la classe.
2. Imaginez que vous êtes un(e) immigrant(e) qui vient d'arriver aux Etats-Unis. Ecrivez une lettre à vos parents (*relatives*) dans votre pays d'origine leur disant combien ils vous manquent.
3. La guerre est-elle jamais justifiable? Y a-t-il des guerres justes et des guerres injustes? Commentez.

4ème
PARTIE

Vie culturelle

La communication

Un des premiers avions français

Un voyage aux Etats-Unis, 1789

In this day of rapid travel and instant communication, it is hard to imagine what it took to undertake a trip at a time when there were no planes, no trains, no buses, and no private automobiles. Not only was comfort difficult to come by, but security and safety were far from guaranteed as one went from one place to another. Roads were undeveloped and limited in number, and highwaymen posed a constant threat to those who did dare to venture forth.

The four-wheeled, horse-drawn carriage or coach is believed to have originated in Hungary in the fifteenth century. France was slow to adopt it. In 1560, for instance, there were only three coaches in Paris. At first, royalty and the aristocracy were the only ones able to afford them. Towards the middle of the next century, coaches known as *fiacres* were offered for hire. Finally, in the seventeenth century, coaches began to play a role in public transportation.

The first coaches appeared in America in the last quarter of the seventeenth century. Their use at that time was limited to such cities as Boston and New York, where roads were already in existence. Public coaches did not become common until the second half of the eighteenth century. By the beginning of the nineteenth, nearly all of the major cities as far west as Pittsburgh were linked by stage lines, providing in fact the only means of cross-country travel.

The following letter relates the adventures of one Marie de Gauste L'Eau who traveled from France to the United States in the late eighteenth century. It describes what it was like to get around in the colonies of the New World, in this case Virginia and Massachusetts. After a brief reference to her ocean voyage, the narrator dwells on the status of land travel, enlightening modern readers on some of the aspects of the stagecoach: the condition of the coach and horses, the difficult itinerary, the lack of comfort, the fear of robbery or worse, the considerable amounts of time required to travel, etc. She also sheds light on the social and cultural scene in Alexandria, Virginia, and takes note of the existence of slavery («Quelle sorte d'humanité sommes-nous donc, me demandai-je»). Finally, she tells of the interesting conversation she had with Pierre L'Enfant (1745–1825), the French architect and engineer who had fought in the American revolutionary army and who would be hired by George Washington to draw up the plans for the new capital of the United States.

Un séjour° en Amérique

Mon bien cher Charles-Edouard,

Je dois à mon grand regret vous avouer° que je couvre bien° moins de terrain que je ne l'espérais. Vous savez que ce voyage dans le Nouveau-Monde était

---

le séjour stay, sojourn / **avouer** to admit / **bien** = *beaucoup*

Une diligence américaine au 18ᵉ siècle

envisagé depuis quelque temps déjà. J'avais parlé à d'aucuns° qui l'avaient
5 entrepris° et escomptais° une marche° rapide vers Williamsburg, Alexandria,
Stockbridge et autres endroits. Les problèmes tiennent° à ce que cette région est
si vaste—et qu'il nous faut si longtemps° pour y parvenir.° Nous ne parcourons°
pas plus de vingt lieues° en une journée, ce qui relève déjà de l'exploit.° Tout
dépend, bien entendu,° des chevaux. Alors qu'°en Europe, tout est raisonnable-
10 ment organisé, avec des attelages frais° qui attendent à chaque relais° de sorte
que les voitures° n'attendent pas plus de quelques minutes, la chose est ici, en
Amérique, fort° mal prévue.°
    La traversée° fut belle. Voyager seul pour une femme laisse entendre° que je
dus° me montrer plus vigilante que si j'avais été accompagnée, mais chacun se

---

d'aucuns = *certaines personnes* / **entreprendre** to undertake / **escompter** to anticipate /
la marche pace, journey / **tenir à** to be due to / **il nous faut si longtemps** it takes us
so long / **parvenir** to get (somewhere) / **parcourir** to cover / **la lieue** league
(20 *lieues* = 50 miles) / **ce qui... exploit** which already constitutes somewhat of a feat /
bien entendu of course / **alors que** whereas / **des attelages frais** fresh teams
of horses / **le relais** stage / **la voiture** coach / **fort** = *très* / **prévu** planned /
la traversée crossing / **laisser entendre** to imply / **dus** = *devoir* (*passé simple*)

15 montra fort courtois. J'avais versé° un supplément pour obtenir une cabine donnant sur° le pont° et où je pusse° être seule, et c'est là que je passai la plus claire° partie de mon temps, ne m'aventurant° que pour prendre mes repas ou faire quelques pas° le matin. J'étais réellement fascinée de découvrir les autres passagers, des familles de membres de professions libérales pour la plupart,

20 venus tenter leur chance,° mais aussi quelques hommes d'Eglise. J'ose° à peine° penser à quoi devaient ressembler les autres voyageurs—mais on les gardait° dans l'entrepont,° hors de la vue° de chacun....

Le capitaine me recommanda un itinéraire pour me rendre° à Williamsburg, que le docteur Guilbert° m'avait dit être une bonne introduction à la vie des cités

25 américaines. On choisit ici la compagnie de diligences° que l'on désire. Celles-ci° suivent des horaires° fort réguliers, arrivant par exemple à Grenbraugh Tavern à trois heures cinq du matin, le temps de se rafraîchir,° de changer de chevaux et d'offrir un pot° de bière à chaque passager. Ici, l'on paie d'avance avec un extra pour avoir le droit° de prendre place sur la banquette du cocher.° Je préfère

30 quant à° moi voyager à l'intérieur, éloignée° de la portière° pour ne point° être mouillée° si celle-ci doit s'ouvrir par gros temps°; l'on se sent également° mieux protégé° des brigands!

Nous arrivâmes à Williamsburg vers cinq heures du matin, et le cocher, un fort brave° homme à l'œil unique,° me mena° directement à Wetherburn's

35 Tavern, que m'avait chaudement recommandée le médecin. Elle est dirigée° par le sieur° Henry Wetherburn aidé de sa douzaine d'esclaves°—grâce au Ciel,° ils sont enfermés° pour la nuit!...

Après mon séjour à Williamsburg, je pris° une autre diligence, qui m'emmena° à Alexandria où je rendis visite au docteur Guilbert.... Madame

40 Guilbert se montra tout à fait charmante à mon égard,° et ils donnèrent une petite soirée en l'honneur de leurs amis français, versés pour la plupart dans le commerce du tabac. Je pris un plaisir extrême à converser avec l'un d'eux, Pierre L'Enfant, un ingénieur qui se battit° pendant la guerre d'Indépendance.

---

verser = *payer* / **donner sur** to overlook / **le pont** bridge / **pusse** = *pouvoir* (*imparfait du subjonctif*) / **clair** = *grand* / **s'aventurer** to venture out / **faire quelques pas** to take a short stroll / **tenter leur chance** to try their luck / **oser** to dare / **à peine** hardly / **garder** to keep / **dans l'entrepont** between decks / **hors de la vue** out of sight / **se rendre** = *parvenir* / **le docteur Guilbert** = *un des autres passagers* / **la diligence** stagecoach / **celles-ci** = i.e., *les diligences* / **l'horaire** *m* schedule / **se rafraîchir** to refresh oneself / **le pot** tankard / **le droit** right / **la banquette du cocher** the coachman's seat / **quant à** as for / **éloigné** far / **la portière** door / **ne point** = *ne pas* / **mouiller** to wet / **par gros temps** in foul weather / **également** = *aussi* / **protégé** protected / **brave** = *bon* / **à l'œil unique** with only one eye / **mener** = *conduire* / **dirigé** run / **sieur** = *monsieur* / **l'esclave** *m, f* slave / **grâce au Ciel** thank heavens / **enfermé** locked up / **pris** = *prendre* (*passé simple*) / **emmener** to take / **à mon égard** towards me / **se battre** to fight

Il avait entretenu° avec monsieur Washington une correspondance à propos de°
45 l'édification° d'une capitale américaine, à laquelle il voudrait donner le nom
de son «héros». «Il est évident que mon plan de Washington doit être dessiné°
à une échelle° telle que l'on puisse l'agrandir° et l'embellir chaque fois que
l'accroissement° de la richesse de la nation le permettra en quelque époque que
ce soit°», m'avoua-t-il. Il insista tout particulièrement sur la largeur° des rues, les
50 avenues principales devant compter au moins cent quatre-vingts pieds.

Ce fut pour moi une période riche en culture. Chaque soirée était illuminée
par un concert, une lecture de poésies ou un débat. Je dois à présent partir pour
le nord, vers ce qu'on appelle les Berkshires, dans le Massachusetts. Dans trois
semaines, je suis censée° retrouver° une amie au Red Lion, une auberge°
55 récemment bâtie° à Stockbridge, dans le Massachusetts. Je partirai demain afin
d'accorder une marge de temps suffisante aux voitures cassées° et aux chevaux
harassés° (ainsi qu'à une vieille femme fourbue,° car° c'est ainsi que je me sens
ces temps-ci par suite° du manque° de confort). Je projette° ensuite de prendre le
clipper Concorde, qui lèvera° l'ancre de Boston le premier jour d'octobre avec
60 une cargaison° de fourrures° et de poissons (en espérant qu'ils ne sentent° pas
trop!). Je devrais être à Paris quelque quatre semaines plus tard.

Votre dévouée cousine,
Marie de Gauste L'Eau

Marie de Gauste L'Eau, *1789 : Un séjour en Amérique*

Qu'en pensez-vous?

Etes-vous d'accord ou non avec les déclarations suivantes? Justifiez votre réponse.

1. D'après la voyageuse, la diligence parcourt une bonne distance chaque jour.
2. Elle trouve que les diligences sont bien organisées en Amérique.
3. La voyageuse fait la connaissance de tous les autres passagers sur le bateau.
4. En diligence, elle aime mieux voyager à l'intérieur.
5. A Alexandria, la famille Guilbert donne une soirée en l'honneur de leur amie.
6. Pierre L'Enfant est versé dans le commerce du tabac.
7. Son plan pour la ville de Washington prévoit l'avenir.
8. Le séjour à Alexandria a été riche en culture.

entretenir to maintain | **à propos de** = *au sujet de, concernant* | **l'édification** *f* = *la construction* | **dessiné** designed | **l'échelle** *f* scale | **agrandir** = *rendre plus grand* | **l'accroissement** *m* increase | **en... soit** at any time whatsoever | **la largeur** width | **je suis censée** = *je dois* | **retrouver** to meet | **l'auberge** *f* inn | **bâti** = *construit* | **cassé** broken-down | **harassé** = *fatigué* | **fourbu** = *très fatigué* | **car** for | **par suite de** = *à cause de* | **le manque** = *l'absence* | **projeter** to plan | **lever** to weigh (anchor) | **la cargaison** cargo | **la fourrure** fur | **sentir** to smell

9. La voyageuse doit accorder une bonne marge de temps pour se rendre dans le Massachusetts.
10. Il faut autant de temps pour aller dans le Massachusetts à partir de la Virginie que pour aller de Boston à Paris.

Nouveau contexte

Complétez les phrases suivantes en employant les termes appropriés. Employez chaque terme une seule fois.

Noms : accroissement de richesses *m*, auberge *f*, manque *m*, séjours *m*
Verbes : avoue, ne dépend pas de, entreprendre, il me faudra, prendre, projettes, me rafraîchir, rendre visite, je me sens
Adjectifs : éloignée, prévu, suffisant

—Marie-Pierre, c'est bientôt le moment des vacances. J'ai besoin de _____1_____. _____2_____ enfermée. Il me semble que si j'étais _____3_____ de tout le monde, je pourrais mieux respirer.
—Moi aussi, Agnès. Il faut _____4_____ un bon voyage dès le début de l'été. Où _____5_____-tu d'aller?
—Ça n'a pas d'importance. Les vacances, c'est mieux si tout n'a pas été _____6_____ d'avance. Nous pouvons faire une série de petits _____7_____ ici et là, et peut-être _____8_____ à quelques-unes de nos amies.
—Moi, je l' _____9_____, je n'ai pas beaucoup d'argent. _____10_____ quand même quelques francs si je veux voyager.
—Ne t'inquiète pas, Marie-Pierre. Je n'ai pas eu, moi non plus, un _____11_____ récemment. Notre plaisir _____12_____ la somme d'argent dont nous disposons.
—D'accord. Quelques francs et beaucoup de courage, c'est _____13_____ pour aller n'importe où, n'est-ce pas?
—Il y aura, bien entendu, un certain _____14_____ de confort. Nous ne pourrons pas, par exemple, passer huit jours dans une _____15_____ à la campagne.
—Pourvu que nous ayons assez d'argent pour _____16_____ un bon repas chaque jour.
—Alors, c'est entendu! Faisons nos projets!

Vocabulaire satellite

l' **allure** *f*	pace	la **portière**	door (of a vehicle)
le **loisir**	leisure	se **précipiter**	to rush
la **lenteur**	slowness	ne pas **être pressé**	to be in no hurry
la **vitesse**	speed	se **reposer**	to rest
les **commodités** *f*	conveniences	se **détendre**	to relax
le **siège avant, arrière**	front-, back-seat	**prévoir**	to foresee, anticipate
le **rang**	row	**descendre à un hôtel**	to stay at a hotel
le **banc**	bench	**rapide, lent**	fast, slow
la **vitre**	window (of a vehicle)	**tendu, détendu**	tense, relaxed

Pratique de la langue

1. Imaginez que vous et un(e) ami(e) retournez vivre au 18e siècle. Après avoir vécu au 20e siècle, quelle serait probablement votre réaction? Seriez-vous déçu(e) (*disappointed*), frustré(e), soulagé(e) (*relieved*), content(e), triste? Présentez une scène qui témoigne de vos sentiments.

2. Avec un groupe de camarades, préparez un séjour en France. Comment allez-vous vous y rendre? Combien de temps y passerez-vous? A quel moment de l'année ferez-vous votre voyage? Quelles régions comptez-vous visiter? Quel genre de logement choisirez-vous? Essayez de satisfaire tout le monde, si possible.

3. Racontez le voyage le plus mémorable que vous ayez fait. S'agit-il d'un bon souvenir ou d'un mauvais? Pourquoi ce voyage a-t-il réussi ou échoué? Seriez-vous prêt(e) à l'entreprendre une seconde fois? Feriez-vous des changements cette fois? Lesquels?

4. A notre époque est-ce que le paquebot (*liner*) transatlantique est devenu un dinosaure? Quels sont les avantages et les inconvénients de ce moyen de transport? Pourquoi un voyageur du 20e siècle préférerait-il le paquebot à l'avion?

5. Marie de Gauste L'Eau dit que «voyager seul pour une femme laisse entendre que je dus me montrer plus vigilante que si j'avais été accompagnée». Est-ce toujours vrai? Si non, pourquoi pas? Si oui, comment une voyageuse peut-elle se montrer plus vigilante aujourd'hui? Quelles mesures préventives peut-elle prendre?

Parler, écouter et entendre

In ancient times, the idea of communicating with someone from a distance was ineluctably associated with the idea of magic or divine intervention. In the nineteenth century, however, the miracles of technology started to make possible not only the reproduction of speech but its transmission from a distance.

Practically all of the nineteenth century inventions connected with the telephone originated in the United States, but many of the preconditions for its development were first established in Europe. In fact, as early as 1854, Frenchman Charles Beaudel had described in the periodical *L'Illustration* the basic principle of what was to become Alexander Graham Bell's telephone. As is often the case in the history of technology, the scientific concept of the telephone was elaborated simultaneously by several people.

Among the inventors of the telephone, the most famous is indeed Alexander Graham Bell (1847–1922), a Scotsman (and not an Irishman, as claimed in the article below) who moved to America as a young man. In September 1875, he began to write specifications for the telephone and, on March 7, 1876, the U.S. Patent Office granted him Bell Patent No. 174,465 covering "the method and apparatus for transmitting vocal or other sounds telegraphically . . . by causing electrical undulations, similar in form to the vibrations of the air accompanying the said vocal or other sounds." This patent is said to have been the most financially successful patent in the history of the United States owing to its commercial applications.

The invention was the result of several years of research by Bell, who was attempting to prove that speech could be taught to the deaf. In 1872 the scientist had opened his own school in Boston for training teachers of the deaf, and in 1873 he had become professor of vocal physiology at Boston University. He was twenty-nine years old when his invention was patented. Having never been very good with his hands, he was assisted in his work by Thomas Watson, a younger repair mechanic and model builder, who worked enthusiastically with him to devise an apparatus capable of transmitting sound by electricity. It was on March 10, 1876, that Bell uttered in a bulky cone-shaped telephone, the first to transmit speech, the famous words: "Mr. Watson, come here; I want you."

In 1880 France honored him with the Volta Prize worth 50,000 francs (about 10,000 dollars). May 8, 1893, was for Bell one of the happiest days of his life as his thirteen-year-old prodigy, Helen Keller, participated in the opening ceremonies for the new Volta Bureau Building, an institution which was to become an international information center relating to the oral education of the deaf.

For many years the French put up with a sub-standard telephone system. Today, however, France is a leader in telecommunications. The French government plans to have the most modern system in Europe by the year 2000. The introduction of *Minitel*, an information system that upon subscription can be received by connecting the telephone to a small television set, has revolutionized French daily life. Obviously the old stereotype of the Frenchman riding his bicycle to the local *café*, with a *béret* on his head and a *baguette* under his arm, to crank up a telephone call to someone in the next village, now belongs to the prehistory of French society and cultural stereotypes.

The following excerpts describe several inventions in the field of communications—including the telephone—that captivated the French public in the 1870s.

Les débuts de la machine parlante et du téléphone à Paris

I. La machine parlante

La machine parlante qui reproduit les sons de la voix humaine, dont il est tant question,° a été construite par M. Faber de Vienne.

En principe, cette machine se compose d'une soufflerie° lançant° l'air dans les

---

I. La machine parlante : **dont il est tant question** = *dont on parle beaucoup* | **la soufflerie** bellows | **lancer** = *projeter*

Alexander Graham Bell

5 tuyaux° au fur et à mesure de leur ouverture° par le jeu des touches d'un clavier.°
Une grande habitude° dans le maniement° du clavier permet de formuler des
mots parfaitement intelligibles et des membres de phrases en toutes langues.
C'est ainsi que devant l'auditoire° qui, au Grand-Hôtel, a assisté° aux
expériences,° la machine parlante a prononcé distinctement les mots comme
10 mamma, papa; les noms de Fanny, Maria, Emma, Elisabeth; les noms de villes
Cincinnati, Philadelphie, Paris, Londres, etc. Cette machine est polyglotte,
c'est-à-dire peut parler n'importe quelle° langue, avec une prononciation à peu
près° convenable.°

L'Illustration, 6 janvier 1877

15 **II. Le téléphone**

Le merveilleux instrument que nous allons décrire se compose de deux
trompettes° parfaitement identiques, pouvant servir alternativement de porte-
voix° ou de cornet° acoustique. Ces deux trompettes sont reliées° l'une à l'autre
par un fil° télégraphique qui sert à la transmission° des courants électriques
20 nécessaires à la marche° du téléphone.

---

le tuyau pipe / **au fur et à mesure de leur ouverture** as they are progressively opened /
par le jeu... clavier by touching the keys on a keyboard / **l'habitude** *f = aptitude* /
le maniement handling / **l'auditoire** *m* audience / **assister à** to attend /
l'expérience *f* experiment / **n'importe quel** any at all / **à peu près** = *assez* /
convenable = *correct* / II. LE TÉLÉPHONE : **la trompette** trumpet, receiver / **le porte-
voix** megaphone / **le cornet** ear trumpet / **relié** connected / **le fil** wire / **sert à la
transmission** serves to transmit / **la marche** = *le fonctionnement*

Si l'on suppose qu'un opérateur parle à haute voix° dans la première trompette, les ondes° sonores qu'il articule font entrer en vibration la lame° vibrante placée au fond de° la seconde.

La reproduction a lieu avec une fidélité prodigieuse. Jamais on n'a imaginé
25 une expérience plus propre à montrer l'infinie délicatesse des actions électriques. Même dans les montagnes de l'Oberland,° la nature n'a pu réaliser des échos semblables° à ceux du téléphone.

L'inventeur se nomme M. Bell; c'est un Irlandais établi depuis de longues années en Amérique et qui va prochainement se rendre en France pour nous
30 faire apprécier son invention. De la Rive, le célèbre physicien° genevois,° s'en est longtemps occupé.° Ils ont été étudiés dans les *Annales de Physique et de Chimie*, par M. Wertheim, savant° français qui est mort en 1861.

L'Illustration, le 13 octobre 1877

On s'occupe en ce moment d'établir dans Paris et dans la banlieue° des
35 communications téléphoniques, de façon que,° d'un point donné à un autre point quelconque,° une même personne puisse successivement converser avec une ou vingt-cinq personnes.

Les téléphones que nous avons vus et entendus fonctionner sont de deux sortes : ceux qui sont posés sur la table sont destinés à la correspondance
40 secrète; il est nécessaire pour les entendre d'approcher l'instrument de l'oreille, mais le son est beaucoup plus intense que dans les téléphones Bell ordinaires. Plusieurs personnes peuvent écouter à la fois.°

Dans le second système, le *loud-speaking telephone*, les sons émis° par l'instrument sont entendus dans la salle entière. Ce sont les appareils suspendus
45 aux murs,° et avec lesquels des airs° de flûte joués à Asnières, à dix centimètres du parleur, ont pu être entendus à huit et dix mètres des appareils. Chaque abonné° de la société,° dans Paris ou banlieue, reçoit chaque mois une liste de tous les abonnés avec un numéro d'ordre pour chacun d'eux.

Par ce système, un abonné peut correspondre avec les autres abonnés, son
50 magasin, son usine,° sa maison de campagne, sa maison de Paris et tous les autres abonnés. Un service bien organisé permettra à un abonné de commander° en cinq minutes sa loge° au théâtre, son dîner au restaurant, sa voiture pour la sortie,° ses invitations à ses amis, etc., etc., sans compter la rapidité des affaires,°

à haute voix loudly / **l'onde** *f* wave / **la lame** blade / **au fond de** inside /
l'Oberland = *région montagneuse de la Suisse* / **semblable** similar / **le physicien** physicist /
genevois = *de la ville de Genève en Suisse* / **s'en occuper** = *y travailler* / **le savant** scientist /
la banlieue suburbs / **de façon que** = *pour que* / **quelconque** = *n'importe quel* /
à la fois = *en même temps* / **émis** = *transmis* / **le mur** wall / **l'air** *m* melody /
l'abonné *m* subscriber / **la société** = *la compagnie* / **l'usine** *f* factory /
commander to order / **la loge** box / **pour la sortie** to go out / **les affaires** business

la facilité des transactions, l'économie de temps et d'argent réalisée par ce
55 système.

Nous n'exprimons aucun doute sur la possibilité d'une idée déjà appliquée en
Amérique, où elle donne les meilleurs résultats.

L'Illustration, 6 septembre 1879

Qu'en pensez-vous?

Etes-vous d'accord ou non avec les déclarations suivantes? Justifiez votre réponse.

1. La machine parlante a été construite par un Américain de Philadelphie.
2. Cette machine ne peut imiter que les sons des animaux.
3. En 1877, on pensait que le téléphone était un instrument merveilleux, presque magique.
4. En 1877, à Paris, un téléphone était composé de deux trompettes : une servant de porte-voix, l'autre de cornet acoustique.
5. Le plus grand problème avec le téléphone, au 19ème siècle, était que la reproduction des sons n'était vraiment pas fidèle.
6. M. Bell, l'inventeur du téléphone, était un Espagnol qui vivait en Suisse.
7. Sans la découverte de l'électricité, le téléphone n'aurait pas pu exister.
8. Le but des installations téléphoniques à Paris était que les gens puissent communiquer à distance.
9. C'est en 1897 qu'on a commencé à installer le téléphone à Paris et dans la banlieue parisienne.
10. A cette époque il y avait trois ou quatre sortes de téléphones différents en France.
11. Chaque abonné de la société du téléphone recevait chaque mois une liste des abonnés.
12. Au 19ème siècle, le téléphone n'avait qu'une fonction décorative dans les maisons françaises et, pour cette raison, son invention n'a rien changé dans la vie des Parisiens.

Nouveau contexte

Complétez les phrases suivantes en employant les termes appropriés. Employez chaque terme une seule fois.

Noms : affaires *f*, banlieue *f*, loge *f*, machine parlante *f*, numéros *m*, savants *m*, téléphone *m*

Verbes et expressions verbales : commander, converser, permet de, se rendre

Adjectifs : abonné, célèbre, irlandais

M. Legrand-Très-Riche, un industriel parisien, parle en 1879 des progrès technologiques récents qui ont changé sa vie :

C'est incroyable! Il y a deux ans, en 1877, nous avons vu l'invention de la _____1_____ .
Et maintenant voici une nouvelle machine extraordinaire, magique, miraculeuse : le
_____2_____ ! Plusieurs _____3_____ internationaux sont responsables de cette invention
qui _____4_____ communiquer à distance. Le plus _____5_____ de ces scientifiques est A.

Graham Bell qui vit en Amérique. Il n'est pas _____6_____ d'origine, comme le pensent les Français, mais écossais! Il va bientôt _____7_____ en France et nous présenter lui-même son invention. Cette dernière a révolutionné ma vie! Pour moi qui n'habite pas Paris mais la _____8_____ résidentielle, le téléphone est vraiment très pratique. Je suis désormais _____9_____ à la compagnie et reçois chaque mois une liste des noms et _____10_____ pour la région. Je communique trois fois par jour avec ma femme, Eve-Marie-Jolie-Juliette, pour avoir des nouvelles d'elle et de nos treize enfants. Il ne lui est plus nécessaire d'aller à Paris pour _____11_____ une _____12_____ de théâtre ou une table de restaurant. La vie est belle! Mes _____13_____ prospèrent : tout est simple et rapide! Cette merveilleuse machine est extraordinaire : on peut choisir à un autre point quelconque une personne pour _____14_____ avec elle. La communication est non seulement immédiate mais peut aussi être secrète. Ah, ces Américains! Ils ont vraiment du génie!

Vocabulaire satellite

l' **appareil (de téléphone)** *m*
  telephone
Allô! Hello!
Qui est à l'appareil? Who's
  calling?
appeler to call
rappeler to call back
sonner to ring
sonner libre to ring normally
sonner occupé the line is busy
l' **écouteur** *m* receiver
décrocher to pick up (the
  phone), to take it off the hook
composer un numéro to dial a
  number
se **tromper de numéro** to get a
  wrong number
raccrocher to hang up
raccrocher au nez de quelqu'un
  to hang up on someone
l' **annuaire** *m* directory

le, la **standardiste** telephone operator
les **renseignements** *m* directory
  assistance
le **service du réveil** telephone
  wake-up service
occupé busy
je vous passe M. Dupont
  here's Mr. Dupont
branché connected
débranché disconnected
la **friture** crackling, static
l' **appel téléphonique** *m*
  telephone call
l' **appel longue distance** *m* long
  distance telephone call
passer des heures au téléphone
  to spend hours on the phone
bavard talkative
le **répondeur automatique**
  answering machine

Pratique de la langue

1. Complétez les phrases qui suivent :
   a. La machine parlante est presque magique parce qu'elle peut...
   b. La technique est simple. La machine se compose de...

   c. Les étudiants en langue étrangère voudraient bien être comme cette machine parce qu'elle...

   d. La technique du téléphone est plus complexe parce que...

   e. L'infinie délicatesse des actions électroniques rend possible...

   f. Ici, l'homme dépasse la nature parce que...

2. En 1879, il existait deux sortes de téléphones à Paris : le téléphone posé sur la table et le *loud-speaking telephone*. Donnez quelques-unes de leurs caractéristiques.

3. Jouez les situations suivantes :

   a. M. Legrand-Très-Riche téléphone à sa femme Eve-Marie-Jolie-Juliette pour avoir des nouvelles de la journée et savoir quels projets elle a faits pour eux tous pour le week-end et avec les domestiques. Imaginez le dialogue.

   b. Téléphonez à un(e) ami(e) pour prendre de ses nouvelles et l'inviter à passer la soirée avec vous. Imaginez le dialogue.

   c. Votre téléphone ne marche pas. Vous allez chez votre voisin et vous téléphonez à la compagnie de téléphone. L'employé(e) vous dit que personne ne pourra venir avant une semaine. Vous protestez et défendez votre cause. Viendront-ils? Ne viendront-ils pas? A vous de décider! Imaginez le dialogue.

   d. Un parent (mère ou père) explique à un enfant comment utiliser le téléphone. Imaginez le dialogue.

Charles Lindbergh

"Possibly—my mind is startled at its thought—I could fly nonstop between New York and Paris. New York to Paris—it sounds like a dream." This is how Charles Lindbergh described the giddy prospect that struck him just short of his twenty-fifth birthday. Less than a year later, on May 21, 1927, this young aviator, alone in his plane, "The Spirit of St. Louis," carrying neither radio nor parachute, took off from New York and crossed the Atlantic—some 3,600 miles—before landing in Paris. Lindbergh's thirty-three-hour flight during the infancy of aviation astounded the world and brought him such feverish adulation that his life would be forever transformed.

He was born on February 4, 1902 in Detroit and was raised on a farm in Minnesota. His father, a lawyer of stoical temperament, was a Swedish immigrant's son, and his mother a teacher. A quiet and serious child—a loner who relished speed and danger—he attended eleven schools, partly because his parents separated when he was five and he was forced to alternate between one parent and the other. He enrolled as an engineering student at the University of Wisconsin but was asked to leave in his sophomore year because he did not apply himself to his studies.

Then came his first airplane ride, "crowded with beauty, pierced with danger," which changed his life. In 1923 he sold his motorcycle and borrowed 500 dollars to buy his first plane, a World War I surplus Jenny, which he used to do perilous aerial acts—barrel-rolls, figure eights, spirals—throughout the West. His successful barnstorming as "Daredevil Lindbergh" ended in 1926 when he decided to become an air-mail pilot, an occupation so dangerous that thirty-one of the first forty air-mail pilots would be killed (Lindbergh himself survived two crashes).

It was while flying the mail from Peoria to Chicago that Lindbergh conceived of his most dangerous scheme, a solo flight from New York to Paris. He was not the first to have this dream: a $25,000 prize had been established for the first nonstop flight from New York to Paris, and a number of experienced flying crews had already perished in their attempts. But Lindbergh decided to attempt the crossing alone—the plane would be lighter with only one person on board, and besides it was in his nature to do things alone. His small plane was so heavy with fuel that he barely cleared the telephone wires as he disappeared into the fog on that wet May 21, but he made it to Paris.

No one could have been prepared for the immense adulation that followed. Everyone wanted to see him and touch him. Four thousand poets composed poems in his honor; he received more than three million letters and a hundred thousand telegrams, and he was awarded medals and citations of every sort, including the Congressional Medal of Honor. His celebrity took a tragic twist when his first child was kidnapped and murdered in 1932, and he was forced to move to England in 1935 when the life of his second child was threatened.

Lindbergh accomplished a great deal more in his life: he opened new air routes to Asia, Africa, and Latin America with his wife, Anne Morrow Lindbergh, as co-pilot; he flew fifty combat missions in World War II; and he campaigned for natural conservation around the world. But he will always be remembered as the twenty-five-year-old American hero who was the first to cross the Atlantic by plane. He died in 1974.

Following is the front page account of Lindbergh's landing as it appeared in the French newspaper, *Le Temps*, the day after he landed in Paris.

La traversée° aérienne° New York—Paris

La traversée aérienne de l'Atlantique est un fait accompli. L'Américain Charles Lindbergh vient de réussir cet exploit extraordinaire, seul à bord de° son monoplan.

Toutes les dispositions° techniques nécessaires avaient été prises par M.
5   Benvoisé, directeur de l'aéroport, pour indiquer à Lindbergh l'endroit° où il devait se poser.°

Les phares° fouillaient° le ciel, et toutes les deux minutes des fusées éclairantes° étaient lancées.°

---

la traversée crossing / **aérien** by air / **à bord de** on board / **la disposition** step /
l'endroit *m* place / **se poser** to touch down / **le phare** spotlight / **fouiller** to scan /
la fusée éclairante flare / **lancé** fired

Charles Lindbergh et la foule parisienne

A 22h. 15, on perçut° un bruit de moteur et bientôt le puissant° phare du
10 Bourget prit dans sa zone d'éclairage° un avion qui piquait° au sol° : c'était
l'appareil° attendu.

L'avion décrivit° un grand cercle et se posa, de façon impeccable, à quelque
distance cependant de l'aire d'atterrissage.°

La foule° qui, jusqu'alors, s'était contenue, rompit° les barrages° de troupe et
15 de police, renversa° grilles° et barrières, et ce fut une course forcenée° jusqu'à
l'appareil.

Charles Lindbergh, après un instant d'hésitation, sortit de sa petite cellule,°
aidé par un de ses compatriotes. La foule se rua° pour porter le pilote en
triomphe. On criait, on gesticulait. Les exclamations de joie se mêlaient° aux
20 paroles de la *Marseillaise* et de l'hymne américain.

«Vive Lindbergh! Vive l'Amérique!» criait-on sans arrêt.

---

perçut = *percevoir* (*passé simple*), to make out / **puissant** powerful /
l'éclairage *m* lighting / **piquer** to dive / **le sol** = *la terre* / **l'appareil** *m* machine
(here = **l'avion**) / **décrire** = *faire* / **l'aire d'atterrissage** *ƒ* landing area / **la
foule** crowd / **rompre** to break / **le barrage** barrier / **renverser** to overturn / **la
grille** gate / **forcené** frantic / **la cellule** cockpit / **se ruer** to rush forward /
se mêler à to mix with

L'appareil lui-même n'était pas à l'abri° des manifestations de la foule. La troupe dut° le protéger contre tous ceux qui voulaient en emporter° un morceau,° à titre de° souvenir; on put° amener l'avion, un peu détérioré
25 cependant, jusqu'à un hangar voisin où il demeura sous bonne garde.

Un entretien° avec Lindbergh

A l'ambassade, enveloppé d'un pyjama et d'une robe de chambre appartenant° à l'ambassadeur, Lindbergh reçut, à 2 heures du matin, le représentant de l'agence Radio et de l'United Press, qui a fait le récit° suivant :
30   Le vainqueur° de l'Océan n'est ici qu'un grand jeune homme blond, mince,° rieur,° tout semblable au vrai type de l'Américain sportif pour qui les plus étonnantes° performances ne semblent plus être qu'un jeu.°
    —Asseyez-vous, lui dit, paternel,° M. Myron T. Herrick.° Asseyez-vous, vous avez assez fait pour vous reposer.
35   —Ça va bien, répondit Lindbergh avec humour : il m'est plus pénible° maintenant de m'asseoir que de rester debout.
    Nous l'avons surpris° comme° il dépouillait° les centaines de câblogrammes de félicitations° déjà arrivés. Il en tient encore un à la main.
    —Celui-là, c'est celui de ma mère...
40   On lui lit encore un télégramme du président Coolidge, dont il écoute la lecture avec satisfaction. Puis d'autres de personnalités des Etats-Unis. Mais, visiblement, Lindbergh est distrait.° Et bientôt il exprime° un désir : celui d'aller prendre un bain reposant.
    Il s'absente quelques minutes, pendant que nous continuons de converser
45 avec les personnalités de l'ambassade.
    Lindbergh revient, le teint° rosé, l'œil frais, enjoué° et souriant. Il est admirable de santé physique et de vaillance.°
    «J'ai rencontré de la pluie sur plus de 1.000 milles du trajet° au-dessus de l'Océan. Je vous assure que ce n'était pas très gai. Je suis monté et je suis
50 descendu pour essayer de trouver un temps meilleur. Par moments, je voyageais à 10 pieds au-dessus de la mer; dans d'autres, je me suis trouvé à 10.000 pieds. Malgré° ces tentatives,° je ne suis pas arrivé à trouver le beau temps.

à l'abri de shielded from   /   **dut** = *devoir* (*passé simple*)   /   **emporter** to take away   /   **le morceau** piece   /   **à titre de** as   /   **put** = *pouvoir* (*passé simple*)   /   **l'entretien** *m* = *la conversation*   /   **appartenant** belonging   /   **le récit** account   /   **le vainqueur** conqueror   /   **mince** thin   /   **rieur** merry   /   **étonnant** astonishing   /   **le jeu** game   /   **paternel** = *paternellement*   /   **Herrick** the American ambassador   /   **pénible** = *difficile*   /   **nous l'avons surpris** we found him   /   **comme** as   /   **dépouiller** = *ouvrir*   /   **les félicitations** *f* congratulations   /   **distrait** distracted   /   **exprimer** to express   /   **le teint** complexion   /   **enjoué** lively   /   **la vaillance** = *le courage*   /   **le trajet** = *le voyage*   /   **malgré** despite   /   **la tentative** attempt

Je n'ai rencontré aucun bateau pendant le jour. J'ai seulement aperçu les lumières d'un navire° pendant le trajet de nuit. Cela s'explique° d'ailleurs,° car°
55 il y avait beaucoup de brouillard° et j'ai navigué pendant de longues heures sans apercevoir les flots.°

A la vérité, je me suis beaucoup ennuyé.° Je n'ai jamais eu sommeil et je n'ai pas usé un seul instant de la caféine et des autres stimulants que j'avais emportés par précaution. Je n'ai bu que de l'eau, mais je vous avoue° que j'avais, en
60 arrivant, une soif de tous les diables.°»

—Aviez-vous des bagages? demande quelqu'un.

—Non, aucun, répond Lindbergh. J'avais seulement mon passeport. Malheureusement, j'avais oublié d'y faire apposer° le visa.

Fort° gentiment, il refuse d'accepter tout le mérite de son admirable
65 performance.

—Si j'ai réussi, dit-il, c'est beaucoup grâce au° constructeur de mon avion et tous ceux qui ont bien voulu m'aider.

—Pensez-vous demeurer longtemps à Paris?

—Assez longtemps. Pas trop cependant. J'ai idée qu'il serait mieux que je
70 retourne chez moi aussitôt que possible.

Et souriant narquoisement,° il ajoute :

—On pourrait être inquiet,° vous savez.

—Retournerez-vous en avion ou par le bateau?

—Je ne pense pas retourner par l'air. Ce n'est pas intéressant. Ce vol° n'aurait
75 pas de signification.

Le Temps, lundi 23 mai 1927

Qu'en pensez-vous?

Etes-vous d'accord ou non avec les déclarations suivantes? Justifiez votre réponse.

1. Lindbergh a fini sa traversée pendant la journée.
2. La foule qui l'attendait était calme.
3. Lindbergh est trop fatigué pour parler à la presse.
4. Il a reçu un seul câblogramme, celui de sa mère.
5. Lindbergh exprime le désir de prendre un bain.
6. Il dit qu'il a vu beaucoup de navires pendant son trajet.
7. Il était difficile de voir la mer à cause du brouillard.
8. Malheureusement, il avait oublié son passeport.
9. Lindbergh dit qu'il va rester en France pour y passer deux mois de vacances.

le navire = *le grand bateau* / **s'expliquer** to be understandable / **d'ailleurs** moreover / **car** = *parce que* / **le brouillard** fog / **les flots** *m* waves / **s'ennuyer** to be bored / **avouer** to admit / **une soif... diables** one hell of a thirst / **apposer** to stamp / **fort** = *très* / **grâce à** thanks to / **narquoisement** slyly / **inquiet** worried / **le vol** flight

Nouveau contexte

Complétez les phrases suivantes en employant les termes appropriés. Employez chaque terme une seule fois.

Noms : aéroport *m*, brouillard *m*, phare *m*, traversée *f*
Verbes : a aperçu, criait, a indiqué, se poser, sortait
Adjectifs : jeune, rieur
Autre expression : à bord de

Le rêve de Chantal

Chantal dormait et rêvait. Dans son rêve elle était pilote _____1_____ un très petit avion qui faisait la _____2_____ de l'Atlantique pendant la nuit. Elle ne pouvait rien voir parce qu'il pleuvait et qu'il y avait beaucoup de _____3_____. Comme elle avait peur! Tout à coup elle _____4_____ un oiseau gigantesque à côté de son avion. Il lui _____5_____ «Suivez-moi! Suivez-moi!» Dans son bec (*beak*) il portait un _____6_____ pour illuminer la route. Après quelques heures, l'oiseau a guidé Chantal à un _____7_____ et lui _____8_____ l'endroit où elle devait _____9_____. Puis il a disparu. Quand Chantal _____10_____ de son avion, elle a vu un beau _____11_____ homme qui s'avançait vers elle. Il était grand, sportif, et _____12_____, et dans sa main droite il portait une cage contenant un perroquet qui criait «Suivez-moi! Suivez-moi!»

Vocabulaire satellite

le **pilote** pilot
l' **avion** *m* airplane
  voyager en avion to travel by
    plane
l' **aéroport** *m* airport
le **vol** flight
  décoller to take off
  atterrir to land
le **ciel** sky
le **nuage** cloud
la **mer** sea

la **terre** earth
le **temps** weather
le **brouillard** fog
l' **exploit** *m* exploit, feat
  avoir peur (de) to be afraid (of)
  dangereux, dangereuse
    dangerous
  courageux, courageuse brave
  fier, fière proud
le **héros** hero
l' **héroïne** *f* heroine

Pratique de la langue

1. Imaginez que vous êtes le premier journaliste américain à qui Lindbergh a accordé une interview. Ecrivez cette interview et présentez-la devant la classe.
2. Ecrivez un des dialogues suivants :
   a. Une conversation entre Lindbergh et une mouche (*fly*) qui est entrée dans son avion à New York et a fait la traversée avec lui.

    b. Une conversation de Lindbergh, extrêmement fatigué, avec lui-même vers la fin de son vol célèbre.

    c. Une conversation entre Lindbergh et sa mère quand Lindbergh avait dix ans.

3. Imaginez que vous avez fait partie de la foule qui a accueilli Lindbergh à l'aéroport du Bourget. Ecrivez une lettre à un(e) ami(e) qui décrit la scène que vous avez vue.

4. Imaginez que vous êtes Charles Lindbergh et que vous avez été invité à faire un discours aux élèves d'une école primaire. Préparez le discours et présentez-le devant la classe.

Sujets de discussion ou de composition

1. En 1789 on considère la ville de Williamsburg comme une bonne introduction à la vie des cités américaines. Si aujourd'hui vous deviez choisir une ville américaine représentative, laquelle choisiriez-vous? Pourquoi porteriez-vous votre choix sur cette ville plutôt qu'une autre?

2. Commentez les avantages et les inconvénients du téléphone.

3. A votre avis, est-ce que Charles Lindbergh était un héros? Pourquoi ou pourquoi pas?

10
La scène et les lettres

Les manuscrits enluminés

The illumination of manuscripts was an art form which flourished in the Middle Ages. Handwritten books were embellished by painted pictures and elaborately ornamented initial letters, giving the impression that the page had been literally illuminated. The concept of manuscript illuminations dates back to the Egyptians who illustrated their papyrus rolls. During the Hellenistic period, Alexandria became an important center for book production, as did Rome subsequently. The Romans used red paint called minium for their initial letters, whence the name miniature, a synonym for illumination. A major development which allowed great progress in the art of illumination was the use of animal skins to replace the papyrus or linen used by the Egyptians. These skins, specially treated for writing purposes, provided the artists with entire parchment pages, a work area analogous to a panel or wall where whole pictures could be painted, complete with background and frame.

Illumination was exploited heavily by Christians, Muslims, and Jews to glorify their scriptures. Most of the books preserved from the Christian era are indeed theological works for which the monasteries were largely responsible. From the beginning of the Gothic period, France became a leader in manuscript illumination and by the first half of the fifteenth century was widely acclaimed for the quality of its productions. With the advent of printing, however, in the second half of the fifteenth century, painted pictures were replaced by printed illustrations.

The critic John Fleming points out that "in the Middle Ages art was not its own excuse for being. It was a didactic and pedagogical technique, joining with a number of other techniques to explain and celebrate a divinely ordained and revealed world order."[1] He goes on to add that "in many illustrated manuscripts of the Middle Ages the illustrations are more than merely decorative. There is an intimate relationship between the painted picture and written text . . ."[2] One of the best examples one could find to illustrate this intimate relationship is the *Roman de la Rose*, a monumental work begun by Guillaume de Lorris (4,058 verses) between 1230 and 1240 and completed by Jean de Meung (17,722 verses) around 1280.

The *Roman de la Rose* is the tale of a young man's quest for love and its fulfillment. The story is told as a psychological allegory. The Lover has a dream in which he is admitted to the Garden of Mirth by Idleness. There he falls in love with a Rose, for the God of Love has pierced him with five arrows (Beauty, Simplicity, Courtesy, Companionship, and Fair Seeming). The rest of the story

[1] *The Roman de la Rose, A Study in Allegory and Iconography*. Princeton University Press, 1969, page 11.

[2] Fleming, page 12.

describes the Lover's thoughts and feelings as he seeks to win the Rose. Along the way he encounters various allegorical abstractions that either support or oppose his quest: Fair Welcome, Danger, Reason, Pity, Evil Tongue, Jealousy, Friend, False Seeming, Shame, Delight, Nature, Genius, etc. Many key episodes are illustrated by miniatures. At one point, for instance, Reason discourses on the Wheel of Fortune and the text is illuminated. The goddess Fortune is shown as "a crowned queen, as one who reigns in this world. She is blindfolded, because indifferent in her ministrations, and turns a large wheel, the Wheel of Fortune. Often there are four men at the wheel's quadrants; their names are *Regno* (I reign), *Regnavi* (I have reigned), *Sine-Regno-Sum* (I am without reign), and *Regnabo* (I shall reign)."[3]

La roue de la Fortune

The following two excerpts from a modern French rendering of the *Roman de la Rose* feature Idleness and Narcissus. In the first, Idleness introduces herself to the Lover and describes the Garden of Mirth. The second tells the story of Narcissus. Both episodes are taken from the first part of the *Roman de la Rose*, by Guillaume de Lorris, and both are accompanied by illuminations.

[3] Fleming, page 124.

Le Roman de la rose

I. Oiseuse°

«On m'appelle Oiseuse, dit-elle. Je suis femme riche et puissante.° Mon bonheur ne consiste qu'à jouer et à me divertir,° à me peigner° et à me tresser°; je ne m'entends à° nulle autre chose. Je suis la compagne et privée° de Déduit,° le
5   mignon° et le gracieux. C'est à lui qu'appartient° ce jardin; c'est lui qui y planta ces arbres qu'il fit apporter de la terre des Sarrasins.° Quand les arbres furent grands, Déduit fit faire tout autour° le mur° que vous avez vu et peindre° à l'extérieur les images qui ne sont agréables ni jolies, comme vous le vîtes,° mais tristes et douloureuses.°
10   Maintes° fois, pour se divertir, Déduit et sa joyeuse compagnie viennent ici se mettre à l'ombre.° En ce moment même,° il s'y trouve° sans doute,° écoutant chanter le rossignol,° le mauvis,° et les autres oiselets.° Il joue et prend ses ébats° dans ce jardin avec sa suite°; il trouverait difficilement plus beau lieu° et plus belle place pour se distraire.° Les compagnons que Déduit mène° avec lui sont les
15   plus belles gens que jamais vous puissiez rencontrer en nulle contrée....»

Amant et Oiseuse à la porte du jardin

II. Narcisse

J'arrivai enfin dans un bosquet° où je trouvai une fontaine ombragée° d'un pin°
magnifique et plus élevé que tous les arbres du jardin. La fontaine coulait° dans
une pierre de marbre° sur le rebord° de laquelle, en amont,° se voyait° une
20 inscription en petites lettres qui disait : ICI SE MOURUT° LE BEAU NARCISSE.
Narcisse fut un demoiseau° qu'Amour prit dans ses lacs,° et tant Amour le
tourmenta et le fit pleurer et se plaindre° qu'il finit par rendre l'âme,° car° Echo,
une haute dame,° l'avait aimé plus que tout au monde; elle souffrit tant pour lui
qu'elle lui dit qu'elle mourrait s'il lui refusait son amour, mais Narcisse qui était
25 fier de sa beauté et plein de dédain° ne le voulut octroyer° pour pleurs° ni pour
prière.° Quand elle se vit éconduire,° Echo en eut tel dépit° et tel chagrin qu'elle
en mourut, mais avant qu'elle expirât, elle pria Dieu que Narcisse au cœur
farouche,° qui s'était montré si froid envers elle, fût pressé° et échauffé° d'un
amour dont il ne pût espérer de joie, et qu'ainsi il pût apprendre à ses dépens° les
30 souffrances endurées par les amants loyaux que l'on repousse° aussi indignement.° Cette prière était raisonnable, et Dieu l'exauça.° Un jour qu'il était à la
chasse,° Narcisse vint par aventure° se reposer à l'ombre du pin. Il était hors
d'haleine,° car il avait couru longuement, et la journée était chaude. Quand il
fut devant la fontaine que le pin couvrait de ses rameaux,° il lui vint le désir d'y
35 boire; couché à dents° sur le bord de l'eau claire, il y trempa° ses lèvres,° et il vit
s'y refléter son visage et sa bouche; il s'ébahit° aussitôt, car, trompé° par son
ombre,° il crut° y voir l'image d'un enfant beau à démesure.° Lors° Amour sut
bien° se venger de° ses dédains, et Narcisse eut sa récompense, car il musa° tant à
la fontaine qu'il s'éprit de° son ombre et périt° à la fin. Quand il vit qu'il ne
40 pourrait accomplir ce qu'il désirait et que cet amour fatal ne serait satisfait en
aucune manière,° il devint fou de désespoir° et mourut en peu d'instants. Ainsi

---

I : **l'oiseuse** *f* (*archaïque*) the idle one, idleness / **puissant** powerful / **se divertir** =
s'amuser / **se peigner (les cheveux)** to comb one's hair / **se tresser (les cheveux)** to
braid one's hair / **s'entendre à** = *être habile à* / **la privée** intimate /
le déduit (*archaïque*) mirth / **mignon** = *gentil* / **appartenir** to belong / **les
Sarrasins** name given to the Muslims in the Middle Ages / **tout autour** all around /
le mur wall / **(fit) peindre** had . . . painted / **vîtes** = *voir* (*passé simple*) /
douloureux = *triste* / **maint** = *plusieurs* / **l'ombre** *f* shade / **en ce moment**
même at this very moment / **se trouve** = *est* / **sans doute** no doubt / **le**
rossignol nightingale / **le mauvis** redwing / **l'oiselet** *m petit oiseau* / **prendre ses**
ébats = *se divertir* / **la suite** following / **le lieu** = *l'endroit* / **se distraire** = *s'amuser* /
mener to take II : **le bosquet** = *petit bois* / **ombragé** shaded / **le pin** pine tree /
couler to flow / **la pierre de marbre** marble stone / **le rebord** edge / **en amont** =
au-dessus / **se voyait** could be seen / **se mourir** = *mourir* / **le demoiseau** (*archaïque*) =
le jeune homme / **les lacs** *m pl* snare / **se plaindre** to complain / **rendre l'âme** to give
up the ghost / **car** for / **la haute dame** fine lady /

eut-il son salaire de la meschine° qu'il avait éconduite. Retenez° cet exemple, dames qui manquez à° vos amis, car si vous les laissez mourir, Dieu saura bien vous le faire payer.

45

Guillaume de Lorris et Jean de Meung, *Le Roman de la rose*
(mis en français moderne par André Mary)

Narcisse à la fontaine

Qu'en pensez-vous?

Etes-vous d'accord ou non avec les déclarations suivantes? Justifiez votre réponse.

1. Oiseuse mène une vie active.
2. Le jardin de Déduit est entouré d'un mur.
3. Déduit a préparé ce jardin comme un endroit réservé à la méditation.
4. La fontaine de Narcisse se trouve dans la plaine.

le dédain disdain, scorn / **octroyer** = *accorder, concéder* / **le pleur** tear / **la prière** prayer, plea / **se vit éconduire** saw herself rejected / **le dépit** spite / **farouche** = *sauvage* / **presser** = *persécuter* / **échauffer** = *enflammer* / **à ses dépens** at his own expense / **repousser** to spurn / **indignement** undeservedly / **exaucer** = *accorder* / **à la chasse** hunting / **par aventure** = *par hasard* / **hors d'haleine** out of breath / **le rameau** = *la branche* / **couché à dents** stretched out / **tremper** to wet, to soak / **la lèvre** lip / **s'ébahir** = *s'étonner* / **trompé** = *dupé* / **l'ombre** *f* shadow / **crut** = *croire (passé simple)* / **à démesure** = *excessivement* / **lors** = *alors* / **sut bien** = *a bien réussi à* / **se venger de** to avenge / **muser** = *rêver* / **s'éprendre de** to fall in love with / **périr** = *mourir* / **en aucune manière** in no way / **le désespoir** despair / **la meschine** (*archaïque*) = *la jeune fille* / **retenir** = *se rappeler* / **manquer à** to be unfaithful to

5. C'est Amour qui a fait mourir Narcisse.
6. C'est Narcisse qui a fait mourir Echo.
7. Echo a eu le temps de faire une prière avant de mourir.
8. Narcisse est venu à la fontaine pour voir son ombre dans l'eau.
9. Il est tombé amoureux de la personne dans la fontaine.
10. Narcisse est mort de désespoir.

Nouveau contexte

Complétez les phrases suivantes en employant les termes appropriés. Employez chaque terme une seule fois.

Noms : bonheur *m*, dédain *m*, dépens *m*, désespoir *m*, monde *m*, prières *f*, souffrances *f*
Verbes : s'est épris de, a fait souffrir, me peigne, reflétait, a repoussé, retiens, te trouver, s'est vengé de
Adjectifs : douloureux, fier, froid, satisfait de

—Toujours devant le miroir, Sylvie?
—Il faut bien que je _____1_____ les cheveux avant de sortir, maman.
—Oui, mais le miroir, c'est ton _____2_____ et ta joie. Attention! Avec une telle attitude narcissique, tu finiras par _____3_____ dans un jardin avec les autres fleurs.
—Comment? Je ne te comprends pas, maman.
—Le beau Narcisse a commencé comme toi. Il aimait l'image que son miroir _____4_____. Il était très _____5_____ lui-même.
—Oui, il était bien comme moi!
—Mais sa vanité lui a causé de cruelles _____6_____ finalement. Il _____7_____ lui-même; il est tombé amoureux de sa propre personne. Et quand il n'a pas reçu la récompense qu'il attendait de son amour, il est mort de _____8_____.
—C'est dommage, maman, mais du moins c'est une leçon qu'il a apprise à ses propres _____9_____.
—Hélas, non! Il _____10_____ également la nymphe Echo.
—La nymphe Echo? Mais quelle histoire!
—Narcisse était si _____11_____ de sa grande beauté qu'il ne pouvait aimer personne d'autre. Il avait le cœur _____12_____ et plein de _____13_____ pour les autres. Il _____14_____ Echo, refusant d'écouter ses _____15_____ pressantes.
—Mais comment est-il devenu une fleur?
—C'est Amour qui _____16_____ l'égoïsme de Narcisse en le changeant en une fleur. _____17_____ bien cette leçon, ma chérie, si tu veux éviter des moments _____18_____ dans ta vie. L'amour est la plus grande richesse au _____19_____ mais c'est un trésor qui augmente seulement s'il est partagé avec une autre personne. Tu comprends maintenant?
—Je comprends, maman, mais j'aime toujours mon miroir!

Vocabulaire satellite

la **beauté physique**   physical beauty
la **valeur personnelle**   personal worth
la **dignité**   dignity
l' **estime** *f*   esteem
le **mépris**   scorn
  poursuivre, rejeter   to pursue, to reject
  accueillir   to receive (someone)
  traiter avec respect, maltraiter   to treat with respect, to mistreat
  estimer, apprécier   to esteem, to appreciate

  mépriser, dédaigner   to scorn, to disdain
se **croire supérieur**   to consider oneself better
s' **enorgueillir de**   to pride oneself on
  sous-estimer   to underestimate
  excessif, excessive   excessive
  fier, fière; orgueilleux, orgueilleuse   proud
  frustré   frustrated
  honnête, sincère   honest, sincere

Pratique de la langue

1. Ecrivez et jouez une adaptation moderne, en trois ou quatre scènes, du drame d'Echo et de Narcisse. Donnez de nouveaux noms à vos personnages, si vous préférez, et faites-les agir dans un contexte contemporain. Votre petite présentation doit prouver que, quels que soient (*whatever*) l'époque ou l'endroit, le drame de la nature humaine ne change pas.

2. Organisez un débat sur la question suivante : la punition de Narcisse est-elle justifiée? En quoi consiste sa faute? Considérez-vous cette peine appropriée à l'acte?

3. Préparez un dialogue imaginaire entre Echo et son psychiatre. Ils discutent les problèmes d'Echo : la nature et l'origine de la difficulté, et comment ils proposent de la résoudre.

4. «L'oisiveté (*idleness*) est la mère de tous les vices.» Jusqu'à quel point ce proverbe est-il juste? Y a-t-il un rôle dans la vie pour l'oisiveté ou doit-on toujours être en train de faire quelque chose? Ecrivez un dialogue entre une personne qui se passionne pour l'oisiveté et une autre qui la déteste.

5. Quelle différence y a-t-il entre égoïsme et amour-propre (*self-esteem*)? Quel devrait être le rôle de celui-ci (*the latter*) dans la vie? Est-il désirable? indispensable? Qu'est-ce qui arrive si on n'en a pas? Est-il vrai que «charité bien ordonnée (*ordered*) commence par soi-même»?

La bataille d'*Hernani*

The French public takes its literature seriously. Knowledgeable and articulate, it has historically followed new trends in literary taste keenly, and it relishes a healthy clash of the pen as much as it does a good political battle.

Hernani à la Comédie-Française

One of the most famous of the many literary quarrels played out before the French public involved Victor Hugo's play *Hernani*, first performed on February 25, 1830. Victor Hugo (1802–1885), one of the most innovative poets, novelists, and playwrights in French history and the acknowledged head of the French Romantic movement, had decided that the French theater, a haven of traditional literary taste, would serve as the literary battleground between the Romantics, rising young artists, and the Classics, older protectors of the status quo.

Classical tragedy, based on the concepts of simplicity and unity, focused on the subtle psychological situations of the characters. *Hernani*, however, was a melodrama, a colorful, action-packed spectacle that featured actors wielding swords and holding torches, and royal escorts and military men marching on stage. It infuriated the Classics, who found it offensive in both form and content.

Even in rehearsal the play was controversial, as conservative critics would furtively peek at scenes and spread gossip around town. By the time the play was ready to be performed, virtually every major paper in Paris had written critical stories about it. To make matters worse, Hugo flatly refused to allow the theater to hire official applauders (*claqueurs*), as custom required, saying that he would rather rely on the support of his friends.

Hugo's friends and fellow Romantics received permission to enter the theater at 3:00 p.m., some four hours before the first performance. Wearing beards and long hair, they assembled at the front door dressed in eccentric historical costumes. One wore a Spanish cape, another a vest à la Robespierre, others sported plumed hats, and the writer Théophile Gautier, one of Hugo's strongest supporters, wore a vest of scarlet satin. They so outraged the Classics that they were pelted with vegetables. The writer Balzac, it is claimed, was hit with a piece of cabbage.

Once they were let inside, the situation got even worse. From 3:00 to 7:00 p.m. they sang songs, imitated the cries of animals, and ate chocolate, sausage, ham, garlic, and bread. When the doors were opened to the general public, they whistled at the most beautiful women, much to the consternation of the ladies' escorts.

The first performance of *Hernani* was punctuated by numerous outbursts of clapping by the Romantics and hissing by the Classics, a pattern that was followed during successive performances. The play's notoriety made it a commercial success; Hugo sold the copyright to a publisher after its first performance, and the play had a total of thirty-six performances. Most important, however, the Romantics had made their point. *Hernani* has since become a classic in its own right, having been performed more than 100 times at the Comédie-Française.

The following dialogue between Victor Hugo and Mlle Mars, the actress who played the leading female role, shows the resistance Hugo faced even with his own actors in rehearsal. The incident is reported in memoirs written by Hugo's wife, Adèle.

Victor Hugo et Mademoiselle Mars

Mademoiselle Mars avait alors° cinquante ans; il était tout simple qu'elle aimât° les pièces° qu'elle avait jouées dans sa jeunesse et celles qui leur ressemblaient; elle était hostile à la rénovation° dramatique. Elle avait surtout accepté le rôle pour qu'il ne fût° pas joué par une autre.

5   Les choses se passaient à peu près ainsi° :

Au milieu de la répétition,° mademoiselle Mars s'arrêtait tout à coup.°

—Pardon, j'ai un mot à dire à l'auteur.

Mademoiselle Mars s'avançait jusque sur la rampe,° mettait sa main sur ses yeux, et, quoiqu'elle sût° très bien à quel endroit° de l'orchestre était l'auteur,
10 elle faisait semblant° de le chercher.

alors then / **aimât** = *aimer* (imperfect subjunctive) : would like / **la pièce** play / **la rénovation** = *l'innovation* / **fût** = *être* (imperfect subjunctive) : would be / **à peu près ainsi** just about this way / **la répétition** rehearsal / **tout à coup** = *soudain* / **la rampe** footlights (in front of the stage) / **sût** = *savoir* (imperfect subjunctive) / **l'endroit** *m* place / **faire semblant de** to pretend

C'était sa petite mise en scène,° à elle.

—M. Hugo! demandait-elle; M. Hugo est-il là?

—Me voici, madame, répondait M. Hugo en se levant.

—Ah! très bien! merci... Dites-moi, M. Hugo...

15 —Madame!

—J'ai à dire ce vers°-là : «Vous êtes mon lion superbe et généreux!» Est-ce que vous aimez cela, M. Hugo?

—Quoi?

— «Vous êtes mon lion!»

20 —Je l'ai écrit ainsi, madame, donc j'ai cru que c'était bien.

—Alors vous tenez à° votre «lion»?

—J'y tiens et je n'y tiens pas, madame; trouvez-moi quelque chose de mieux, et je mettrai cette autre chose en place.

—Ce n'est pas à moi à trouver cela! Je ne suis pas l'auteur, moi.

25 —Eh bien! alors, madame, puisqu'il en est ainsi,° laissons ce qui est écrit.

—C'est qu'en vérité cela me semble si drôle° d'appeler M. Firmin° mon «lion»!

—Ah! parce qu'en jouant le rôle de doña Sol, vous voulez rester mademoiselle Mars; si vous étiez vraiment la pupille° de don Ruy Gomez de

30 Sylva, c'est-à-dire une noble castillane° du seizième siècle, vous ne verriez pas dans Hernani M. Firmin, mais un de ces terribles chefs de bandes qui faisaient trembler Charles-Quint° jusque dans sa capitale; alors vous comprendriez qu'une telle° femme peut appeler un tel homme «mon lion», et cela vous semblerait moins drôle.

35 —C'est bien! puisque vous tenez à votre «lion», n'en parlons plus. Je suis ici pour dire ce qui est écrit; il y a dans le manuscrit «mon lion!» je dirai : «mon lion», moi... —Allons, Firmin, «Vous êtes mon lion superbe et génereux!»

Seulement, le lendemain,° arrivée au même endroit, mademoiselle Mars s'arrêtait. Comme la veille,° elle mettait sa main sur ses yeux. Comme la veille,

40 elle faisait semblant de chercher l'auteur.

—M. Hugo est-il là?

—Me voici, madame, répondait Hugo avec sa même placidité.

—Eh bien, avez-vous réfléchi?

—A quoi, madame?

45 —A ce que je vous ai dit hier.

—Hier, vous m'avez fait l'honneur de me dire beaucoup de choses.

---

la mise en scène production / **le vers** line (of poetry) / **tenir à** to be attached to /
puisqu'il en est ainsi since it is so / **drôle** = *amusant* / **Firmin** = *l'acteur qui joue le rôle*
d'Hernani / **la pupille** ward / **castillan** Castilian / **Charles-Quint** = *Charles V, roi*
d'Espagne / **tel** such a / **le lendemain** the next day / **la veille** the day before

—Oui, vous avez raison... Mais je veux parler de ce fameux° hémistiche.°

—Lequel?

—Eh! mon Dieu! vous savez bien lequel!

50 —Je vous jure° que non, madame; vous me faites tant de bonnes et justes observations que je confonds° les unes avec les autres.

—Je parle de l'hémistiche du «lion...»

—Ah! oui, «vous êtes mon lion!» Je me rappelle.

—Eh bien! avez-vous trouvé un autre hémistiche?

55 —Je vous avoue que je n'en ai pas cherché.

—Vous ne trouvez pas cet hémistiche dangereux?

—Je ne sais pas ce que vous appelez dangereux, madame.

—J'appelle dangereux ce qui peut être sifflé.°

—Je n'ai jamais eu la prétention° de ne pas être sifflé.

60 —Soit,° mais il faut être sifflé le moins possible.

—Vous croyez donc qu'on sifflera l'hémistiche du «lion»?

—J'en suis sûre.

—Alors, madame, c'est que vous ne le direz pas avec votre talent habituel.

—Je le dirai de mon mieux... cependant je préférerais...

65 —Quoi? —Dire autre chose. —Quoi? —Autre chose enfin!

—Quoi?

—Dire —et mademoiselle Mars avait l'air de chercher le mot que, depuis trois jours, elle mâchait entre ses dents,° — dire, par exemple, heu... heu... heu... «Vous êtes, monseigneur, superbe et généreux!»

70 Est-ce que «monseigneur» ne fait pas le vers comme «mon lion»?

—Si fait,° madame, seulement «mon lion» relève° le vers et «monseigneur» l'aplatit.° J'aime mieux être sifflé pour un bon vers qu'applaudi pour un méchant.

—C'est bien, c'est bien... Ne nous fâchons° pas... On dira votre «bon vers» 75 sans y rien changer! —Allons, Firmin, mon ami, continuons...

«Vous êtes mon lion superbe et généreux!»

Si indifférent que fût M. Victor Hugo à ces petites impertinences, il y eut un moment où sa dignité ne put° plus les tolérer. A la fin d'une répétition, il dit à mademoiselle Mars qu'il avait à lui parler. Ils allèrent dans le petit foyer.

80 —Madame, dit M. Victor Hugo, je vous prie° de me rendre° votre rôle.

Mademoiselle Mars pâlit. C'était la première fois de sa vie qu'on lui retirait

---

fameux famous (here, notorious) / **l'hémistiche** *m* hemistich (line of six syllables), referring to «vous êtes mon lion» / **jurer** to swear / **confondre** to confuse / **sifflé** booed / **avoir la prétention** to pretend, lay claim / **soit** so be it / **mâcher entre les dents** to die to say (lit., to chew on between one's teeth) / **si fait** = *c'est vrai* / **relever** to enhance / **aplatir** to flatten / **se fâcher** to get angry / **put** = *pouvoir* (*passé simple*) / **je vous prie** = *je vous demande* / **rendre** to hand over, give up

un rôle. Jusque-là, on la suppliait° de les accepter, et c'était elle qui les refusait. Elle sentit la perte° de prestige qui pouvait résulter pour elle d'un fait° pareil.° Elle reconnut° son tort,° et promit de ne plus recommencer.

85   Adèle Foucher Hugo, *Victor Hugo raconté par un témoin de sa vie*

Qu'en pensez-vous?

Etes-vous d'accord ou non avec les déclarations suivantes? Justifiez votre réponse.

1. Mlle Mars est l'actrice idéale pour jouer dans une pièce innovatrice.
2. Elle dit qu'elle n'aime pas le vers «vous êtes mon lion.»
3. Victor Hugo décide de changer ce vers.
4. Le lendemain, Mlle Mars affirme ses objections au vers.
5. Cette fois-ci elle dit qu'elle a peur d'être sifflée.
6. Victor Hugo a peur aussi d'être sifflé.
7. Mlle Mars recommande un autre vers.
8. Victor Hugo trouve ce vers brillant, et il l'accepte immédiatement.
9. Finalement, Hugo demande à Mlle Mars de rendre son rôle.
10. Mlle Mars le lui rend volontiers (*willingly*).

Nouveau contexte

Complétez les phrases suivantes en employant les termes appropriés. Employez chaque terme une seule fois.

Noms : pièce *f*, prestige *m*, répétition *f*, talent *m*, tort *m*
Verbes : jouer, s'est passé, rendre, a sifflée, tenait
Adjectifs : drôle, hostile

Le monologue d'une actrice en colère

Comme je suis fâchée! Pourquoi, te demandes-tu? Eh bien, parce qu'on m' _____1_____ hier soir! Oui, moi, la meilleure actrice du monde, qui suis universellement applaudie! Et c'est la faute de M. Gauchis, ce metteur en scène (*director*) imbécile! Voici ce qui _____2_____. Vendredi soir, pendant notre dernière _____3_____, M. Gauchis m'a demandé de changer de perruque (*wig*). «Voici une autre perruque qui est mieux adaptée à votre rôle», a-t-il dit. Et il a placé sur ma tête une perruque haute comme la Tour Eiffel! J'ai protesté. J'ai supplié. «Comment puis-je _____4_____ avec cette Tour Eiffel sur la tête?» ai-je dit. Mais il _____5_____ toujours à son idée. Finalement, il m'a dit que si je refusais, je serais obligée de lui _____6_____ mon rôle. J'ai dû accepter...

Quand je suis entrée en scène hier soir, je savais que le public était _____7_____. Il trouvait ma perruque _____8_____. Et elle l'était! J'ai joué quand même, et peu à peu mon _____9_____ lui a fait oublier cette monstruosité sur ma tête.

supplier to plead with / **la perte** loss / **le fait** = *l'action* / **pareil** = *comme ça* /
reconnut = *reconnaître* (*passé simple*) : admitted / **le tort** = *l'erreur*

Tout s'est bien passé jusqu'à ce que j'aie baissé un peu trop la tête pendant le dernier acte, et (ô moment horrible!) ma perruque est tombée sur la scène! Le public a tout de suite commencé à siffler! J'ai dû jouer le reste de la _____10_____ sans perruque.

M. Gauchis a reconnu son _____11_____, mais c'était trop tard. J'avais perdu tout mon _____12_____ !

Vocabulaire satellite

le **dramaturge** playwright	la **pièce (de théâtre)** play
l' **acteur, l'actrice** actor, actress	la **scène** stage
jouer un rôle to play or act a role	le **costume** costume
le **critique** critic	le **décor** decor, scenery
la **critique** criticism	le **maquillage** make-up
le **metteur en scène** director	la **représentation** performance
le **public** audience	**représenter** to perform
siffler to boo	le **personnage** character
applaudir to applaud	l' **intrigue** *f* plot
assister à to attend	l' **action** *f* action

Pratique de la langue

1. Imaginez que vous êtes Mlle Mars et que vous écrivez une lettre à un(e) ami(e) expliquant pourquoi vous n'aimez pas Hugo et sa pièce.
2. Imaginez que vous êtes un critique de théâtre et que vous êtes entré(e) clandestinement (*secretly*) dans la salle de théâtre au moment où Hugo et Mlle Mars se disputaient. Vous décidez d'écrire un article scandaleux sur cette dispute dans le journal du lendemain.
3. Imaginez que vous êtes Victor Hugo et que vous écrivez une lettre à un(e) ami(e) expliquant pourquoi vous n'aimez pas trop Mlle Mars.
4. Préparez un des dialogues suivants :
   a. Un dialogue entre Mlle Mars et son psychiatre.
   b. Un dialogue entre Victor Hugo et son psychiatre.
   c. Un dialogue entre Mlle Mars et Firmin, l'acteur qui joue le rôle d'Hernani.

Théâtre et gloire : les feux de la rampe

From its inception in the Middle Ages, theatre has always played a crucial part in French literature and art. Playwrights, directors, and actors enjoy equal prominence in modern French intellectual life, especially since the decentralization and popular theatre movements of the 1960s and 70s, which sought to disseminate French culture throughout France.

In the nineteenth century, theatre-going was largely a privileged leisure activity, and, as the following text indicates, the show was found as much in the audience as on stage. It was during this period that the young Parisian, Rosine Bernard (1844–1923) became the celebrated actress Sarah Bernhardt. A woman of great beauty and talent who possessed an exceptional voice, she was also an excellent writer, painter, and sculptor. Following her training at the *Conservatoire* (1860–62) she was accepted as a member of the *Comédie-Française*, France's national theatre dedicated to the staging of French classical plays. In 1866, when only twenty-two, she was invited to join the Odéon, one of Paris's most prestigious theatres. There Sarah Bernhardt's reputation was fully established as she started performing in contemporary plays. At the Odéon she met some of the leading intellectual and political figures of her time, including the great woman writer George Sand, then sixty-two years old. In 1872 Sarah Bernhardt went back to the *Comédie-Française* to play title roles in traditional plays.

One of the first plays in which Sarah Bernhardt performed at the Odéon was *Kean* by Alexandre Dumas père. The selection below illustrates the artistic and political rivalry then existing between the admirers of Victor Hugo (1802–1885) and those of Dumas père (1802–1870). The latter, with his crude, brash, melodramatic historical plays, represented the trend set by Emperor Napoleon III, whereas Hugo, who considered the emperor a tyrant, professed the liberalism that had forced him into exile in 1851. Sarah Bernhardt found herself in the middle. Her performance in *Kean* was to be a much less significant

Sarah Bernhardt

moment in her career than her later portrayal of Queen Maria in Hugo's *Ruy Blas*, one of her more remarkable successes.

This great actress formed her own company in 1880 and became a travelling star and international idol. Even after the amputation of her leg in 1915, numerous roles were created for her, and she maintained her great popularity. During her acting career, she not only played prominent female roles but took on leading male roles as well (*e.g.*, Hamlet). Today Sarah Bernhardt's acting style would probably seem exaggerated and melodramatic.

As a writer, Sarah Bernhardt published, among other things, her autobiography *Ma double vie* (1907), a treatise on acting entitled *L'Art du théâtre*, and a novel. Her memoirs contain interesting impressions of the United States, which she toured at the end of the century. She first visited New York, where she performed triumphantly and met Thomas Edison and his family. Then, she went on to Boston, which she particularly loved and described as "the city of great ladies."

The following excerpt from *Ma double vie* shows the eagerness, enthusiasm, and passion of a young actress who was as yet unaware that she was to become a legend in the theatre.

Les débuts de Sarah Bernhardt au théâtre de l'Odéon

A l'Odéon, j'étais heureuse. On ne pensait qu'à monter des pièces.° On répétait° le matin, l'après-midi, tout le temps. J'adorais cela.

J'habitais l'été un pavillon° dans la villa Montmorency, à Auteuil.° Je venais dans un «petit-duc°» que je conduisais moi-même. J'avais deux poneys
5 merveilleux que m'avait donnés ma tante Rosine, parce qu'ils avaient failli° lui casser la tête, s'étant emballés° à Saint-Cloud près d'un manège tournant de chevaux de bois.°

Un jour, ma mère eut° la curiosité de venir voir les coulisses.° J'ai cru qu'elle allait mourir de dégoût.° «Ah! malheureuse enfant! Comment peux-tu vivre là-
10 dedans°?» murmura-t-elle. Et, arrivée dehors, maman respira,° humant° l'air à plusieurs reprises.°

Oui, je pouvais vivre là-dedans. Je ne vivais même bien que là-dedans. Depuis, j'ai un peu changé. Mais j'ai encore une grande sympathie pour cette

---

monter des pièces to stage plays / **répéter** to rehearse / **le pavillon** = *la maison* /
Auteuil = *un quartier élégant et résidentiel au sud-ouest de Paris, près du bois de Boulogne* / **«le petit duc»** elegant small horse carriage for two people / **avaient failli** had almost /
s'emballer to bolt / **un manège tournant de chevaux de bois** a merry-go-round /
eut = *avoir (passé simple)* / **les coulisses** *f pl* wings (of the stage) / **le dégoût** disgust /
là-dedans in there / **respirer** to breathe / **humer** to breathe in / **à plusieurs reprises** = *plusieurs fois*

usine° sombre dans laquelle, joyeux lapidaires° de l'art, nous taillions° les
15 pierres° précieuses fournies° par les poètes.

Les jours s'égrenaient,° emportant° de petits espoirs déçus.° Les jours
naissants apportaient de nouveaux rêves; et la vie me semblait un éternel
bonheur.

Je jouai tour à tour° : *Le Marquis de Villemer*, le rôle de la folle baronne, femme
20 déjà experte âgée de trente-cinq ans —j'en avais à peine° vingt et un et j'avais
l'air d'°en avoir dix-sept—; *François le Champi*, le rôle de Mariette, dans lequel
j'eus un gros succès.

Les répétitions° de ces pièces sont restées dans mon souvenir comme autant
d'°heures exquises.

25 Mme George Sand,° douce et charmante créature, était d'une timidité
extrême. Elle parlait peu et fumait° tout le temps. Ses grands yeux étaient
toujours rêveurs. Sa bouche, un peu lourde° et vulgaire, avait une grande
bonté.° Elle avait peut-être été d'une taille moyenne,° mais elle semblait tassée.°
Sa voix était douce et charmeuse.

30 Le prince Napoléon,° surnommé° «Plon-Plon» par le populaire,° venait
souvent aux répétitions de George Sand. Il ressemblait tellement à Napoléon Ier
que je lui en voulus° tout de suite.

Mme Sand me présenta à lui, malgré moi.°

Il regardait d'une façon impertinente. Il me déplut.° Je répondis à peine aux
35 compliments qu'il me fit,° et me glissai° tout contre George Sand. «C'est ma
petite Madone, dit-elle, ne la tourmentez pas.» Et je restai près d'elle, jetant un
œil° furtif et mécontent au prince.

Le prince était assez sans façon,° mais il n'aimait pas qu'on lui manque de
respect. Un jour, un artiste nommé Paul Deshayes, entra dans le foyer des
40 artistes.° Cet artiste était commun et un peu anarchiste. Il salua Mme Sand, et
s'adressant au prince, il dit : «Vous êtes assis sur mes gants,° Monsieur.» Le
prince se souleva° à peine, envoya la paire de gants à terre,° disant : «Tiens, je

---

l'usine *f* factory | **le lapidaire** lapidary (workman who cuts, polishes, engraves precious
stones | **tailler** to cut | **la pierre** stone | **fourni** provided | **s'égrener** = *passer un
à un* | **emporter** to carry away | **déçu** disappointed (here unrealized) | **tour à
tour** = *consécutivement* | **à peine** barely | **avoir l'air de** = *donner l'impression de* | **la
répétition** rehearsal | **comme autant de** as so many | **George Sand** popular female
writer | **fumer** smoke | **lourde** = *épaisse, grave* | **la bonté** goodness | **de taille
moyenne** average size | **tassé** shrunken | **le prince Napoléon** the future Napoleon III,
French Emperor during the Second Empire (1852–1870) | **surnommé** nicknamed | **le
populaire** = *les gens du peuple* | **en vouloir à quelqu'un** to hold it against someone |
malgré moi against my will | **déplut** = *déplaire (passé simple)* | **fit** = *faire (passé simple)* |
se glisser contre quelqu'un to slip next to someone | **jeter un œil** to cast a glance |
sans façon simple | **le foyer des artistes** greenroom | **le gant** glove | **se
soulever** to lift oneself up | **à terre** on the ground |

croyais la banquette° propre.°» L'acteur rougit, ramassa° ses gants, et sortit en murmurant quelque menace° communarde.°

45   Je jouai «*Kean*», d'Alexandre Dumas, le rôle d'Anna Damby. Le public, le soir de cette première, était très méchant, très monté contre° Alexandre Dumas père. La politique mettait depuis quelques mois les cerveaux en ébullition.° On voulait le retour de Victor Hugo.

    Au moment où Dumas pénétra dans sa loge,° des hurlements° l'accueillirent.°
50 Puis les étudiants, qui étaient en grand nombre, se mirent à° réclamer° «*Ruy Blas*»° sur l'air des lampions.° Je n'avais pas encore vu pareille scène.° Je vis le grand Dumas, pâle de colère° montrant le poing,° criant, jurant,° tempêtant.° Puis, tout à coup, salve d'applaudissements.° On permit à Dumas de parler.

    Mais il ne fut écouté que pendant quelques instants. Les cris de «Ruy Blas!
55 Ruy Blas! Victor Hugo! Victor Hugo!» se firent à nouveau entendre dans un vacarme° infernal.

    Nous étions depuis une heure prêts à commencer le spectacle.° J'étais très excitée.

    Enfin, Chilly et Duquesnel° vinrent° sur la scène; «Mes enfants, ayez du
60 courage! La salle est déchaînée°; ça ira comme ça ira... mais commençons!»

    «Ah! dis-je à Duquesnel, tu sais, j'ai peur de m'évanouir.°»

    «Il n'y a rien à faire! dit Duquesnel. Aie peur! Joue°! Et ne t'évanouis à aucun prix°!»

    On leva le rideau° au milieu de la tempête, des cris d'oiseaux, des
65 miaulements° de chats, et de la reprise° sourde° et rythmée des «Ruy Blas! Ruy Blas! Victor Hugo! Victor Hugo!!!»...

    Mon tour arriva. Berton père, qui jouait Kean, avait été mal reçu. J'entrai, vêtue du costume excentrique «en Anglaise de 1820». J'entendis un éclat de rire° qui me cloua° sur le seuil° de la porte où je venais de paraître. Au même
70 instant, les applaudissements de mes chers petits amis les étudiants couvraient le rire des méchants.° Je pris courage et me sentis même le désir de batailler. Mais

---

la banquette wallseat / **propre** clean / **ramasser** to pick up / **la menace** threat /
communard = *du groupe populaire, socialiste et parisien, qui allait instiguer la révolte de la Commune en
1871* / **monté contre** = *hostile à* / **mettre les cerveaux en ébullition** to bring tempers to a
boil / **la loge** box / **le hurlement** howl / **accueillir** to greet / **se mettre à** =
commencer à / **réclamer** to ask for / **Ruy Blas** = *pièce de Victor Hugo* / **sur l'air des
lampions** in a rhythmic chant (as the audience in 1827 had rhythmically shouted
«*Des lampions!*» to demand lighting) / **pareille scène** = *une scène comme ça* /
la colère anger / **le poing** fist / **jurer** to swear / **tempêter** to rant and rave /
la salve d'applaudissements burst of applause / **le vacarme** racket / **le
spectacle** performance / **Chilly, Duquesnel** = *directeurs du théâtre de l'Odéon* / **vinrent** =
venir (passé simple) / **déchaîné** raging / **s'évanouir** to faint / **jouer** to act / **à aucun
prix** = *pour aucune raison* / **le rideau** curtain / **le miaulement** mewing, caterwauling /
la reprise resumption / **sourd** muffled, muted / **l'éclat de rire** *m* a burst of laughter /
clouer to nail / **le seuil** door sill / **le méchant** nasty person

je n'en eus pas besoin, car, après la seconde et interminable tirade dans laquelle je laisse entrevoir° mon amour pour Kean, le public ravi° me fit une ovation.

Sarah Bernhardt, *Ma double vie : Mémoires de Sarah Bernhardt*

Qu'en pensez-vous?

Etes-vous d'accord ou non avec les déclarations suivantes? Justifiez votre réponse.

1. Sarah Bernhardt était heureuse à l'Odéon parce qu'on ne travaillait pas beaucoup.
2. La mère de Sarah Bernhardt pensait que l'Odéon était l'endroit idéal pour sa fille.
3. A l'Odéon, Sarah Bernhardt a joué des rôles féminins qui ne correspondaient pas à son âge.
4. A l'Odéon la jeune Sarah Bernhardt a rencontré quelques personnes très célèbres de son époque.
5. Le prince Napoléon (Plon-Plon) n'était pas toujours sans façon.
6. Un des grands moments de la carrière de la jeune Sarah Bernhardt a été la représentation de *Kean* d'Alexandre Dumas père.
7. Elle y jouait le rôle de Mariette, une jeune paysanne française.
8. Certaines personnes dans le public étaient hostiles à Alexandre Dumas père parce qu'elles voulaient le retour de Victor Hugo et la reprise de sa pièce *Ruy Blas*.
9. Le public a été cependant très courtois avec Dumas.
10. Les gens dans la salle chantaient «Frère Jacques» pour réclamer *Ruy Blas*.
11. Duquesnel, un des directeurs de l'Odéon, voulait absolument que le spectacle ait lieu, même si le public était déchaîné.
12. Sarah Bernhardt a été la deuxième à rentrer en scène et le public a été ravi quand il l'a vue.

Nouveau contexte

Complétez les phrases suivantes en employant les termes appropriés. Employez chaque terme une seule fois.

Noms : colère *f*, hurlements *m*, loges *f*, metteur en scène *m*, poing *m*, première *f*, public *m*, rôle *m*, spectacle *m*

Verbes : ont accueilli, a juré, rêver

Adjectifs : déchaînée, lourde

Une actrice contemporaine, Mimi Pinson, raconte la représentation tumultueuse d'une mise en scène d'*Hamlet* dans laquelle elle jouait :

Quelle soirée incroyable! Jamais, jamais je n'oublierai cela! Blandin père devait jouer le _____1_____ du Roi et Blandin fils celui d'Hamlet. Moi, j'étais Ophélie! Pourtant, le soir

laisser entrevoir to give a glimpse of   /   **ravi** delighted

de la _____2_____, le _____3_____ nous était hostile. L'atmosphère était _____4_____ parce que nous avions choisi de porter des costumes et des coiffures (*hairdos*) «punk» pour jouer Shakespeare. Quand le _____5_____ est arrivé devant le rideau pour présenter le _____6_____, les gens dans les _____7_____ l'_____8_____ avec hostilité et lui ont lancé des tomates! La foule était _____9_____! Pâle de _____10_____, le pauvre homme a montré le _____11_____ à la salle et _____12_____ contre elle. C'était le scandale! Pourtant, quand Blandin fils est arrivé en scène coiffé d'une mohawk et a dit «Mourir, _____13_____ peut-être...», les étudiants ont poussé de grands _____14_____ et lui ont fait une ovation extraordinaire.

Vocabulaire satellite

le **public** audience
  applaudir to clap
  siffler to whistle (sign of disapproval)
  huer to boo
la **distribution** the cast
le **personnage** character
l' **acteur** actor
l' **actrice** actress
le **figurant** walk-on
le **machiniste** stagehand
le **régisseur** stage manager
le **costumier** costume maker

la **marionnette** puppet
les **feux de la rampe** *m* limelight
le **rideau** curtain
le **décor** set
les **coulisses** *f* wings (of the stage)
le **haut-parleur** loudspeaker
le **projecteur** spotlight
le **parterre** orchestra
le **balcon** balcony
le **four** a flop, a fiasco
  jour de relâche no performance today
  durer to last

Pratique de la langue

1. Sarah Bernhardt nous rappelle quelques souvenirs de sa carrière au théâtre de l'Odéon. Complétez ses déclarations pour elle. Référez-vous à la lecture.
   a. Quand je suis arrivée à 22 ans au théâtre de l'Odéon, j'étais heureuse comme une folle parce que...
   b. Nous, les acteurs, nous sommes comme des lapidaires de l'art parce que...
   c. J'ai rencontré à l'Odéon Mme George Sand, que j'ai trouvée absolument charmante. Elle...
   d. Son ami, le prince Napoléon, était moins sympathique. Il...
   e. Quand j'ai joué le rôle d'Anna Damby dans *Kean*, le public était très hostile à la pièce mais, quand je suis entrée en scène,...
2. On parle souvent de «la magie du théâtre». Faites une liste de quatre choses (techniques ou non) qui contribuent à cette «magie». Nommez quatre professions qui contribuent nécessairement à la réalisation d'un spectacle de théâtre.
3. Jouez les situations suivantes :
   a. Imaginez un dialogue entre Duquesnel et Alexandre Dumas père, après la représentation de *Kean*.

   b. Soyez critique de théâtre et interviewez Sarah Bernhardt (ou Berton père) après la représentation de *Kean*.

   c. Interviewez de même une personne du public présente ce soir-là (après avoir décidé si cette personne était pro-Dumas ou pro-Hugo).

4. Vous êtes un(e) jeune étudiant(e) qui a assisté à la représentation de *Kean* et vous écrivez une lettre d'admiration à Sarah Bernhardt.

Sujets de discussion ou de composition

1. Quelle est la valeur de l'illustration dans un livre? Est-ce une aide ou un obstacle à la compréhension du texte? Préférez-vous un livre avec ou sans illustrations? Quels en sont les avantages et les inconvénients?

2. Avez-vous assisté récemment à une représentation théâtrale? Si oui, décrivez la pièce (l'intrigue, l'action, les personnages, etc.) et faites-en la critique.

3. Préférez-vous le théâtre ou le cinéma? Pourquoi?

Chanson et cinéma

La Marseillaise

Les premières chansons

The word *chanson* is one of the earliest of literary terms. At the very beginning of French literature, all works were written in verse and were accompanied by music. Even the great epic poems were designated as *chansons* because they were recited to the accompaniment of a one-stringed instrument. The most famous of France's epic poems is entitled the *Chanson de Roland*. Other early types of *chansons* included *chansons d'amour*, *chansons de croisade* (moral and satirical poems designed to recruit knights for the crusades), and *chansons d'histoire* (also known as *chansons de toile*, since these narrative works were sung by women weaving at their looms). More specific terms gradually replaced the generic *chanson*, defining more precisely the purpose or the form of particular poems. For example, some dancing songs became identified as *ballades* or *rondes*, while some love songs took the form of *aubes* or *pastourelles*, as we shall see in this chapter's selections.

The authors of these *chansons* were poet-musicians called troubadours, who created modern European lyric poetry. They wrote in a language called Provençal and lived in southern France near the Mediterranean. These troubadours came from all ranks of society, although they wrote under the

Un troubadour français

patronage of the nobility. Their poetry was primarily aristocratic or courtly in nature. It often dealt with love but could treat a variety of other topics as well.

The troubadours (or *trouvères*, as they were called in northern France) at times performed their compositions themselves. For the most part, however, their *chansons* were sung in public by *jongleurs*, professional itinerant minstrels. The earliest of the troubadours was Guillaume IX (1071–1127), Duke of Aquitaine and Count of Poitiers. In his poetry is found the germ of what would soon become courtly love, a sublimated love whereby man was inspired to his noblest deeds in order to prove worthy of woman's love. The refined social and literary climate of the courts of southern France spread rather quickly to northern France, greatly assisted by the granddaughter of Guillaume IX, Aliénor d'Aquitaine, who became queen of France in 1137 through her marriage to Louis VII. In 1152, after a divorce, she would marry the future king of England, Henry Plantagenet, and further extend her influence.

The following two selections are different examples of *chansons d'amour*. The first, *L'Aube*, tells of two lovers who must part, surprised by the coming of dawn (*l'aube*). They have not noticed the approach of a new day and so they must be alerted to it by a friend standing watch for them. Each stanza of the poem ends with the same refrain. The second type of poem, the *Pastourelle*, traditionally concerns a melancholy knight who is riding in the countryside. He comes upon a lovely shepherdess whom he tries to seduce. She resists, but he perseveres, sometimes with success and sometimes without. He may even use force to prevail or, on the other hand, he may be run off by friends or relatives of the young lady responding to her cries. Whereas the *Aube* was found more frequently in southern France, the *Pastourelle* was primarily a product of northern France. The author of this particular *Aube* remains unknown; the *Pastourelle* was written by Thibaut de Champagne, a thirteenth-century count. Both poems, of course, were originally written in Old French verse.

L'Aube

En un verger° sous l'aubépine° en fleurs,° la dame se serre contre° son ami, en attendant que le veilleur° annonce le lever du jour° : Hélas! hélas! Voici l'aube; comme elle vient vite!

«S'il plaisait à Dieu, la nuit ne cesserait pas et mon ami ne me quitterait point°
5 et le veilleur n'apercevrait° ni l'aube ni le jour! Hélas! hélas! Voici l'aube; comme elle vient vite!»

L'Aube : **le verger** orchard | **l'aubépine** *f* hawthorn | **en fleurs** in bloom | **se serrer contre** to snuggle up to | **le veilleur** watcher | **le lever du jour** daybreak | **ne... point** = *ne... pas* | **apercevoir** = *discerner*

«Beau doux ami, embrassons-nous,° là-bas, dans la prairie° où chantent les oiseaux; ne nous gênons° pas, en dépit° du jaloux : Hélas! hélas! Voici l'aube; comme elle vient vite!»

10   «Beau doux ami, renouvelons° nos jeux° dans le jardin où chantent les oiseaux, jusqu'à ce que le veilleur sonne du chalumeau° : Hélas! hélas! Voici l'aube; comme elle vient vite!»

«Par la douce brise° qui vient de là-bas, j'ai bu comme un doux rayon° le souffle° de mon ami, beau, courtois° et gracieux : Hélas! hélas! Voici l'aube;
15   comme elle vient vite!»

«La dame est aimable et plaisante; sa beauté lui attire° plus d'un regard° et son cœur abrite° un amour sincère : Hélas! hélas! Voici l'aube; comme elle vient vite!»

La Pastourelle

Je me promenais l'autre jour à cheval, sans compagnon, méditant une chanson, quand j'entendis, je ne sais comment, près d'un buisson,° la voix du plus bel enfant qu'on vit° jamais. Et ce n'était pas un enfant, car° il avait bien quinze ans et demi; jamais certes° je ne vis créature aussi bien faite.

5   Aussitôt je m'approche d'elle et lui tiens ce langage° : «Ma belle, dites-moi, pour Dieu, comment vous vous appelez!» Et la voilà qui° saute sur° son bâton° : «Si vous vous avancez, il y aura dispute. Sire, allez-vous-en° d'ici; je n'ai cure de° tel ami, car j'en ai choisi un bien plus beau qui s'appelle Robichon.»

La voyant en tel émoi° qu'elle n'ose° me regarder ni changer d'attitude, je me
10   mis à° envisager° le moyen° de m'en faire aimer et de modifier ses désirs. Je m'assis° à terre,° auprès° d'elle. Mais plus je contemple son radieux visage, plus mon cœur en est épris° et plus ma passion s'exaspère.

Alors je lui demandai gentiment° de daigner° me regarder et de me faire une autre mine.° Elle se mit à pleurer, disant : «Je ne puis° vous écouter, je ne sais ce

---

s'embrasser to embrace, to kiss / **la prairie** meadow / **se gêner** to be embarrassed / **en dépit de** in spite of / **renouveler** = *recommencer* / **le jeu** = *l'amusement* / **sonner du chalumeau** = *jouer de la flûte* / **la brise** = *petit vent* / **le rayon** ray / **le souffle** breath / **courtois** = *aimable* / **attirer** to draw / **le regard** glance / **abriter** to shelter

LA PASTOURELLE : **le buisson** bush / **vit** = *voir (passé simple)* / **car** for / **certes** = *certainement* / **tenir ce langage** = *s'exprimer ainsi* / **et la voilà qui...** and immediately she / **sauter sur** = *saisir* / **le bâton** shepherd's staff / **s'en aller** to go away / **n'avoir cure de** (*archaïque*) not to care about / **émoi** *m* = *agitation* / **oser** to dare / **se mettre à** = *commencer à* / **envisager** = *considérer* / **le moyen** = *la manière* / **m'assis** = *s'asseoir (passé simple)* / **à terre** on the ground / **auprès de** = *à côté de* / **épris** = *pris de passion* / **gentiment** nicely / **daigner** = *consentir à* / **la mine** = *expression du visage* / **puis** = *peux*

15 que vous voulez.» Je m'approchai d'elle et lui dis : «Ma belle, pour Dieu
merci°!» Elle rit et répondit : «N'en faites rien,° on pourrait nous voir.»

   Je la fis° alors monter devant moi, sans plus tarder,° et me dirigeai° tout droit°
vers un bosquet verdoyant.° Jetant les yeux° à contre-bas,° dans la prairie,
j'entendis crier deux bergers° qui s'avançaient en hurlant,° au milieu d'un
20 champ de blé.° Ils poussèrent un grand cri.° Plus vite que je ne le dis, je la laisse°
et je m'enfuis,° car je n'aime pas ces gens-là.

Thibaut de Champagne

Qu'en pensez-vous?

Etes-vous d'accord ou non avec les déclarations suivantes? Justifiez votre réponse.

L'Aube
1. La dame se trouve avec son ami avant le lever du jour.
2. Elle veut que la nuit se termine.
3. Elle veut l'embrasser ouvertement, sans se cacher.
4. Elle veut s'asseoir et attendre patiemment le signal du veilleur.
5. La dame est sympathique.

La Pastourelle
1. Le chevalier allait à la chasse quand il a rencontré la bergère.
2. La bergère accueille le chevalier avec enthousiasme.
3. Etant donné la résistance de la bergère, le chevalier décide de poursuivre sa promenade.
4. Le chevalier et la bergère se dirigent vers la prairie.
5. Avant d'entrer dans le bosquet, le chevalier s'arrête pour saluer les deux bergers qui arrivent.

Nouveau contexte

Complétez les phrases suivantes en employant les termes appropriés. Employez chaque terme une seule fois.

Noms : brise *f*, mine *f*, regards *m*
Verbes : aperçois, m'approche, attire, me dirige, nous embrassions, m'enfuis, me mets à, monte, plaît, ai poussé, me promener, sauter
Adjectif : épris

---

la merci = *la pitié* | **n'en faites rien** don't do anything (about it) | **fis** = *faire* (*passé simple*) | **sans plus tarder** = *sans plus attendre* | **se diriger** = *aller* | **tout droit** straight ahead | **un bosquet verdoyant** a verdant grove | **jeter les yeux** to cast one's eyes | **à contre-bas** downwards | **le berger** shepherd | **hurler** = *crier* | **un champ de blé** a wheat field | **pousser un cri** = *crier* | **laisser** = *abandonner* | **s'enfuir** to run away

J'adore la nature. Ce que j'aime le mieux, ce qui me _____1_____ surtout, c'est de _____2_____ sur mon cheval et de _____3_____ toute la journée dans les bois. Du haut de mon cheval, j'_____4_____ beaucoup de choses nouvelles. Si quelque chose _____5_____ mon attention, je _____6_____ dans cette direction, je m'avance, je _____7_____ de l'objet en question, et je _____8_____ l'examiner de près. L'autre jour, par exemple, dans un beau verger, je jetais mes _____9_____ de côté et d'autre et je suis tombé sur une jolie jeune fille. Elle avait une _____10_____ resplendissante. _____11_____ de sa douce beauté, j'_____12_____ un cri de joie, je me suis arrêté, et j'ai mis pied à terre. Un souffle de vent, une _____13_____ légère nous caressait tous deux le visage. En une demi-heure, nous _____14_____ et j'étais heureux de me retrouver à la campagne!

Il y a d'autres occasions, par contre, où je _____15_____ à cheval pour rien. Je ne trouve personne d'intéressant, rien de fascinant. A ce moment-là, sans tarder, je pique mon cheval et je _____16_____! Je suis un chevalier inconstant, n'est-ce pas?

Vocabulaire satellite

s' **amuser**   to have a good time
jouir de   to enjoy
plaire (à)   to please
partager   to share
éprouver   to experience
se **présenter**   to introduce oneself
avoir rendez-vous   to have an appointment, a date
donner, prendre rendez-vous   to make an appointment, a date
l' **aurore** *f*   dawn
le **crépuscule**   twilight
le **soir**   evening
la **nuit**   night

le **ciel**   sky
les **étoiles** *f*   stars
au clair de la lune   by the light of the moon
les **joies** *f*   joys
les **peines** *f*   sorrows
pénible   painful, afflicting
désagréable   unpleasant
timide   shy
réservé   reserved
impertinent   impertinent, insolent
indiscret, indiscrète   inconsiderate

Pratique de la langue

1. Développez le thème de la pastourelle dans un récit situé dans un cadre moderne.
2. Pour la dame et son ami, l'aube est un moment peu désirable. Y a-t-il une heure du jour que vous aimez moins que les autres? Dites pourquoi cette heure vous déplaît. Décrivez aussi le moment du jour que vous appréciez le plus.
3. Préparez et jouez un dialogue qui illustre les difficultés d'une première rencontre.
4. Dans la pastourelle, il s'agit d'un chevalier qui tombe amoureux d'une bergère. De nos jours, est-ce que deux personnes de classes sociales différentes peuvent durer comme couple? Quel est le pour et le contre d'une telle situation?

Chanson, guerre et révolution

"La Marseillaise," the French national anthem, was composed in one night—April 24, 1792—during the French Revolution. It was the work of a young officer and moderate Republican, Claude-Joseph Rouget de Lisle (1760–1836), an amateur musician who never wrote anything else of lasting significance. War having been declared against France a few days before, Rouget de Lisle composed the words and music of "La Marseillaise" while stationed in Strasbourg, because he felt that the volunteer soldiers arriving to defend the motherland should have a proper song by which to march to battle.

Originally entitled "Chant de guerre de l'Armée du Rhin" ("Battlesong of the Rhine Army"), the song came to be familiarly called "La Marseillaise" after it was made famous by the federated troops from Marseilles, a group of five hundred men who marched that very same year to Paris to join the national revolutionary forces and, along the way, thrilled the crowds with the battlesong. Three years later, on July 14, 1795, a national decree from the Convention recognized "La Marseillaise" as the French national anthem.

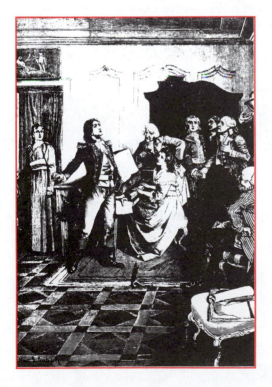

Rouget de Lisle chante La Marseillaise

Ironically enough, this decree was only implemented a century later because the song was banned by Napoleon during the Empire and later by Louis XVIII, who viewed it as subversive. Reauthorized after the July Revolution of 1830, "La Marseillaise" was banned once more by Napoleon III and reinstated only in 1879. In the French popular mind, it has remained a patriotic symbol strongly associated with Bastille Day (July 14) and the fight for freedom.

Most of the characters associated with the song have had a tumultuous, if not tragic, fate. Rouget de Lisle, for instance, was imprisoned for a time for debts, and Maréchal Luckner, to whom the song had originally been dedicated, was guillotined in 1794 after having been accused of treason. But the song has lived on.

More than anything else, "La Marseillaise" is a song of protest. During the 1848 Revolution, the famous actress Rachel sang it in public, wrapped in a tricolor flag; in 1871 the Commune was proclaimed at the Paris Hôtel de Ville to the sound of "La Marseillaise"; and in 1880 it was still the favorite song of striking workers.

Many parodies of "La Marseillaise" have been composed over the years. Among the best known are the two given below. "La Marseillaise des femmes" is a feminist song before the age of feminism, while "La Marseillaise des gourmands" is a drinking song. Other variants include a peasants' Marseillaise and a "Marseillaise de la folie" (a madman's Marseillaise). Whether in a serious or humorous vein, the "Marseillaise" has lived on. In 1989, following the Bicentennial of the Revolution, a French song writer, Edmond About, composed a "Marseillaise new look" dealing with ecology, sports, and other contemporary issues. One may wonder which one of these many variants—serious or humorous—will be sung at the end of the twenty-first century when France celebrates the Tricentennial of the French Revolution!

Les Marseillaises : hymne national et parodies populaires

I
La Marseillaise : paroles et musique de Rouget de Lisle (1792)

Allons, enfants de la patrie,°
Le jour de gloire est arrivé.
Contre nous de la tyrannie,
L'étendard° sanglant° est levé.° (*bis*°)
5 Entendez-vous dans les campagnes

I : **la patrie** motherland / **l'étendard** *m* standard / **sanglant** covered with blood /
levé raised (i.e., *l'étendard sanglant de la tyrannie est levé contre nous*) / **bis** = *répétez*

Mugir° ces féroces soldats,
Ils viennent jusque dans° vos bras
Egorger° vos fils, vos compagnes.

Refrain

10   Aux armes, citoyens!
      Formez vos bataillons!
      Marchez, marchez,
      Qu'un sang impur°
      Abreuve° nos sillons.°

15 Amour sacré de la patrie
    Conduis, soutiens° nos bras vengeurs°!
    Liberté, liberté chérie,
    Combats avec tes défenseurs. (*bis*)
    Sous nos drapeaux,° que la victoire
20 Accoure° à tes mâles° accents,
    Que tes ennemis expirants
    Voient ton triomphe et notre gloire! (*Refrain*)
              Michel Delon et Paul-Edouard Levayer, éds., *Le Chansonnier révolutionnaire*

II : La Marseillaise des femmes
(Air° : *Allons, enfants de la patrie…*)

    Allons, il faut que ça finisse!
25 Messieurs, votre règne est passé!
    Il faut que ma voix retentisse,°
    Et sauve un sexe terrassé°!
    J'en appelle à° vous, Mesdames,
    Aujourd'hui secondez°-moi!
30 Non, non, plus de faibles femmes.
    Des hommes brisons° la loi!
    Rabla bla, rabla bla, rabla bla.°

mugir to bellow / **jusque dans** as far as / **égorger** to slit the throat of / **qu'un sang impur** may an impure blood / **abreuver** to drench / **le sillon** furrow / **soutenir** to support / **vengeur** avenging / **le drapeau** flag / **accourir** to rush up / **mâle** manly /

II : **l'air** *m* tune / **retentir** to ring out / **terrassé** overcome / **en appeler à** to appeal to / **seconder** = *aider* / **briser** to smash / **rabla bla…** a pun based on «*bla bla bla*» (the sound of chatter) and «*rantan plan*» (the sound of a drum) /

Refrain

Tambour° sacré de l'indépendance
35   Je bats l'rappel° à l'intelligence,
Rabla bla, rabla bla,
Plus d'alarmes!
Les hommes seront à nos genoux°!

Hervé Luxardo, *Histoire de la Marseillaise*

III : La Marseillaise des gourmands
(Air : *Allons, enfants de la patrie...*)

40   Tremblez lapins,° tremblez volaille°!
Ou bien° prenez votre parti°!
Ne tremblez que dans nos entrailles°
Pour apaiser notre appétit. (*bis*)
Tout est d'accord pour° vous détruire,
45   Chasseurs° et gloutons tour à tour.°
Peut-être viendra-t-il un jour
Où c'est vous qui nous ferez cuire.°

Refrain

50   A table citoyens!
Vidons° pinte et flacons°;
Buvons, buvons,
Qu'un vin bien pur
Abreuve nos poumons°!

Hervé Luxardo, *Histoire de la Marseillaise*

Qu'en pensez-vous?

Etes-vous d'accord ou non avec les déclarations suivantes? Justifiez votre réponse.

1. «La Marseillaise» de Rouget de Lisle est un chant pacifiste.
2. Elle a été composée au 18ème siècle, en pleine période révolutionnaire.
3. Elle nous dit que les soldats républicains avaient des qualités héroïques.
4. Elle a été composée par un vieux royaliste qui a passé plusieurs années à l'écrire.

---

le tambour drum   /   **battre le rappel** to summon up   /   **le genou** knee

III: **le lapin** rabbit   /   **la volaille** poultry   /   **ou bien** or else   /   **prendre son parti** to come to terms with it   /   **les entrailles** *f* bowels   /   **être d'accord pour** to be in agreement to   /   **le chasseur** hunter   /   **tour à tour** in turn   /   **faire cuire** to cook (something)   /   **vider** to empty   /   **le flacon** bottle, flask   /   **le poumon** lung

5. Elle a connu de nombreuses parodies au cours des années suivantes.
6. «La Marseillaise des femmes» est une parodie qui dit que les femmes doivent obéir aux hommes.
7. «La Marseillaise des gourmands» est une chanson à boire.
8. Rouget de Lisle serait très surpris s'il entendait ces parodies.
9. «La Marseillaise» est aujourd'hui l'hymne national français.

Nouveau contexte

Complétez les phrases suivantes en employant les termes appropriés. Employez chaque terme une seule fois.

Noms : étendard *m*, patrie *f*, rangs *m*
Verbes : se relevaient, sauver, terrasser, tremblait
Adjectifs : chérie, vengeur

(*Situation imaginaire : Un officier républicain de l'époque révolutionnaire raconte ses souvenirs d'une grande bataille où a été chantée «La Marseillaise.»*)

Nous étions devant l'ennemi royaliste et étranger pour défendre la France, notre _____1_____, notre terre _____2_____. Nous savions que, par amour de la liberté, nous allions _____3_____ nos ennemis qui voulaient nous égorger. Notre _____4_____ tricolore nous donnait grand courage car il nous rappelait que nous nous battions pour la justice et la liberté. Nos hommes avançaient en _____5_____ dans les sillons des champs imbibés du sang de leurs camarades. Le souvenir de ces amis défunts (morts) leur faisait lever un bras _____6_____ et, sous leurs pas et leur colère, la terre _____7_____ ! S'ils étaient expirants, ils _____8_____ aussitôt, ne pensant qu'à _____9_____ leurs fils, leurs compagnes et notre belle nation française. Tous chargeaient en chœur, au son de «La Marseillaise».

Vocabulaire satellite

le **champ de bataille** battlefield	**mettre en déroute** to put to rout
la **guerre** war	les **rangs** *m* ranks
prendre les armes to take arms	s' **enfuir** to run away
se **battre** to fight	**détruire** to destroy
obéir aux ordres to obey orders	la **tombe** grave
le **fusil** gun	l' **honneur** *m* honor
blessé wounded	le **patriotisme** patriotism
tirer sur to shoot (someone or something)	la **discipline** discipline
se **rendre** to surrender	l' **ordre** *m* order, command
battre la retraite to sound the retreat	le **traité** treaty
	le **son du tambour** the sound of the drum

Pratique de la langue

1. Un officier républicain de la période révolutionnaire est sur le champ de bataille et s'adresse à ses soldats. Complétez ses ordres pour lui :
   a. «Allons, mes amis, marchons pour... »
   b. «Formez... »
   c. «Détruisons... »
   d. «Défendons... »
2. Imaginez que vous êtes le chef d'une armée en retraite. En dernier ressort (*as a last resort*), vous assemblez vos troupes et vous faites un discours les encourageant à reprendre la bataille.
3. Quelles sont les qualités nécessaires à un individu pour faire un bon soldat?
4. Complétez : La guerre est plus que jamais indésirable parce qu'une guerre internationale pourrait...
5. Jouez les situations suivantes :
   a. Un(e) pacifiste attaque «La Marseillaise», l'accusant d'être un chant sanguinaire. Vous la défendez.
   b. Composez une «Marseillaise» originale pour le 20e siècle : une «Marseillaise» des étudiants, des pacifistes, des enfants, des sans-abri (*homeless*), etc.

Louis Lumière et le cinéma

One night near the end of 1894 Louis Lumière, barely twenty years old and an employee in his father's photography business, went to bed early because he was suffering from a migraine headache. In the calm of the night, unable to sleep, he began to think about a problem he and his brother Auguste were working on, namely, how to create a camera capable of taking pictures of moving objects and then showing them on a screen. Suddenly, in a flash of insight, the idea came to him, and on that night the motion picture as we know it was born.

Some historians have traced the paternity of the motion picture to the Greeks' discovery of electricity in amber and Leonardo da Vinci's *camera obscura*. It was not until the nineteenth century, however, that science had advanced far enough to produce a true motion picture.

In 1824 Peter Mark Roget (the creator of the famous *Roget's Thesaurus*) announced his theory that an image is retained in the eye for a fraction of a second longer than it actually appears. Inventors immediately used this principle to create ingenious and amusing devices that used moving strips of paper, revolving discs, and mirrors to produce the effect of movement.

To create the modern motion picture, however, photography was required, and this invention was also a product of the nineteenth century. In France, Joseph Niepce created a crude but permanent photograph in 1822; then, in

Les frères Lumière

1839, with Louis Daguerre, he outlined and demonstrated an entire photographic process. In the United States, George Eastman, who invented the Kodak camera, developed a simplified process for developing photos.

The motion picture was now ready to be born, and many inventors accepted the challenge, including Thomas Edison and his assistant William Kennedy Laurie, who invented an advanced device to project film in 1889. Louis Lumière's invention, however, which he called the *cinématographe* and patented in 1895, was superior to all others in that it not only took pictures but could print and project them as well.

From 1886 to 1898 the Lumière company produced more than 800 short films, most about a minute long. Although the company ceased producing films in 1889 due to the intense competition of American film producers, Lumière continued to play an important role in the film industry as an inventor, designing, among other things, a giant movie screen and a new kind of loudspeaker. He died in 1948.

The selection that follows describes the excitement generated by the first public demonstration of Lumière's *cinématographe* in Paris on December 28, 1895.

La Naissance du cinéma

Le «Cinématographe Lumière» fut° révélé au public parisien le 28 décembre 1895.

Essayons de nous placer dans l'époque et dans l'ambiance. Entre Noël et le Jour de l'an, les boulevards ont une animation de fête. Sur le boulevard
5 des Capucines, à quelques pas de la place de l'Opéra, le Grand-Café s'orne° d'une affiche° singulière° qui porte ces mots, en grosses capitales : «CINÉMATOGRAPHE LUMIERE».

—Ciné quoi? se demande-t-on.

Et on relit, en s'appliquant à épeler° :
10 —Ci-né-ma-to-gra-phe.

On hausse° les épaules,° on renonce à comprendre, on n'est pas plus avancé.

Il est° cependant des privilégiés qui doivent être au courant.° Suivons-les. Renseignons-nous.

D'abord, nous apprenons avec surprise que ce monsieur d'un certain âge,° qui
15 vérifie les cartes d'entrée, est un industriel lyonnais.° Il s'appelle Antoine Lumière et il est le fondateur d'une importante usine° de produits° photographiques. Ce sont ses fils, ces deux jeunes hommes aux cheveux épais° et à la moustache fournie° qui ont quelque chose à révéler : ce «cinématographe» dont il est question à la porte. Ils se prénomment° respectivement Louis et Auguste.
20 Les invités sont réunis dans le sous-sol° du Grand-Café. On dit : dans le Salon Indien, parce que l'exotisme est à la mode.

Au fond de la salle, une toile° est tendue.°

Va-t-on, tout bonnement,° donner de la lanterne magique°?

C'est sans aucun doute ce que se demandent la plupart des assistants.°
25 La lumière s'éteint.°

La toile, au fond de° la salle, fait un rectangle gris aux contours incertains.

Soudain, elle s'éclaire et une vue paraît, un tableau scintillant,° en noir et blanc : la rue de la République à Lyon.

Les spectateurs de 1895 ne sont pas étonnés. Rien d'extraordinaire, en
30 somme. C'est de la projection comme ils en voient depuis longtemps. La photo d'une rue lyonnaise. Pas de quoi s'émouvoir°!

---

fut = *être* (*passé simple*) / **s'orner** to be adorned / **l'affiche** *f* poster / **singulier** unusual / **épeler** to spell / **hausser** to shrug / **l'épaule** *f* shoulder / **il est** = *il y a* / **être au courant** to be in the know / **d'un certain âge** = *d'un âge moyen* / **lyonnais** = *de la ville de Lyon* / **l'usine** *f* factory / **le produit** product / **épais** thick / **fourni** full / **se prénommer** = *s'appeler* / **le sous-sol** basement / **la toile** screen / **tendu** put up / **bonnement** = *simplement* / **la lanterne magique** optical instrument for projecting painted images on glass onto a screen / **l'assistant** *m* = *le spectateur* / **s'éteindre** to go off / **au fond de** at the end of / **scintillant** sparkling / **pas de quoi s'émouvoir** nothing to get excited about

Ils ont à peine° le temps de faire mentalement cette réflexion, car° voici que le tableau s'anime. Un tramway s'avance! Mais oui, un tramway tiré° par deux chevaux noirs. Ça, c'est de l'inédit°!

35 Il n'était pas là il y a un instant et il est entré sur la toile par la gauche, tout gentiment, et maintenant il s'en va par la droite en ayant l'air de se moquer du monde.° Et voici des gens qui passent dans la rue. Ils regardent du côté des spectateurs. Soyons juste : ils ont l'air un peu ahuri.°

Les spectateurs aussi, il faut bien le dire.

40 Quand la lumière est redonnée, ils s'entre-regardent.°

Des dames paraissent nerveuses.

On refait l'obscurité. L'écran° se rallume.

Changement de tableau.

Voici le quai° d'une petite gare.° On nous dit que c'est La Ciotat.° Un train se 45 présente. Il grandit. Sa locomotive fonce° vers le public° qui, instinctivement, esquisse° un mouvement de retraite.° Le convoi° stoppe, des portières° s'ouvrent, des voyageurs descendent. On n'a plus peur.

Une grande porte d'usine. C'est celle des établissements Lumière à Lyon-Montplaisir.

50 Des femmes en blouse° et des ouvriers s'avancent à notre rencontre.° Un grand chien vient passer, ombre° fantastique, tout au bord° du tableau, tout près de la rampe,° comme diraient les gens de théâtre.

Des murmures admiratifs montent de l'assemblée des invités.

Maintenant c'est une charmante scène de famille. Un bébé mange sa soupe. 55 Il est assis à table entre son père—qui ressemble beaucoup à M. Auguste Lumière—et sa mère qui porte une «matinée»° en tissu à larges rayures.° Au fond,° les feuillages° du jardin frissonnent.° Quelle paix! quelle joie familiale! C'est intime et chaud.

On sourit.

60 La séance° est terminée.

On s'empresse° autour des frères Lumière.

Félicitations° :

—Fantastique! Prodigieux! Comment cela peut-il être?

à peine hardly / **car** for / **tirer** to pull / **inédit** unexpected / **se moquer du monde** to poke fun at the audience / **ahuri** bewildered / **s'entre-regarder** to look at each other / **l'écran** *m* screen / **le quai** platform / **la gare** railroad station / **La Ciotat :** *petite ville française du Midi* / **foncer** to charge / **le public** = *les spectateurs* / **esquisser** to outline, begin to make / **la retraite** retreat / **le convoi** = *le train* / **la portière** = *la porte* / **la blouse** loose over-garment / **à notre rencontre** to meet us / **l'ombre** *f* shadow / **tout au bord** on the very edge / **la rampe** rail (in front of a stage) / **la matinée** housecoat / **en tissu à larges rayures** of broad-striped material / **au fond** in the background / **le feuillage** foliage / **frissonner** to quiver, to rustle / **la séance** show / **s'empresser** to crowd around / **les félicitations** *f* congratulations

Un vieux monsieur opine° :

65 —Qu'est-ce qu'on arrive à faire en mécanique!

Une dame fait la moue° et dit assez bas :

—Peuh! c'est tout juste bon° pour la fête° à Neuilly!

Son voisin—nous pouvons le nommer : c'est le journaliste Louis Forest—réplique° d'un ton solennel :

70 —Chère madame, nous assistons à l'un des moments les plus extraordinaires de l'humanité.

Moins enthousiaste, mais séduit° malgré tout, un jeune homme assure :

—C'est une attraction qui aura du succès pendant presque toute la saison.

—Ce n'est qu'un commencement, dit un scientifique. Songez° donc que la 75 photographie des couleurs pourra donner à ces tableaux animés une vérité encore plus complète.

—Et il n'est pas impossible de faire parler les personnages photographiés, renchérit° un autre. Savez-vous que Thomas Edison essaie de projeter sur écran des vues de son kinétoscope, et cela pour imager ses enregistrements° de 80 phonographe?

—Très curieux!

—Toutefois,° je crois que son système n'a pas dépassé° le stade des expériences.°

—En tout cas, reprend le premier, le procédé de notre ami Lumière est 85 extraordinaire.

Et il proclame à voix très haute :

—Louis Lumière est un magicien!

Celui-ci° sourit :

—Je n'ai fait que des choses très simples, c'est ma famille qui est représentée 90 dans presque tous les tableaux que vous avez vus. C'est elle qui descend du train à La Ciotat. C'est elle qui sourit autour du bébé. Par la suite°, on essaiera de faire mieux.

Marcel Lapierre, *Les Cent Visages du cinéma*

Qu'en pensez-vous?

Etes-vous d'accord ou non avec les déclarations suivantes? Justifiez votre réponse.

1. Louis Lumière a fait une démonstration de son cinématographe le jour de Noël 1895.
2. Il a fait sa démonstration dans un cinéma parisien.

opiner = *donner son opinion* / **faire la moue** to pout / **tout juste bon** just good enough / **la fête** festival / **répliquer** = *répondre* / **séduit** = *fasciné* / **songer** = *penser* / **renchérir** to go one better / **l'enregistrement** *m* recording / **toutefois** however / **dépasser** to pass beyond / **le stade des expériences** experimental stage / **celui-ci** = *Louis Lumière* / **par la suite** in the future

3. Le père et le frère de Louis y étaient présents.
4. Tous les spectateurs étaient au courant de l'invention de Lumière.
5. Les tableaux étaient en noir et blanc.
6. Quand les spectateurs ont vu le tableau de la rue de la République, ils ont été immédiatement étonnés.
7. Dans un des tableaux il y avait un train qui fonçait vers le public.
8. Dans un autre tableau il y avait un chien qui dormait.
9. Il y avait aussi un tableau qui montrait un bébé pleurant assis entre sa mère et son père.
10. Tous les spectateurs, sans exception, étaient enthousiastes après avoir vu les films.
11. Un spectateur a accusé Louis Lumière d'avoir copié l'invention de Thomas Edison.
12. Louis Lumière avait l'air d'être arrogant et égoïste.

Nouveau contexte

Complétez les phrases suivantes en employant les termes appropriés. Employez chaque terme une seule fois.

Noms : écran *m*, salle *f*, spectateurs *m*
Verbes : s'entre-regarder, s'est éteinte, projeter, a rallumé
Adjectifs : épais, étonnés, fantastique
Autres expressions : au fond de, d'un certain âge

A Quelque chose de bizarre est arrivé au cinéma hier soir.
B Ah, oui? Raconte!
A Eh bien, il était huit heures, et nous étions assis dans la _____1_____. La lumière _____2_____.
B Mais c'est normal!
A Attends. On a commencé à _____3_____ le film, mais le film sur l' _____4_____ n'était pas le film français que nous étions allés voir! C'était un film américain!
B Sans blague! Quelle a été la réaction des _____5_____?
A Ils étaient tous _____6_____, bien sûr, comme nous, et ils ont commencé à _____7_____.
B Qu'est-ce qui est arrivé ensuite?
A Eh bien, on _____8_____, et le patron, un monsieur _____9_____ aux cheveux _____10_____, a paru _____11_____ la salle. Il nous a expliqué nerveusement qu'on lui avait envoyé le mauvais film! Quelle catastrophe!
B Est-ce qu'il a offert de vous rembourser?
A Bien sûr, mais nous avons décidé de rester, et le film était _____12_____!

Vocabulaire satellite

la **vedette** star (male or female)	le **réalisateur** director
accompli accomplished	**réaliser** to direct
jouer to play, to act	le **personnage** character

l' **intrigue** *f*   plot
le **rôle**   role, part
le **dialogue**   dialogue
l' **action** *f*   action
le **navet**   flop
avoir du succès   to be successful
le **magnétoscope**   VCR
louer une vidéo   to rent a video
dramatique   dramatic

passionnant   exciting
le **film d'épouvante**   horror film
le **film de science-fiction**
science-fiction film
le **western**   western
le **dessin animé**   cartoon
le **film d'aventures**   adventure film
la **comédie musicale**   musical
comedy

Pratique de la langue

1. Ecrivez un compte rendu (*review*) d'un film que vous avez vu récemment. Dites précisément pourquoi vous l'avez ou ne l'avez pas aimé.
2. Préparez un des dialogues suivants :
   a. Une conversation entre deux vedettes qui sont jalouses l'une de l'autre.
   b. Une conversation entre un critique de cinéma sévère et une vedette qu'il a critiquée.
   c. Une conversation entre deux spectateurs qui se passionnent pour un film qu'ils viennent de voir.
3. Imaginez que vous avez assisté à la séance de Louis Lumière le 28 décembre 1895 et que vous écrivez une lettre à un(e) ami(e) révélant vos impressions.
4. Interview imaginaire : Interviewez un acteur, une actrice ou un réalisateur de votre choix.

Sujets de discussion ou de composition

1. Le thème le plus populaire de la chanson est incontestablement l'amour. La chanson facilite-t-elle l'expression de l'amour? Comment? Quels aspects de l'amour trouve-t-on plus particulièrement dans les chansons? Peut-on aimer les chansons tristes? Comment?
2. «La Marseillaise» dit «Liberté, liberté chérie» tandis que le slogan de la République française est «Liberté, égalité, fraternité». Discutez ces concepts et leur importance dans une démocratie moderne.
3. Ecrivez une lettre à une vedette ou à un réalisateur que vous admirez (ou n'admirez pas), lui disant ce que vous pensez de ses films, de son talent, de sa vie privée, etc.

Réponses au Nouveau Contexte

CHAPITRE 1

«Le Collège de Montaigu», p. 7
1. correcteur **2.** fouetter **3.** suis obligé **4.** écolier **5.** ment **6.** retient **7.** rixes **8.** châtiment
9. coups de fouet **10.** salle **11.** en conscience **12.** payer

«Louis XIII, roi de neuf ans, et ses mémoires», p. 13
1. sage **2.** visage **3.** craindre **4.** fouetter **5.** éveillé **6.** dîne **7.** goûter **8.** coup
9. couteau **10.** croix **11.** brusque **12.** larme **13.** révérence **14.** paroles **15.** oreille
16. crainte

«Pierre Ruibet», p. 19
1. il est arrivé **2.** allumettes **3.** songer **4.** a mis le feu **5.** fumée **6.** s'est précipité **7.** a abattu
8. accroupie **9.** a emportée **10.** embarrassée **11.** tenait beaucoup à **12.** faire de la peine
13. éteignaient **14.** est restée **15.** embrasser **16.** chère

CHAPITRE 2

«Devant ses accusateurs : le procès de Jeanne d'Arc», p. 27
1. faire face **2.** regarde **3.** ordonne **4.** conseils **5.** distinguer **6.** en chair et en os
7. s'habille **8.** habit **9.** il est défendu **10.** estime **11.** pleure **12.** emportent

«Deux lettres de Napoléon à Joséphine», p. 33
1. triste **2.** content **3.** serre **4.** couvre **5.** baisers **6.** caresses **7.** jaloux **8.** reçoit
9. étouffe **10.** écrire **11.** lire **12.** million **13.** brûlants

«Le Vote des femmes», p. 39
1. droit **2.** devoirs **3.** prendre leur place **4.** partager **5.** pachas **6.** affaires **7.** surveille
8. cousent *ou* raccommodent **9.** raccommodent *ou* cousent **10.** argent **11.** travailleurs
12. grève **13.** réduction **14.** loisir **15.** ouvrière **16.** pénible **17.** aide **18.** ménage
19. se croisent les bras **20.** céderont

CHAPITRE 3

«Le Mariage de Martin Guerre et Bertrande de Rols», p. 47
1. unique **2.** dot **3.** blé **4.** bœufs **5.** affaire **6.** chopines **7.** lapins *ou* poulets
8. poulets *ou* lapins **9.** musique **10.** proches **11.** ont jeté **12.** barbouillé **13.** plaisanté
14. pleurer

«Dernière lettre de Marie-Antoinette», p. 52
1. frères **2.** sœur **3.** traitent **4.** partage **5.** embrasse **6.** pardonnent **7.** tendresse **8.** aide
9. conseils **10.** séparée **11.** bonheur

«La Famille Gannaz», p. 58
1. résolus **2.** bâtir **3.** s'éloignent **4.** chers **5.** avenir **6.** emprunter **7.** prêter **8.** paysan
9. doutaient **10.** propriété **11.** verger **12.** se sont appliqués **13.** étages **14.** ont fait pousser
15. habitent **16.** se portent **17.** rassemblée

CHAPITRE 4
«Sainte Geneviève, patronne de Paris», p. 68
1. sort **2.** paraît **3.** m'y rendre **4.** ignore **5.** rester **6.** entouré **7.** pressés
8. nombreuses **9.** répandent **10.** ai confiance en **11.** rencontrer **12.** nous installer
13. marchands **14.** tel **15.** détruire

«Si j'étais riche», p. 74
1. ville **2.** frais **3.** m'allonger **4.** rossignols **5.** maison **6.** paysan **7.** rustique **8.** colline
9. contrevents **10.** potager **11.** basse-cour **12.** fais **13.** vaches

«La Jacquerie de Buzançais en Bas-Berry, 1847», p. 80
1. famine **2.** blé **3.** propriétaires **4.** paysanne **5.** blouse **6.** sabots **7.** rassemblements
8. carrioles **9.** chargements **10.** gendarmes **11.** maire **12.** tirer à bout portant **13.** bâtons
14. se vante de

CHAPITRE 5
«Un Roi populaire», p. 88
1. paysanne **2.** temps **3.** pareille **4.** à cheval **5.** blessure **6.** coup de pied **7.** il s'agit
8. rencontrais **9.** entière **10.** suivre **11.** s'arrête **12.** rhume **13.** malade **14.** arrivée
15. te rafraîchir **16.** apporterai

«Le Lever du roi», p. 93
1. perruquier **2.** me suis levé **3.** volets **4.** s'éveillait **5.** toilette **6.** cravate **7.** ai remonté
8. mouchoir **9.** goutte **10.** sortais **11.** me dirigeais **12.** a commencé **13.** perruque

«Ouvriers et ouvrières de Saint-Etienne au milieu du 19e siècle», p. 99
1. manufacture **2.** soie **3.** chôme **4.** poussière **5.** gourdes **6.** se plaindre **7.** attelés
8. sous **9.** patois **10.** repoussant **11.** laid **12.** lucre

CHAPITRE 6
«La première croisade», p. 108
1. moments **2.** étend **3.** se faire entendre **4.** s'adresser à **5.** y avoir **6.** bouleversé **7.** appel
8. larmes **9.** rayonnant **10.** ne tarde pas **11.** comble **12.** se bousculent **13.** exceptionnelle
14. rang **15.** dignes **16.** péchés **17.** prêts **18.** dos **19.** élan

«Lettre de l'abbé Franklin à l'abbé Morellet», p. 113
1. bois **2.** découvrir **3.** noyer **4.** chansons à boire **5.** vin **6.** verse **7.** boisson **8.** coule
9. divine **10.** santé **11.** sage

«Marianne, symbole de la République française et héroïne de société secrète», p. 119
1. coiffé **2.** se tenait **3.** assassinat **4.** poignard **5.** témoins **6.** avait trahi **7.** méritait
8. peine **9.** fois **10.** a juré

CHAPITRE 7
«La Construction des cathédrales», p. 126
1. s'arrêtent **2.** animée **3.** inouï **4.** endurcies **5.** apprend **6.** œuvre **7.** il s'agit de
8. une foule de **9.** matériaux **10.** moyens **11.** ouvriers **12.** confiance **13.** avenir **14.** but
15. lieu **16.** fidèles **17.** achever **18.** avaient entrepris

«Louis XIV, roi-gourmet ou roi-gourmand», p. 132
1. tient de **2.** crever **3.** se bourre **4.** mâcher **5.** tranche **6.** poulet **7.** égal **8.** maladies
9. glouton **10.** gourmet

«Trois lettres à son frère Théo», p. 137
1. peintre **2.** dessins **3.** profondément **4.** vises **5.** peinture **6.** nullité **7.** frappent
8. amour **9.** misère **10.** émaciés **11.** travaillent **12.** m'exprimer

CHAPITRE 8
«Marquette, Jolliet et les Illinois», p. 145
1. avertir **2.** bord **3.** sentier **4.** paix **5.** paraît **6.** rassure-toi **7.** découvertes **8.** ignores
9. éclatant **10.** écarté **11.** seul **12.** reconnais **13.** quelque **14.** pousser **15.** secours

«L'Expulsion des Acadiens», p. 150
1. église **2.** prisonnier **3.** déportés **4.** infâme **5.** traiter **6.** effets **7.** confisqués **8.** terre
9. navire **10.** déporter **11.** sujets **12.** péremptoire

«Les Français en Algérie», p. 156
1. au milieu **2.** murailles **3.** habillement **4.** peau **5.** souliers **6.** a épargné **7.** armes
8. défait **9.** sueur **10.** laine **11.** boulanger **12.** croissant **13.** assainir **14.** braves

CHAPITRE 9
«Un Séjour en Amérique», p. 166
1. me rafraîchir **2.** Je me sens **3.** éloignée **4.** entreprendre **5.** projettes **6.** prévu
7. séjours **8.** rendre visite **9.** avoue **10.** Il me faudra **11.** accroissement de richesses
12. ne dépend pas de **13.** suffisant **14.** manque **15.** auberge **16.** prendre

«Les Débuts de la machine parlante et du téléphone à Paris», p. 171
1. machine parlante **2.** téléphone **3.** savants **4.** permet de **5.** célèbre **6.** irlandais
7. se rendre **8.** banlieue **9.** abonné **10.** numéros **11.** commander **12.** loge **13.** affaires
14. converser

«La Traversée aérienne New York-Paris», p. 178
1. à bord de **2.** traversée **3.** brouillard **4.** a aperçu **5.** criait **6.** phare **7.** aéroport
8. a indiqué **9.** se poser **10.** sortait **11.** jeune **12.** rieur

CHAPITRE 10
«Le Roman de la Rose», p. 186
1. me peigne **2.** bonheur **3.** te trouver **4.** reflétait **5.** satisfait de **6.** souffrances
7. s'est épris de **8.** désespoir **9.** dépens **10.** a fait souffrir **11.** fier **12.** froid **13.** dédain
14. a repoussé **15.** prières **16.** s'est vengé de **17.** retiens **18.** douloureux **19.** monde

«Victor Hugo et Mlle Mars», p. 192
1. a sifflée **2.** s'est passé **3.** répétition **4.** jouer **5.** tenait **6.** rendre **7.** hostile **8.** drôle
9. talent **10.** pièce **11.** tort **12.** prestige

«Les Débuts de Sarah Bernhardt au théâtre de l'Odéon», p. 198
1. rôle **2.** première **3.** public **4.** lourde **5.** metteur en scène **6.** spectacle **7.** loges
8. ont accueilli **9.** déchaînée **10.** colère **11.** poing **12.** a juré **13.** rêver **14.** hurlements

CHAPITRE 11
«L'Aube», p. 205
1. plaît **2.** sauter **3.** me promener **4.** aperçois **5.** attire **6.** me dirige **7.** m'approche
8. me mets à **9.** regards **10.** mine **11.** épris **12.** ai poussé **13.** brise **14.** nous embrassons
15. monte **16.** m'enfuis

«Les Marseillaises : hymne national et parodies populaires», p. 211
1. patrie **2.** chérie **3.** terrasser **4.** étendard **5.** rangs **6.** vengeur **7.** tremblait
8. se relevaient **9.** sauver

«La Naissance du cinéma», p. 217
1. salle **2.** s'est éteinte **3.** projeter **4.** écran **5.** spectateurs **6.** étonnés **7.** s'entre-regarder
8. a rallumé **9.** d'un certain âge **10.** épais **11.** au fond de **12.** fantastique

Vocabulaire

This vocabulary contains all words and expressions that appear in the text except articles and identical cognates. Irregular verbs are included, as are feminine forms of adjectives.

Abbreviations

adv	adverb	*impers*	impersonal	*pron*	pronoun
con	conditional	*invar*	invariable	*ps*	passé simple
esp	especially	*m*	masculine	*subj*	subjunctive
fam	familiar	*pl*	plural	*vulg*	vulgarity
f	feminine	*pp*	past participle		
fig	figurative	*pres part*	present participle		

A

abandonner   to abandon
abattre   to fell, knock down
abattu(e)   discouraged
l' **abbaye** *f*   abbey
l' **abbé** *m*   abbot
l' **abeille** *f*   bee
l' **abîme** *m*   abyss, chasm
abolir   to abolish
l' **abondance** *f*   abundance
abondant(e)   abundant, plentiful
l' **abonné(e)**   subscriber
abord : d' __   first of all, at first
aborder   to reach, to approach
abreuvé(e) de   filled with
abreuver   to drench
l' **abri** *m*   shelter, cover; **à l'** __ **de** shielded from; **se mettre à l'** __ to take cover
abriter   to shelter

abruti(e)   dazed, stunned
l' **abrutissement** *m*   stupor
absolu(e)   absolute
absorbé(e)   absorbed
abstrait(e)   abstract
absurde   absurd
l' **académie** *f*   academy
accéder à   to attain, to rise to
accepter   to accept
accommodant(e)   accommodating
s' **accommoder**   to adapt
accompagner   to accompany
accompli(e)   accomplished
accomplir   to carry out, to fulfill; **s'** __ to be fulfilled
l' **accomplissement** *m*   accomplishment
l' **accord** *m*   agreement; **d'** __ agreed!; **être d'** __ to concur; **se mettre d'** __ to agree
accorder   to grant, to allow
accourir   to rush up

accoutumé(e) accustomed

accroire : s'en laisser __ to let oneself be taken in

l' **accroissement** *m* growth; increase

accroupi(e) squatting, crouching

accueillir to greet, to receive (someone)

l' **accusateur (l'accusatrice)** accuser

s' **acheminer** to set out

acheter to buy

achever to complete, to finish

l' **acolyte** *m* acolyte, server

l' **acte** *m* act

l' **acteur** *m* actor

actif (active) active

l' **activité** *f* activity

l' **actrice** *f* actress

actuel (actuelle) present, present-day

l' **adhérent(e)** member

adieu goodbye

l' **adjectif** *m* adjective

admettre to admit

l' **administrateur (l'administratrice)** administrator

admirer to admire

s' **adonner** to devote oneself

adorer to adore

l' **adresse** *f* address; skill

s' **adresser à** to address, to speak to

l' **adversaire** *m, f* opponent

l' **aération** *f* ventilation

aérien (aérienne) by air

l' **aéroport** *m* airport

l' **affaire** *f* business; bargain; __ **s étrangères** foreign affairs; **faire une bonne __** to get a good deal

affectueux (affectueuse) affectionate

l' **affiche** *f* poster

l' **affiliation** *f* membership

affirmatif (affirmative) affirmative

l' **affirmation** *f* assertion

affirmer to affirm, to assert

afin de in order to

afin que so that

affreux (affreuse) awful

l' **âge** *m* age; **le moyen __** Middle Ages

âgé(e) old, elderly

agir to act; **s' __ de** to be a matter of

s' **agiter** to stir

l' **agnostique** *m, f* agnostic

agrandir to enlarge

agréable pleasant

l' **agression** *f* assault; aggression

l' **agresseur** *m* assailant

ahuri(e) bewildered

l' **aide** *f* help, assistance

aider to help

l' **ail** *m* garlic

l' **aile** *f* wing

ailleurs elsewhere; **d' __** besides

aimable kind, nice, amiable

aimer to like, to love; __ **mieux** to prefer

aîné(e) older; oldest

ainsi thus; __ **que** as well as; like

l' **air** *m* air; tune; **avoir l' __** to seem; **regarder en l' __** to look up

l' **aire d'atterrissage** *f* landing area

l' **aise** *f* ease

aisé(e) well-off

ajouter to add

ajuster to adjust

les **alentours** *m* vicinity

l' **alimentation** *f* diet

allemand(e) German

aller to go; __ **en croissant** to be increasing; **s'en __** to go away

l' **alliance** *f* wedding ring

l' **allié(e)** *m, f* ally

allô! hello!

l' **allocation** *f* allowance

allumer to light

l' **allumette** *f* match

l' **allure** *f* pace

alors then; so; __ **que** whereas

altéré(e) thirsty

l' **amant(e)** *m, f* lover

l' **ambassade** *f* embassy

ambulant(e) ambulatory

l' **âme** *f* soul; **rendre l' __** to give up the ghost

améliorer to improve

l' **amende** *f* fine

amener to bring

amer (amère) bitter

américain(e) American

l' **Amérique** *f* America

l' **ami(e)** *m, f* friend; **petit(e) __ (e)** boyfriend, girlfriend

l' **amitié** *f* friendship

l' **amont** *m* uphill slope; **en __** upstream

l' **amour** *m* love

amoureux (amoureuse) de in love with

l' **amour-propre** *m* self-esteem, pride

amusant(e) amusing

s' **amuser** to play, to enjoy oneself, to have a good time

l' **an** *m* year

ancien (ancienne) ancient, old, senior; former

l' **ancre** *f* anchor

l' **ange** *m* angel

l' **animation** *f* liveliness

animer to animate, to drive

l' **animosité** *f* animosity

l' **année** *f* year

annoncer to announce

l' **annuaire** *m* directory

l' **antichambre** *f* waiting-room

anxieux (anxieuse) anxious

apaiser to appease

apercevoir to notice; **s' __ de** to realize

aplatir to flatten

apparaître to appear

l' **appareil** *m* apparatus; **__ (de téléphone)** telephone

l' **apparence** *f* appearance

l' **appartement** *m* apartment

appartenir to belong

l' **appât** *m* enticement

l' **appel** *m* call, appeal; **__ téléphonique** telephone call

appeler to call; **en __ à** to appeal to; **s' __** to be called

applaudir to applaud

s' **appliquer** to apply oneself; to be applied

apporter to bring, to provide

apposer to stamp

apprécier to appreciate

apprendre to learn; to teach

s' **apprêter** to get ready

apprivoiser to tame

approcher to approach; **s' __ de** to come near, to approach

approprié(e) appropriate

l' **approvisionnement** *m* shopping for food

appuyé(e) (sur) resting (on)

après after

l' **après-midi** *m, f* afternoon

l' **aquarelle** *f* watercolor

arbitraire arbitrary

l' **arbre** *m* tree

l' **arc** *m* bow

l' **archevêque** *m* archbishop

ardent(e) fervent, burning

l' **ardeur** *f* fervor; heat

l' **arène** *f* amphitheatre

l' **argent** *m* money; **__ de poche** pocket money

l' **argenterie** *f* silver plate

l' **argumentation** *f* formal argumentation

l' **arme** *f* weapon; **mettre l' __ en joue** to take aim

armé(e) armed

l' **armée** *f* army

s' **armer** to arm oneself

les **armes** *f* arms

l' **armoire** *f* wardrobe

l' **arpent** *m* acre

arpenter to stride up and down

l' **arquebuse** *f* harquebus (old gun)

arracher to snatch from somebody

arrêter to stop; **s' __** to stop

l' **arrière** *m* back

l' **arrivée** *f* arrival

arriver to arrive; **__ à** to succeed in doing something, to manage to; **il arrive** it happens

arroser to water

l' **aspect** *m* look, appearance

les **aspirations** *f* hopes, expectations

aspirer to aspire

assainir to decontaminate

assassiné(e) murdered

l' **assaut** *m* attack

assemblé(e) assembled

assener un coup to strike a blow

s' **asseoir** to sit

assez enough; rather; **__ de** enough

l' **assiette** *f* plate

assis(e) seated

l' **assistant(e)** *m, f* spectator

assister à to attend

assommer to beat to death

l' **assurance santé** *f* health insurance

l' **assuré(e)**   assured
l' **astre** *m*   star
astreindre   to compel, to force
l' **atelier** *m*   workhouse
l' **athée** *m, f*   atheist
attacher   to tie; **s'** __ to become attached
attaquer   to attack
atteindre   to attain, to reach
l' **attelage** *m*   team of horses
attelé(e)   harnessed, hitched up
attendre   to wait (for), to expect; to await
s' **attendrir**   to become soft-hearted
l' **attention** *f*   attention, care; __! careful!
atterrir   to land
attirer   to draw
attraper   to catch
l' **aube** *f*   dawn
l' **aubépine** *f*   hawthorn
l' **auberge** *f*   inn
aucun(e)   no, not any; **d'** __ **s** some
l' **audace** *f*   audacity, daring
au-delà de   beyond
au-dessus   above
l' **auditoire** *m*   audience
augmenter   to increase, to go up
aujourd'hui   today
l' **aumônier** *m*   chaplain
l' **aune** *f*   ell (measure for cloth)
auparavant   before
auprès de   next to, close to
l' **aurore** *f*   dawn
aussi   as; so; also; therefore
aussitôt   immediately
autant   as much; __ **de** as many of; as much; __ **dire** one might as well say
l' **autorité** *f*   authority
autour   around; __ **de** around
autre   other
autrefois   in the past
autrement   differently
l' **avance** *f*   advance; **d'** __ in advance
avancé(e)   advanced
avancer   to move forward; **s'** __ to come forward
avant   before; __ **de** before; __ **peu** soon; __ **que** before

l' **avantage** *m*   advantage
avarié(e)   rotting
avec   with
avenant : à l' __   likewise
l' **avenir** *m*   future
l' **aventure** *f*   adventure; **par** __ by chance
s' **aventurer**   to venture out
aventureux (aventureuse)   venturesome
avertir   to warn; to inform
l' **aviation** *f*   air force
s' **avilir**   to become evil
l' **avilissement** *m*   degradation
l' **avion** *m*   airplane
l' **avis** *m*   opinion; **à votre** __ in your opinion
aviver   to enliven
l' **avocat(e)** *m, f*   lawyer
avoir   to have; **il y a** there is, there are; __ **beau faire quelque chose** to do something in vain; __ **de la chance** to be lucky; **ne pas** __ **de chance** to be unlucky; __ **19 ans** to to be 19 years old; __ **l'air** to look, to seem; __ **envie de** to feel like; __ **lieu** to take place; __ **mal au cœur** to have indigestion; __ **peur** to be afraid; __ **raison** to be right; **n'** __ **qu'à** to need only to
l' **avoir** *m*   assets, holdings
l' **avortement** *m*   abortion
avouer   to admit
avril *m*   April
l' **azur** *m*   blue sky

B

le **bac**   ferry
les **bagages** *m*   luggage
la **bague**   ring
la **baguette**   wand
le **bain**   bath
la **baïonnette**   bayonet
le **baiser**   kiss
baissé(e)   down; lowered; bent over
le **balayage**   sweeping
le **balcon**   balcony

la **balle** bullet, shot
la **balustrade** railing
le **banc** bench
la **bande** band, group, gang
bandé(e) blindfolded
la **banlieue** suburbs
la **banquette** seat, wallseat
la **baraque** hut
barbare barbarian
la **barbe** beard
le **barbier** barber
barbouiller to smear
le **baril** barrel, keg
le **barrage** barrier
la **barre** bar
barrer to bar
bas low; in a low voice; **tout __** in
a very low voice
la **basse-cour** farmyard
le **bassin** basin
la **bataille** battle
le **bateau** boat
le **bâtiment** building
bâtir to build
le **bâton** stick; shepherd's staff
battre to beat; **__ le rappel** to
summon up; **__ la retraite** to sound
the retreat; **se __** to fight
battu(e) beaten
bavard(e) talkative
bavarder to talk
beau (belle) handsome, beautiful;
avoir __ faire quelque chose to do
something in vain
beaucoup a lot, much; **__ de** a lot of
la **beauté** beauty
les **beaux-parents** in-laws
le **bébé** baby
le **bec** beak
le **bénédicité** prayer before a meal
la **bénédiction** blessing
le **bénéfice** profit
bénévole volunteer, unpaid
bénir to bless
le **bénitier** holy water basin
le **béret** beret
le **berger (la bergère)** shepherd,
shepherdess
la **besogne** thing, job

le **besoin** need; **au __** if need be;
avoir __ (de) to need
le **bétail** livestock
bête stupid
la **bête** beast; **__ de somme** beast of
burden
la **bêtise** stupidity; **faire des __ s** to
get into mischief
la **bicyclette** bicycle
bien well; indeed; very; much; **ou __**
or else; **__ sûr** of course; **__ des**
many a; **__ du, __ de la** a great
deal of; **le __** good; possession
le **bien-être** well-being
bientôt soon
bienveillant(e) friendly, kindly
la **bière** beer
bigrement *fam* very
bis repeat
bizarre odd, strange
la **blague** *fam* joke; **sans __** no kidding
blanc (blanche) white; **le __** chicken
breast
le **blé** wheat, corn
blême pale
blessé(e) wounded
blesser to wound
la **blessure** injury
bleu(e) blue
se **blottir** to huddle
la **blouse** loose over-garment; smock;
blouse
le **bœuf** ox; **__ de labour** plowing ox
boire to drink
le **bois** wood
la **boisson** drink
la **boîte** box
bon (bonne) good, right
le **bonbon** candy
le **bonheur** happiness
le **bonhomme** good-natured man
bonnement simply
le **bonnet de nuit** night cap
la **bonté** goodness
le **bord** side; edge; bank; board; **à __ de**
on board; **au __ de** alongside; **tout**
au __ on the very edge
border to border, to line; to tuck in
se **borner** to limit oneself

le **bosquet**   grove
la **bouche**   mouth
bouffi(e)   bloated
la **bougie**   candle
le **boulanger**   baker
bouleversé(e)   overwhelmed
le **bouleversement**   upheaval
la **bourgade**   village, small town
le **bourgeois (la bourgeoise)**   bourgeois, middle-class person
le **bourreau**   torturer
le **bourrelier**   saddler
se **bourrer (de)**   to stuff oneself (with)
bousculer   to drive from the field; **se __** to jostle each other
le **bout**   end
les **boyaux** *m*   bowels
branché(e)   connected
brandir   to brandish
le **bras**   arm
brave   courageous; good, decent
bredouiller   to mumble, to stammer out
le **brevet d'affaires**   letter of entry
le **brigand**   ruffian
la **brise**   breeze
briser   to smash
la **broche**   spit
le **brouillard**   fog
le **bruit**   sound, noise
brûlant(e)   fiery, impassioned
brûler   to burn
brun(e)   brown
le **buisson**   bush
le **but**   goal
le **butin**   booty
le **buveur**   drinker

C

ça   that; **comme __** like that, that way
la **cabane**   hut
la **cabine**   cabin
le **cabinet**   study; **__ du conseil** council room
le **câblogramme**   cablegram
se **cacher**   to hide
le **cadeau**   gift

le **cadre**   setting
le **café**   coffee; café
la **caféine**   caffeine
caillouté(e)   cobbled
la **caisse**   crate, box
la **calamité**   calamity
calme   calm
le **calumet**   peace pipe
le, la **camarade**   mate, friend; **__ de chambre** roommate
le **cambriolage**   burglary
le **cambrioleur (la cambrioleuse)**   burglar
la **camisole de nuit**   nightshirt
le **camp**   camp, side
la **campagne**   country, countryside
le **canon**   barrel (of a gun)
le **canot**   canoe
le **cantique**   hymn
le **cantonnier**   roadmender
la **capacité**   ability, capability
la **cape**   cape, cloak
le **capitaine**   captain
la **capitale**   capital
le **caprice**   whim
capturer   to catch
le **capuchon**   hood
car   for
le **caractère**   character
caractériser   to characterize
caresser   to caress
la **cargaison**   cargo
le **carreau**   window pane
le **carrefour**   crossroads
le **carrier**   quarryworker
la **carrière**   career; quarry
la **carriole**   cart
le **carrosse**   stagecoach
la **carte**   card
le **cas**   case
le **casque**   helmet
cassé(e)   broken-down
casser   to break
la **cathédrale**   cathedral
catholique   Catholic
la **cause**   cause; **à __ de** because of, owing to
causer   to cause
la **cavalerie**   cavalry

le **cavalier (la cavalière)** cavalryman, rider

céder to give in, to yield

cela that, this

célèbre famous

célibataire single, unmarried

la **cellule** cell, chamber; cockpit

la **cendre** ash

la **cendrillon** household drudge

censé(e) supposed to

la **centaine** a hundred

le **centre** center; **en plein __** right in the center

cependant however, yet

le **cercle** circle

la **cérémonie** ceremony

le **cerf** stag, deer

certain(e) certain

certainement surely, certainly

certes indeed

la **certitude** certainty

le **cerveau** brain; **mettre les __ x en ébullition** to bring tempers to the boiling point

la **cesse** ceasing

cesser to stop, to cease

chacun each one; **(tout) un chacun** everybody

le **chagrin** grief, sorrow

la **chaîne** production line

la **chair** flesh

la **chaise percée** commode (toilet)

le **chalumeau** pipe

le **chambellan** chamberlain

la **chambre** room; **__ de justice** court room

le **champ** field

champêtre country

le **champignon** mushroom

la **chance** chance, luck; **avoir de la __** to be lucky; **ne pas avoir de __** to be unlucky; **tenter sa __** to try one's luck

la **chandelle** candle

le **changement** change

changer to change

la **chanson** song; **__ à boire** drinking song

le **chant** song

chanter to sing

le **chapeau** hat

le **chapelain** chaplain

le **chapitre** chapter

chaque each

le **char** wagon, cart

le **charbon** coal

la **charcuterie** cold cuts

la **charge** load

chargé(e) loaded, charged

le **chargement** load

le **chariot** wagon

la **charité** charity

charmant(e) charming

le **charme** charm

la **charrette** cart

charrier to cart, to wheel along

la **chasse** hunting

chasser to drive out

le **chasseur** hunter

la **châtaigne** chestnut

le **château** castle

châtier to punish

le **châtiment** punishment; **__ corporel** corporal punishment

chaud(e) warm, hot

chaudement warmly

chausser to put on (shoes)

la **chaussure** shoe

chauve bald

la **chaux** lime

le **chef** head, leader

le **chemin** path, way, road, distance

la **cheminée** chimney; **__ d'aération** ventilation shaft

la **chemise** shirt

cher (chère) dear; expensive

chercher to seek

chéri(e) dear, beloved

la **cherté** high cost

le **cheval (les chevaux)** horse; **à __** on horseback

le **chevalier** knight

la **chevelure** hair

le **cheveu** hair

chez at somebody's house, at; among

le **chien** dog

le **chiffre** figure

le **chirurgien** surgeon

le **chœur**   choir

choisir   to choose

le **choix**   choice

chômer   to be out of work

la **chopine**   half liter of an alcoholic drink

la **chose**   thing

le **chou**   cabbage; **mon __** *fam* my little
    darling

chrétien (chrétienne)   Christian

le **chrome**   chromium

la **chronique**   chronicle

ci-dessous   below

le **cidre**   cider

le **ciel (les cieux)**   sky, heaven

le **cierge**   candle

le **cinématographe**   cinematograph

la **circonstance**   circumstance

circuler   to circulate

le **citadin (la citadine)**   city dweller

la **cité**   city

citer   to cite, to quote

le **citron**   (lemon) yellow

clair(e)   clear; **au __ de la lune** by
    the light of the moon

clandestin(e)   clandestine

la **classe**   class

le **clavier**   keyboard

le **climat**   climate

le, la **clochard(e)**   bum

clouer   to nail

le **cocher**   coachman

le **cœur**   heart; **au __ de** in the heart
    of; **de bon __** heartily

la **cognée**   axe

coiffé(e) de   wearing as a hat

le **coin**   corner; **aller au __** to stand
    face against the wall in a corner

la **colère**   anger; **se mettre en __** to
    become angry

coléreux (coléreuse)   quick-tempered

le **collaborateur (la collaboratrice)**
    collaborator

collaborer   to collaborate

la **collation**   snack

collectif (collective)   collective

le **collège**   school

le **collet**   neck

la **colline**   hill

le **colonialisme**   colonialism

le, la **coloriste**   colorist

le **combat**   fight, battle

combattre   to fight

combien   how, how much; **__ de** how
    many, how much

la **combinaison**   combination

le **comble**   height; **à son __** at its peak

la **comédie musicale**   musical comedy

comique   comic

le **commandant**   commander

commander   to order

comme   as, like; how; as if; **__
    d'habitude** as usual; **__ il faut**
    properly

commencer   to begin

comment   how; **__?** what?

le **commerce**   business

la **commère**   gossip; **ma __** my good
    woman

commettre   to commit

le **commis**   apprentice

les **commodités** *f*   conveniences

commun(e)   common

la **compagne**   companion

la **compagnie**   company

le **compagnon (la compagne)**
    companion

comparer   to compare

compatissant(e)   compassionate

le, la **compatriote**   compatriot

la **complaisance**   compliance

complaisant(e)   obliging

complet (complète)   complete

compléter   to complete

les **complies** *f*   compline (night prayers)

compliqué(e)   complicated

comploter   to plot

comporter   to consist of; to include

composer   to compose; **__ un numéro**
    to dial a number; **se __** to be made up

compréhensif (compréhensive)
    understanding

comprendre   to understand, to realize;
    to include

compromettre   to compromise, to
    jeopardize

le **compromis**   compromise

comptant   in cash

le **compte**   account; **__ rendu** review;

tenir __ de to take into account
compter to count; to intend
se **concevoir** to be understandable
le, la **concierge** caretaker, manager (of an apartment building)
concourir à to work towards
concret (concrète) concrete
condamner to condemn
le **conducteur (la conductrice)** driver
conduire to lead, to drive; **se __** to behave
la **conduite** behavior; leadership
confectionner to make
la **conférence** lecture
se **confesser** to go to confession
la **confiance** confidence, faith, trust
confier to confide; to entrust
confirmer to confirm
confisqué(e) confiscated
confondre to confuse; **se __** to merge (into one)
le **confort** comfort
le **congé** leave; **__ s payés** paid vacation
congédier to fire
conjurer to beseech
la **connaissance** knowledge, acquaintance
connaître to know
connu(e) known
conquérir to conquer
consacrer to dedicate, to devote
conscient(e) conscious, aware
le **conseil** advice, piece of advice; council; **__ des prudhommes** court of justice
conseiller to advise
conservateur (conservatrice) conservative
considérer to consider
consigné(e) recorded
consigner to record
consister to consist
constant(e) constant
le **constructeur** builder
construire to build
consumer to consume, to burn
la **contagion** contagion, infectiousness
contempler to contemplate, to gaze upon
contemporain(e) contemporary

contenir to contain; to restrain
content(e) happy, pleased
contenter to satisfy
le **contexte** context
continu(e) continuous
continuer to continue; **__ sa route** to go on
le **contraire** contrary; **au __** on the contrary
le **contrat** contract
contre against; **par __** on the other hand; **le pour et le __** the pros and the cons
contre-bas: à __ down below
contredire to contradict
la **contrée** region, land
le **contremaître** foreman
le **contrevent** shutter
contribuer to contribute
convaincre to convince, to persuade
convenable correct
convenir à to suit
converser to converse
convertir to convert
le **convoi** convoy
la **convoitise** covetousness
convoler to get married
coopérer to cooperate
copier to copy
la **corde** rope
le **cordeau** fuse; **__ Bickford** safety fuse
le **cordonnier** shoemaker
la **cornemuse** bagpipes
le **cornemuseux** (*archaïque*) bagpiper
le **cornemusier** bagpipe player
le **cornet** small horn, ear trumpet
le **corps** body
le **correcteur** corrector, punisher
la **correspondance** correspondence
le **cortège** procession
le **costumier** costume maker
la **côte** coast; side; **côte à côte** side by side
le **côté** side; **à __** next door; **de __ et d'autre** here and there
le **coteau** slope
cotoyer to border on
le **cou** neck
couché(e) lying

coucher   to sleep; **se __** to go to bed;
le __ setting of the sun
le **coude**   elbow
coudre   to sew
couler   to flow
la **couleur**   color
les **coulisses** *f*   wings (of a stage)
le **coup**   blow; **__ d'Etat** coup; **__ de
fusil** rifle shot; **__ de fouet** whipping;
__ de pied kick; **__ de vin** drink of
wine; **du premier __** immediately
la **coupe**   cup
la **cour**   court; courtyard
courageux (courageuse)   courageous
le **courant**   current; **être au __** to be in
the know
courir   to run
la **couronne**   crown
couronné(e)   crowned
le **cours**   course; **__ facultatif** elective
course; **__ obligatoire** required course
la **course**   running; **les __ s** errands
court(e)   short
le **courtisan**   courtier
courtois(e)   courteous; courtly
le **coussin**   cushion
cousu(e)   sewn, stitched
le **coût**   cost
le **couteau**   knife
la **coutume**   custom; **avoir __ de** to be
in the habit of
couvert(e)   covered; **le __** shelter; table
setting; **mettre le __** to set the table;
ôter le __ to clear the table
couvrir   to cover
craindre   to fear
la **crainte**   fear; **dans la __ que** for
fear that
craquer   to strike (a match)
la **cravate**   tie
le **crayon**   pencil
la **créature**   creature
le **crédit**   credit; **__ foncier** real-estate
bank
créer   to create
le **crépuscule**   twilight
creuser   to dig
crever   to die
le **cri**   cry

crier   to cry out, to shout, to holler;
__ famine to cry starvation
le **critère**   criterion
la **critique**   criticism; **le __** critic
croire   to believe
la **croisade**   crusade
croiser les bras   to fold one's arms
la **croix**   cross; **en __** crosswise
crotté(e)   filthy
la **croûte**   crust
la **croyance**   belief, faith
le **croyant (la croyante)**   believer
le **CRS**   reserve police officer, usually
called to control demonstrations
la **cruauté**   cruelty
cueillir   to pick
la **cuillerée**   spoonful
la **cuisine**   kitchen; **faire la __** to cook
le **cuisinier**   cook
la **cuisse**   drumstick
le **cuivre**   brass
le **curé**   priest
la **curiosité**   curiosity

D

daigner   to deign to
la **dame**   lady; **haute __** fine lady
dangereux (dangereuse)   dangerous
dans   in
danser   to dance
davantage   more
le **dé**   (gambling) die
le **débarquement**   landing
le **débat**   debate
débattre   to debate
débile   weak
déboucher   to emerge, to open onto
debout *adv*   standing
débranché(e)   disconnected
le **débris**   fragmentary piece
le **début**   beginning
déchaîné(e)   raging
décharné(e)   extremely thin
déchirant(e)   heart-wrenching
déchirer   to rent (the air); **se __** to
tear each other apart
décider   to decide; to persuade

la **décision** decision

la **déclaration** declaration, statement

déclarer to announce, to state, to declare

décoller to take off

le **décor** decor, scenery

la **découverte** discovery, search

découvrir to discover, to find; **se __** to reveal oneself

décrire to describe

décrocher to pick up (the phone), to take the phone off the hook

déçu(e) disappointed; **espoir __** unrealized hope

dédaigner to disdain

le **dédain** disdain, scorn

le **dédale** maze

défaillant(e) faltering

défaire to unpack; **se __ de** to get rid of

défait(e) devastated

le **défaut** defect

défendre to defend

défendu(e) forbidden, not allowed

la **défiance** mistrust, distrust

défier to challenge

défoncé(e) ploughed up, ripped open

dégénérer to degenerate

le **dégoût** disgust, distaste

dehors outside

la **déité** deity

déjà already

déjeuner to have lunch; **le __** lunch; **petit __** breakfast

la **délicatesse** delicacy, refinement

délivrer to deliver

demain tomorrow

demander to ask (for)

la **démence** madness

le **démenti** denial

démentir to counter an assertion

la **démesure** excessiveness; **à __** inordinately

demeurer to stay, to remain; to live

demi(e) half

la **démonstration** demonstration

la **dent** tooth; **__ latérale** outer tooth; **se brosser les __ s** to brush one's teeth

le **départ** departure

dépasser to go beyond

la **dépendance** annex

dépendant(e) dependent

dépendre (de) to depend (on)

les **dépens** *m* costs; **à ses __** at one's expense

la **dépense** expense

le **dépit** spite; **en __ de** in spite of

le **déplacement** travel

déplaire to displease

la **déportation** deportation

déporter to deport

déposer to place

le **dépôt** depot

dépouiller to open, to go through

déprécier to underestimate

déprimant(e) depressing

depuis since, for, from

le **député** delegate, representative

députer to delegate

dérivé(e) derived

dernier (dernière) last; **ce __** the latter; **__ ressort** last resort

dérouler to unroll; **se __** to proceed

derrière behind; in back; **le __** backside

dès (immediately) upon, from, as early as

désagréable unpleasant

désaltérer to quench one's thirst

descendre to descend; to stay at a hotel

la **descente** descent

le **désespoir** despair

se **déshabiller** to take off one's clothes

désigner to designate

le **désir** desire

désirable desirable; **peu __** undesirable

désirer to want, to desire

désordonné(e) disorderly

désormais henceforth

se **dessécher** to dry out

le **dessein** intention, design

le **dessin** sketch; **__ animé** cartoon

dessiner to sketch, to design

le **destin** fate, destiny

destiné(e) destined

la **destinée** fate, destiny

dessus on top of
détacher to detach, to untie
détaillé(e) detailed
dételer to unharness
se **détendre** to relax
détendu(e) relaxed
détester to hate, to detest
le **détonateur** detonator
détourner to divert
détruire to destroy
la **dette** debt
deux two; **tous les __** both
devant in front of, before
développer to develop
devenir to become
deviner to predict the future, to guess
le **devoir** duty; *vb* must, should, ought; to owe
dévoué(e) devoted
le **diable** devil
la **dialectique** dialectics
le **diamant** diamond
Dieu *m* God; **mon __!** good heavens!
pour __ for God's sake
la **différence** difference
différent(e) different
différer to differ
difficile difficult
difficilement with difficulty
la **difficulté** difficulty
digne worthy
la **dignité** dignity
la **diligence** stagecoach
le **dimanche** Sunday
la **diminution** reduction, diminishing
dîner to have dinner; **le __** dinner
le **dinosaure** dinosaur
diocésain(e) diocesan
la **diplomatie** diplomacy
dire to say
direct(e) direct
directement directly
le **directeur (la directrice)** director
diriger to manage, to run; **se __** to head for
discipliner to discipline
le **discours** speech
discrètement discreetly
discuter to discuss

disparaître to disappear
disposer de to have at one's disposal
la **disposition** step
la **dispute** argument, quarrel
se **disputer** to argue, to quarrel
distingué(e) distinguished
distinguer to distinguish
se **distraire** to amuse oneself
distrait(e) distracted
distribuer to distribute, to arrange
la **distribution** distribution, allotment
divers(e) different, various
divertir to entertain; **se __** to amuse oneself
le **divertissement** diversion
diviser to divide
divorcer to get divorced
la **dizaine** ten or so
le **docteur** doctor
le **doigt** finger
le **domaine** domain, field
le, la **domestique** domestic
domestiquer to domesticate
dominer to dominate
le **dommage** harm; **c'est __** it's a pity
dompter to subdue
donc therefore
donné(e) given; **étant __** in view of, considering
donner to give; **__ raison à** to prove somebody right; **__ rendez-vous** to make an appointment; **__ sur** to face, to look onto
dont of whom, of which, whose
dormir to sleep
le **dos** back
la **dot** dowry
la **douane** customs
doucement gently, softly
doué(e) endowed
la **douleur** suffering
douloureux (douloureuse) distressing, sorrowful
le **doute** doubt; **sans __** no doubt
douter de to doubt
douteux (douteuse) questionable, dubious-looking
doux (douce) gentle, soft, sweet
la **douzaine** dozen

dramatique dramatic
le, la **dramaturge** playwright
le **drame** drama
le **drap** cloth; sheet
le **drapeau** flag
dresser to draw up, to make out; **se
__** to stand, to rise
le, la **drogué(e)** drug addict
le **droit** law; right
droit(e) straight, erect; **tout __**
straight ahead
drôle funny
dur(e) hard; **œuf __** hard-boiled egg
durant during
durer to last

E

l' **eau** *f* water
s' **ébahir** to wonder
les **ébats** *m* frolics; **prendre ses __** to
frolic
l' **éboulement** *m* landslide
ébranler to shake, to rattle
l' **écart** *m* space, gap; **à l' __**
out-of-the-way, remote
écarté(e) remote, separated
l' **échange** *m* exchange
échapper à to escape
échauffer to fire, to excite
l' **échelle** *f* scale
échouer to fail
l' **éclairage** *m* lighting
éclairé(e) lighted; enlightened
s' **éclairer avec** to get light from
l' **éclaireur** *m* scout
l' **éclat** *m* splinter; **voler en __ s** to
smash into pieces
éclatant(e) bright
éclater to break out
s' **éclipser** to slip away
l' **école** *f* school
l' **écolier (l'écolière)** student
éconduire to reject
économe thrifty
économique economic
écouter to listen (to)

l' **écouteur** *m* receiver
l' **écran** *m* screen
écrasant(e) crushing
écrire to write
l' **écrit** *m* writing; written record; **par __**
in writing
l' **écriture** *f* writing
l' **écurie** *f* stable
l' **édification** *f* construction
édifier to edify
l' **éducation** *f* education, upbringing,
training
éduquer to educate, to bring up
l' **effet** *m* effect; **en __** in fact
l' **effondrement** *m* collapse
s' **efforcer de** to endeavor to
égal(e) equal
également also
l' **égalité** *f* equality
égard : à l' __ de with regard to
s' **égarer** to go astray
égayer to amuse
l' **église** *f* church
l' **égoïsme** *m* selfishness
égoïste selfish
l' **égoût** *m* sewer
s' **égrener** to go by one by one
l' **élan** *m* impulse
élancé(e) soaring
l' **élève** *m, f* student
élevé(e) tall; elevated; **bien, mal __**
well-, ill-mannered
élever to elevate; to erect; to raise;
s' __ to rise
élire to elect
l' **éloge** *m* praise
éloigné(e) far
s' **éloigner** to move away
émacié(e) emaciated
s' **emballer** to bolt
embarrassé(e) embarrassed; muddled
embaucher to hire
embellir to beautify
embrasser to kiss, to embrace
émettre to transmit
l' **émeute** *f* riot
emmanché(e) arranged
emmener to take, to lead
emmuré(e) walled in

l' **émoi** *m*   agitation, emotion; **en tel __** so excited

émotif (émotive)   emotional

émouvoir   to move

empanaché(e)   plumed

empêcher   to prevent; **n'empêche que** nevertheless

l' **empereur** *m*   emperor

empirer   to become worse

l' **emplacement** *m*   site

emplir   to fill

l' **emploi du temps** *m*   schedule

l' **employé(e)** *m, f*   white-collar worker

employer   to employ, use

emporter   to take along; to carry away

l' **empreinte** *f*   imprint

s' **empresser**   to crowd (around)

emprisonné(e)   imprisoned

emprunter   to borrow

en   in; of it, of them; some, any

l' **enchantement** *m*   enchantment; **comme par __** as if by magic

l' **enchère** *f*   bid; **vendre aux __ s** to sell at auction

encore   still; even; **__ que** although

s' **endetter**   to go into debt

s' **endormir**   to fall asleep

l' **endroit** *m*   place, spot

endurci(e)   hardened, hard-hearted

s' **endurcir**   to become hardened

endurer   to endure, to bear

l' **enfance** *f*   childhood

l' **enfant** *m, f*   child

l' **enfer** *m*   hell

enfermer   to lock up; to confine; **s' __** to shut oneself up

enfiler   to slip on, to put on

enfin   finally

enfoncé(e)   broken down; dug

enfoncer   to drive in; **s' __** to plunge

enfourcher   to mount

s' **enfuir**   to run away, to escape

enfumé(e)   blackened (with smoke, coal dust, etc.)

l' **engagement** *m*   commitment

engager   to urge; to encourage

englouti(e)   engulfed, swallowed up

s' **engouffrer**   to surge

enjoué(e)   lively

enlever   to capture, to take; to remove, to take off

enluminer   to illuminate

l' **ennemi(e)** *m, f*   enemy

l' **ennui** *m*   worry, problem, trouble

s' **ennuyer**   to be bored

s' **enorgueillir de**   to pride oneself on

énorme   enormous

l' **enquête** *f*   investigation

enragé(e)   keen, fanatic

l' **enregistrement** *m*   recording

enrôler   to enlist

ensanglanté(e)   covered with blood

ensemble   together

l' **ensemencement** *m*   sowing

ensuite   then, next

entendre   to hear; to understand; **laisser __** to imply; **s' __** to get along; **s' __ à** to be very good at

entendu   agreed; **bien __** of course

l' **enthousiasme** *m*   enthusiasm

entier (entière)   entire, whole; **en __** entirely

entourer (de)   to surround (with)

les **entrailles** *f*   innards, heart

entre   between, among

l' **entrepont** *m*   steerage

entreprendre   to undertake

l' **entreprise** *f*   undertaking; business

entrer (dans)   to enter

s' **entre-regarder**   to look at each other

entretenir   to think about; to maintain

l' **entretien** *m*   conversation

l' **entrevue** *f*   interview

s' **entrouvrir**   to open up, to part

envahir   to invade

l' **envahisseur** *m*   invader

envers   towards, to

environ   approximately

environné(e)   surrounded

envisager   to contemplate, to think about

envoyer   to send

épais (épaisse)   thick

l' **épaisseur** *f*   thickness

s' **épanouir**   to blossom

épargner   to spare

l' **épaule** *f*   shoulder

l' **épée** *f*   sword

épeler   to spell

l' **époque** *f*   time, age, period, century

l' **époux (épouse)** *m, f*   spouse

s' **éprendre de**   to fall in love with

épris(e) de   smitten with, enamoured of

éprouvé(e)   tried, tested

éprouver   to experience, to feel

épuisant(e)   exhausting

épuisé(e)   exhausted

s' **épuiser**   to run out, to dry up

équilibré(e)   balanced

l' **équipage** *m*   carriage

l' **équipe** *f*   team

l' **erreur** *f*   mistake

l' **escalier** *m*   stair, stairway

l' **esclave** *m, f*   slave

escompter   to anticipate

l' **espadrille** *f*   rope-soled sandal

l' **espèce** *f*   kind

l' **espérance** *f*   hope

espérer   to hope

l' **espion** *m*   spy

l' **espoir** *m*   hope

l' **esprit** *m*   spirit; **__-de-vin** spirits (alcohol)

esquisser   to outline

essayer   to try

essentiel (essentielle)   essential

l' **est** *m*   east

esthétique   aesthetic

l' **estime** *f*   esteem, respect

estimer   to deem, to consider; to esteem

l' **estomac** *m*   stomach

l' **estrade** *f*   podium, dais, platform

l' **étable** *f*   cattle-shed

établir   to draw up, to make out

l' **étage** *m*   floor, story; **à l' __** upstairs

l' **étang** *m*   pond

l' **état** *m*   state; **__ d'urgence** state of emergency; **les Etats-Unis** United States; **chef d' __** head of state; **homme d' __** statesman; **faire __ de** to attach importance to

l' **été** *m*   summer

éteindre   to extinguish; **s' __** to be extinguished, to go out

l' **étendard** *m*   standard

étendre   to extend

l' **étendue** *f*   extent

éternel (éternelle)   eternal

éternellement   eternally

l' **étoffe** *f*   fabric; cloth; **de petite __** of little importance

l' **étoile** *f*   star

étonnant(e)   astonishing

étonné(e)   astounded

l' **étonnement** *m*   astonishment

étonner   to amaze

étouffer   to stifle; to suffocate

étranger (étrangère)   foreign, unknown; **l' __** foreigner

être   to be; **l' __** *m* being

l' **étude** *f*   study

l' **étudiant(e)** *m, f*   student

l' **évangile** *m*   gospel

s' **évanouir**   to faint

l' **éveil** *m*   awakening; **en __** awake

éveillé(e)   awake

s' **éveiller**   to wake up

l' **éveilleur** *m*   rouser

éventrer   to rip open

l' **évêque** *m*   bishop

évident(e)   evident

éviter   to avoid

exactement   exactly

exagérer   to exaggerate

examiner   to examine

s' **exaspérer**   to be exacerbated

exaucer   to grant, to answer

excentrique   eccentric

exceptionnel (exceptionnelle)   exceptional

excessif (excessive)   excessive

exciter   to spur on

s' **exclamer**   to exclaim

l' **excursion** *f*   trip

l' **exécution** *f*   execution

l' **exemple** *m*   example

exercer   to exercise, to fulfill; **s' __** to be practiced

l' **exercice** *m*   exercise

exiger   to require

l' **exotisme** *m*   exoticism

l' **expérience** *f*   experience; experiment

expérimenté(e)   experienced

expérimenter   to experiment

expirer   to expire

l' **explication** *f*   explanation

expliquer   to explain; **s' __** to be
understandable
exposer   to expose
l' **exposition** *f*   art show
exprimer   to express
l' **extase** *f*   ecstasy
l' **extérieur** *m*   outside
exterminé(e)   exterminated
l' **externe** *m, f*   off-campus student
extraordinaire   extraordinary

F

le **fabricant**   manufacturer
la **face**   face; **en __** opposite; **faire __**
à to face up to
se **fâcher**   to get angry
facile   easy
facilement   easily
la **façon**   way; **de __ à** in order to;
de toute __ in any case; **sans __**
without complications
le **facteur**   factor
la **faction**   sentry, guard; **en __** on duty
faible   weak
la **faiblesse**   weakness
la **faïence**   earthenware
faillir à   to fail to keep
la **faim**   hunger; **avoir __** to be hungry
faire   to make, to do; **__ attention** to
pay attention; **__ de la peine** to cause
sorrow; **__ du soleil** to be sunny; **__**
place à to give way to; **__ cuire** to
cook (something); **__ faction** to be on
sentry duty; **__ feu** to fire, to shoot; **__**
maigre to have a meal without meat;
__ sauter to blow up; **__ savoir** to
inform; **__ une promenade** to take a
walk, a ride; **comment se fait-il que?**
how is it that? **s'y __** to get used to it
faisable   doable
le **faisan**   pheasant
le **fait**   fact; action; **le __ de** caused by
falloir   to have to; to be needed; to
need; **il ne faut pas** one must not;
comme il faut properly
fameux (fameuse)   famous
familial(e)   family; **allocation __ e**
family allowance

familier (familière)   familiar
la **famille**   family; **__ nombreuse** family
with many children
la **famine**   starvation; **crier __** to cry
starvation
le **fanatique**   fanatic
fané(e)   faded
fantastique   fantastic
le **fardeau**   burden
la **farine**   flour
farouche   timid, shy
fascinant(e)   fascinating
fasciné(e)   fascinated
la **fatigue**   fatigue, tiredness
fatigué(e)   tired
le **faubourg**   suburb
la **faute**   fault; **__ de** due to a lack of
le **fauteuil**   easy chair
faux (fausse)   false
la **faux**   scythe
la **faveur**   favor
favori (favorite)   favorite
favorisé(e)   favored
les **félicitations** *f*   congratulations
féministe   feminist
la **féminité**   femininity
la **femme**   woman, wife; **__ d'intérieur**
housewife
la **fenêtre**   window
la **féodalité**   feudalism
ferme   firm; **la __** farm
la **fermeté**   firmness
le **fermier (la fermière)**   farmer
la **férocité**   ferociousness
la **ferveur**   fervor
la **fessée**   spanking
le **festin**   feast
la **fête**   festival, holiday
feu(e)   defunct
le **feu**   fire, passion; **__ x de la rampe**
limelight
le **feuillage**   foliage
la **feuille**   leaf
la **fève**   bean
février *m*   February
les **fiançailles** *f*   engagement
fiancé(e)   engaged
fidèle   faithful
la **fidélité**   allegiance, faithfulness
fier (fière)   proud

le **fiévreux**   man with fever
le **figurant**   walk-on
la **figure**   face; figure
  figurer   to take part
le **fil**   wire
le **filassier**   hemp worker
la **fille**   girl, daughter; __ **unique** only
  daughter; **jeune** __ girl; **petite-**__
  granddaughter
le **film**   film; __ **d'aventure** adventure
  film; __ **d'épouvante** horror film;
  __ **de science-fiction** science-fiction
  film
le **fils**   son
la **fin**   end
  finalement   finally, in the end
  financier (financière)   financial
  finir   to finish; __ **par** finally,
  eventually
  fixer   to fix
le **flacon**   bottle, flask
la **flamme**   flame
le **fléau**   scourge
la **flèche**   arrow; spire
  fléchir   to bend
  flétri(e)   wilted
la **fleur**   flower; **en** __ **(s)** in bloom
  fleuri(e)   in bloom, flourishing
le **fleuve**   river
la **floraison**   flowering
le **flot**   wave
la **foi**   faith
la **fois**   time; **des** __ sometimes; **une** __
  once; **à la** __ at the same time
  folklorique   folkloric
  foncer   to charge
  foncier (foncière)   land
la **fonction**   function
le **fond**   background; **les** __ **s** funds,
  money; **au** __ after all; **au** __ **de** at the
  end of, in the depths of
  fondamental(e)   fundamental
  fondé(e)   founded
  fondre sur   to swoop down on
la **fontaine**   fountain
la **force**   strength; **de toutes ses** __ **s**
  with all one's might; __ **noblesse** a
  good number of nobles
  forcené(e)   frantic
  forcer   to force, to compel

la **forêt**   forest
la **forme**   form, shape; **en pleine** __ in
  top shape
  former   to form
  formidable   tremendous, fantastic,
  great
  fort(e)   strong; *adv* loud; strongly, very
  fortement   very much
  fortifié(e)   fortified
le **fossé**   ditch; grave; gap
  fou (folle)   mad, crazy, crazed
  fouetté(e)   whipped
  fouetter   to whip
  fouiller   to scan
la **foule**   crowd; **une** __ **de** a host of
le **four**   (theatre) flop, fiasco
  fourbu(e)   exhausted
la **fourche**   pitchfork
la **fourchette**   fork
  fourmiller   to swarm
  fourni(e)   provided; full
la **fourniture**   supplies
  fourrer   to shove, to stuff; **se** __ to
  thrust oneself
la **fourrure**   fur
le **foyer**   hearth, home; foyer; __ **des**
  artistes greenroom
la **fraîcheur**   chilliness
  frais (fraîche)   cool
  franc (franche)   frank
  français(e)   French
la **franchise**   honesty
la **francophonie**   French-speaking
  communities
  frappant(e)   striking
  frapper   to strike, to hit
  frêle   frail
la **frénésie**   frenzy
  fréquenter   to frequent
le **frère**   brother
la **fringale**   hunger pang
  frissonner   to shiver; to rustle
la **friture**   crackling, static
  frivole   frivolous
  froid(e)   cold
le **fromage**   cheese
le **front**   forehead
la **frontière**   border
s'y **frotter**   to attack
  frustré(e)   frustrated

fuir to flee
la **fumée** smoke
fumer to smoke
le **fumier** manure
funeste deadly
fur : au __ et à mesure as one goes along
la **fureur** fury
la **fusée éclairante** flare
le **fusil** rifle, gun
la **fusion** fusion, merging, uniting
futile futile, silly

G

le **gagnant (la gagnante)** winner
gagner to win; to earn; to reach
gai(e) cheerful, happy
la **gaine** holster
la **galerie** gallery; tunnel
la **galette** cake
gallo-romain(e) Gallo-Roman
le **galon** (military) stripe
le **gant** glove
la **garantie** guarantee
le **garçon** boy
la **garde** guard
garder to keep; to guard
la **garde-robe** wardrobe
la **gare** railroad station
garni(e) de set with, decorated with
la **garnison** garrison
le **gâteau** cake; **mère-__** spoiling mother
gâter to spoil
gauche left; awkward, clumsy
gaulois(e) Gallic
le **gazon** grass, lawn
geler to freeze
le **gendarme** police officer
le **gendre** son-in-law
se **gêner** to be embarrassed
la **génération** generation
généreusement generously, nobly
généreux (généreuse) generous
la **générosité** generosity
le **génie** genius, spirit
le **genou** knee; **à __ x** kneeling; **se mettre à __** to kneel

le **genre** kind, sort, type
les **gens** *m* people; **__ de pied** foot soldiers; **jeunes __** young men, young people
le **gentilhomme** gentleman
gentiment nicely, politely
gesticuler to gesticulate
la **gifle** slap in the face
gigantesque huge
le **gîte** lodging
la **gloire** glory
glisser to slide; **se __ contre quelqu'un** to slip next to someone
le **gobelet** goblet
la **gorge** throat
gothique Gothic
gourd(e) numb
le **gourmand** someone with a big appetite
le **gourmet** food connoisseur
le **goût** taste
goûter to have an afternoon snack
la **goutte** drop; gout
la **gouvernante** governess
gouverner to govern, to control
le **gouverneur** governor
le **grabat** pallet, mean bed
la **grâce** grace; **__ à** thanks to; **__ au Ciel** thank heavens; **les __ s** grace after a meal
gracieux (gracieuse) amiable, kindly
grand(e) great, big; tall; grand; **la __ e rue** main street
grandir to grow
la **grange** barn
le **gratte-ciel** skyscraper
grave grave, serious
la **gravelle** gravel
le **grenier** granary; attic
la **grève** strike; **__ universelle** general strike
grignoter to nibble
la **grille** gate
gris(e) gray
le **grisou** fire-damp (combustible mine gas)
gros (grosse) big; heavy; **par __ temps** in foul weather
grossir to grow, to swell; to gain weight

le **groupe** group
guère hardly; **ne... guère** not really
guéri(e) recovered
le **guéridon** folding table
la **guerre** war
le **guerrier (la guerrière)** warrior
le **guet** watch; **faire le __** to stand watch
guider to guide
Guillaume William

H

l' **habillement** *m* dressing, clothing
s' **habiller** to dress up
l' **habit** *m* clothes, dress
l' **habitant(e)** resident, inhabitant
l' **habitation** *f* dwelling, home
habiter to dwell in, to live in
l' **habitude** *f* habit; **d' __** usually;
  comme d' __ as usual
habituel (habituelle) habitual
habituellement generally
la **haie** hedge
la **haine** hatred
hâlé(e) tanned, browned
l' **haleine** *f* breath
le **hameau** hamlet
la **haquenée** hack, quiet horse
harassé(e) exhausted
hardi(e) daring, bold
hardiment boldly, brazenly
l' **harmonie** *f* harmony
le **hasard** chance, fate
hasardeux (hasardeuse) hazardous,
  risky
se **hâter** to hasten
hausser (les épaules) to shrug one's
  shoulders
haut(e) high; **__ e dame** fine lady;
  du __ de from the top of
la **hauteur** height
le **haut-parleur** loudspeaker
hebdomadaire weekly
l' **hectolitre** *m* 100 liters
hélas alas
l' **hémistiche** *m* hemistich
l' **herbe** *f* grass
hérissé(e) bristled

l' **héritage** *m* inheritance
l' **héroïne** heroine
l' **héroïsme** heroism
le **héros** hero
l' **hésitation** *f* hesitation
hésiter to hesitate
l' **heure** *f* hour; **deux __ s** two o'clock;
  __ s supplémentaires extra hours
heureux (heureuse) happy
hier yesterday
l' **histoire** *f* history, story
l' **hiver** *m* winter
hollandais(e) Dutch
l'**homme** *m* man; **__ politique**
  politician
honnête honest
l' **honneur** *m* honor
honteux (honteuse) shameful
l' **horaire** *m* schedule
l' **horloger** *m* watchmaker
l' **horreur** *f* horror
hors de out of; outside
l' **hôte** *m* guest
huer to boo
l' **huile** *f* oil; **__ de foie de morue**
  cod-liver oil
l' **huissier** *m* usher
huit eight
humain(e) human
l' **humanité** *f* humanity
humble humble, lowly
humecter to moisten
humer to breathe in
l' **humeur** *f* mood; **de bonne
  (mauvaise) __** in a good (bad) mood;
  d' __ changeante moody; **d' __ égale**
  even-tempered
l' **humilité** *f* humility, humbleness
l' **humour** *m* humor
le **hurlement** howl
hurler to shriek, to scream
l' **hygiène** *f* hygiene
l' **hymne** *m* hymn; song; **__ national**
  national anthem

I

ici here
idéal(e) ideal

l' **idéalisme** *m*   idealism

l' **idée** *f*   idea; __ **fixe** obsession

identifier   to identify

identique   identical, the same

l' **identité** *f*   identity

l' **idolâtre** *m, f*   idolater

ignorer   not to know

il y a   there is, there are; ago

l' **île** *f*   island

illisiblement   illegibly

illuminer   to illuminate, to light up

illustrer   to illustrate

l' **image** *f*   picture, image

imaginaire   imaginary

imaginer   to imagine

imiter   to imitate

immangeable   inedible

immédiat(e)   immediate

immédiatement   immediately

immortel (immortelle)   immortal

immuable   unchanging

l' **impatience** *f*   impatience; **avec** __
     anxiously

impatient(e)   impatient

impérieux (impérieuse)   urgent,
     pressing

impérissable   imperishable, undying

impertinent(e)   impertinent, insolent

l' **impie** *m, f*   godless person

impitoyablement   without pity

implorer   to implore

important(e)   important

importer   to matter; **n'importe où**
     anywhere; **n'importe quel(le)** any
     (at all)

impressionné(e)   impressed

l' **imprévoyance** *f*   lack of vision

imprévu(e)   unexpected

impur(e)   impure

incendier   to set on fire

incertain(e)   uncertain, vague

inclure   to include

inconnu(e)   unknown, strange

inconstant(e)   fickle

incontinent   right away

l' **inconvénient** *m*   disadvantage

incroyable   incredible

l' **inculpé(e)**   person charged

indépendamment   independently

indépendant(e)   independent

indigène   native

indignement   undeservedly

indiscret (indiscrète)   inconsiderate

l' **individu** *m*   individual

indolent(e)   lazy

indulgent(e)   lenient

l' **industriel** *m*   businessman

inébranlable   immovable

inédit(e)   unexpected

inégalable   incomparable

infâme   infamous

l' **infanterie** *f*   infantry

infidèle   unfaithful

l' **infidélité** *f*   unfaithfulness

l' **infini** *m*   infinite

l' **infirmier (l'infirmière)**   nurse

s' **ingénier**   to contrive

l' **ingénieur** *m*   engineer

ingrat(e)   ungrateful

l' **initié(e)**   initiate

injuste   unjust

s' **inonder**   to become soaked

inopinément   unexpectedly, suddenly

inouï(e)   unheard of, unprecedented

inquiet (inquiète)   worried

s' **inquiéter**   to worry

l' **inquiétude** *f*   worry

insensible   insensitive

insigne   notable, distinguished

insister   to insist

inspirer   to inspire

s' **installer**   to settle in

instantanément   instantaneously

instinctif (instinctive)   instinctive

instructif (instructive)   instructive

l' **insu : à l'** __ **de**   without someone's
     knowing

intact(e)   intact

l' **intégralité** *f*   totality

intellectuel (intellectuelle)
     intellectual

l' **intendant(e)**   steward

l' **intention** *f*   intention; **avoir l'** __ **de**
     to intend to

intéressant(e)   interesting

l' **intérêt** *m*   interest

l' **intérieur** *m*   interior; **à l'** __ inside;
     inland

l' **intermédiaire** *m* intermediary; **sans** __ directly

l' **interne** *m, f* on-campus student

interroger to interrogate, to question

intervenir to intervene

intime intimate

l' **intimité** *f* private life

intitulé(e) entitled

intolérant(e) intolerant

l' **intrigue** *f* plot

introduire to introduce

inutile useless

inutilisable unusable

investir to invest

l' **invité(e)** guest

inviter to invite

irlandais(e) Irish

irréprochable blameless

isolé(e) isolated

l' **itinéraire** *m* itinerary

ivre drunk

l' **ivresse** *f* drunkenness

J

la **jacquerie** peasant revolt

jaillir to shoot up, to spurt out

la **jalousie** jealousy

jaloux (jalouse) jealous

la **jambe** leg

jamais ever; **à** __ forever; **ne...** __ never

janvier *m* January

le **jardin** garden

jeter to throw, to cast; __ **un œil** to cast a glance; **se** __ to join eagerly; **se** __**sur** to pounce on

le **jeu** game; gambling; acting; __ **champêtre** country pastime; **jouer gros** __ to gamble heavily

le **jeudi** Thursday

jeune young; __ **fille** girl; __ **s gens** young men, young people; __ **marié(e)** groom (bride); __ **s mariés** newlyweds

la **jeunesse** youth

la **joie** joy

joli(e) pretty

la **joue** cheek

jouer to play, to gamble; to act; __ **gros jeu** to gamble heavily

le **joueur (la joueuse)** player, gambler

jouir de to enjoy, to take advantage of

la **jouissance** enjoyment

le **jour** day; daylight; __ **de l'an** New Year's Day; **grand** __ broad daylight; __ **de relâche** no performance today

le **journal** newspaper; diary

le, la **journaliste** journalist

la **journée** day; __ **de travail** working day

joyeux (joyeuse) merry, joyful

le **juge** judge

juger to judge

juin *m* June

jurer to swear

jusque up to, as far as; **jusqu'à ce que** until; **jusqu'ici** until now; **jusque-là** until then

juste just, fair; exact, apt; **le** __ **milieu** happy medium

justifier to justify

K

le **kilogramme** kilogram

le **kilomètre** kilometer

L

là there; __**-bas** over there; __**-dedans** in there; __**-dessus** on that point

le **labeur** labor, toil, work

le **labour** plowing

le **lac** lake

lâche faint-hearted, cowardly

les **lacs** *m* snare

laid(e) ugly

la **laine** wool

laisser to let, to leave; __ **entendre** to imply; __ **entrevoir** to give a glimpse of

le **laitage** dairy products

la **lame**   blade
lancé(e)   fired
lancer   to throw; to project; __ **un cri** to cry out
le **langage**   language; **tenir ce __ à quelqu'un** to speak thus to someone
la **langue**   language; tongue; __ **étrangère** foreign language
le **lapidaire**   lapidary
le **lapin**   rabbit
large   wide, big
la **largeur**   width
la **larme**   tear
las (lasse)   tired
le **laurier**   bay leaf tree, laurel tree
le **lavage**   laundry
la **leçon**   lesson
le **lecteur (la lectrice)**   reader
la **lecture**   reading
léger (légère)   light
légitime   legitimate
léguer   to bequeath, to pass on
le **légume**   vegetable
le **lendemain**   next day
lent(e)   slow
la **lenteur**   slowness
lésiner   to skimp
la **lessive**   laundry
la **lettre**   letter
levé(e)   arisen; raised
lever   to lift, to raise; __ **l'ancre** to weigh anchor; **se __** to get up; **le __** rising; **le __ du jour** daybreak; **à son __** when he/she gets up
la **lèvre**   lip
libéral(e)   liberal
la **libération**   liberation
libéré(e)   liberated
libre   free
licencier   to lay off
licite   licit, lawful
le **lieu**   place; **les __ x** premises; **avoir __** to take place; **au __-dit** at the place named; **au __ de** instead of; **en tout __** everywhere
la **lieue**   league
la **ligne**   line
la **limite**   limit
le **linge**   underclothing

lire   to read
la **liste**   list
le **lit**   bed; __ **de veille** bed for keeping vigil
la **litière**   litter
la **livre**   pound; **la __** per pound
livrer   to deliver; __ **combat** to engage battle
la **loge**   box; dressing room (in a theatre)
le **logement**   lodging
la **logeuse**   landlady
logique   logical
le **logis**   home
la **loi**   law
loin   far; **au __** in the distance
lointain(e)   distant
loisible   permissible
le **loisir**   leisure
long (longue)   long; **au __ de** along; **le __ de** along
longtemps   a long time
longuement   for a long time
lors   then; **depuis __** from then on; **pour __** at that time; __ **même** even if
lorsque   when
louer   to rent
le **loup**   wolf
lourd(e)   heavy, thick
le **lucre**   greed
la **lumière**   light
la **lune**   moon
les **lunettes** *f*   eyeglasses; __ **de soleil** sunglassses
lutter   to fight
le **luxe**   luxury
lyonnais(e)   from the city of Lyons

M

mâcher   to chew
le **machiniste**   stagehand
la **madame**   madam, Mrs.
le **magicien (la magicienne)**   magician
magique   magical
le **magnétoscope**   VCR
magnifique   magnificent
mai *m*   May

maigrir to lose weight
le **maillet** mallet
la **main** hand; **sous la __** at hand
maint(e) a good many; many a; **__ et __** many a
maintenant now
la **mairie** city hall
mais but
la **maison** house
la **maisonnette** small house
le **maître** master; term of address given to lawyers; instructor
la **maîtresse** mistress; **__ femme** super-woman
maîtriser to control, to master
mal badly
malade ill, sick
la **maladie** illness
mâle manly
malfaisant(e) harmful
malgré despite; **__ moi** against my will
malheureusement unfortunately
malheureux (malheureuse) unfortunate
malsain(e) unhealthy, in poor health
maltraiter to mistreat
la **maman** mother, mom
mander to convey
le **manège de chevaux de bois** merry-go-round
manger to eat
le **maniement** handling
manier to handle
la **manière** manner, way
la **manifestation** expression, demonstration
manifestement manifestly, obviously
manifester to show, to demonstrate
le **manque** lack
manquer to miss; **__ à** to be unfaithful to; to be lacking; **__ de** to lack; **__ de mourir** to nearly die
le **manuscrit** manuscript
le **maquillage** make-up
se **maquiller** to put on make-up
le **marbre** marble
le **marchand (la marchande)** shopkeeper; **__ de tableaux** art dealer
les **marchandises** *f* goods, merchandise

la **marche** pace; journey; walking; functioning
le **marché** market; **faire monter le __** to make prices go up
marcher to walk; to function; **ne pas __** to be out of order
la **marge** margin
le **mari** husband
le **mariage** marriage
marié(e) married
se **marier** to get married
la **marine** navy
la **marionnette** puppet
marquant(e) striking, outstanding
la **marque** mark, sign
marquer to mark
la **masse** club
la **masure** dilapidated cottage
le **matelas** mattress
mater to quell
matérialiste materialistic
les **matériaux** *m* material
le **matériel** materials, equipment
le **matin** morning; **du __** A.M.; **le __** in the morning
la **matinée** morning; housecoat
la **matraque** night stick, club
mauvais(e) bad
le **mauvis** redwing
la **maxime** maxim
la **mécanique** mechanics
la **méchanceté** mischievousness, nastiness
méchant(e) evil, bad, naughty; **le __** nasty person
la **mèche** fuse, wick
la **médaille** medal
le **médecin** doctor
la **médecine** medicine
médicamenté(e) medicated
méditer to meditate on, to ponder (over)
méfiant(e) suspicious, cautious
meilleur(e) better
mélancolique sad
se **mêler à** to mingle with
le **membre** member
même same; very; **lui-__** himself; **à Jonzac __** in Jonzac itself; *adv* even
mémorable memorable

la **menace** threat
menacer to threaten
le **ménage** housekeeping; household; housework; **femme de** __ cleaning lady; **scène de** __ domestic argument
mener to lead, to take
mentir to lie
le **mépris** scorn
mépriser to scorn
la **mer** sea
merci thank you; **la** __ mercy
la **mère** mother; __-**gâteau** spoiling mother
mériter to deserve, to merit, to be worth
merveilleux (merveilleuse) marvelous
mesquin(e) petty; meager
la **messe** mass
la **mesure** measure; **à** __ successively; **au fur et à** __ as one goes along
le **métier** craft, profession; loom
le **metteur en scène** stage director
mettre to put, to put on; __ **le couvert** to set the table; __ **le feu** to set fire; __ **en chemin** to set in motion; __ **en déroute** to put to rout; __ **en mouvement** to set in motion; __ **pied à terre** to dismount; __ **de côté** to push aside; **se** __ **à** to begin to; **se** __ **à l'abri** to take cover; **se** __ **à l'ombre** to come into the shade; **se** __ **à table** to sit down to eat; **se** __ **d'accord** to agree; **se** __ **au lit** to go to bed
le **meuble** piece of furniture
le **meurtre** murder
meurtri(e) bruised, scarred
le **meurtrier (la meurtrière)** murderer
le **miaulement** mewing, caterwauling
le **midi** noon
mieux better; **le** __ best
mignon (mignonne) nice, sweet
le **milieu** middle; **au** __ **de** in the middle of; **le juste** __ happy medium
militaire military; **le** __ serviceman
mille *invar* thousand
mince thin
la **mine** mine; expression, look
minéral(e) mineral

le **minuit** midnight
miraculeusement miraculously
le **miroir** mirror
la **mise en scène** production
misérable poor; **le** __ wretch
la **misère** misery, poverty
la **miséricorde** mercy
le, la **missionnaire** missionary
le **mobile** motive
la **mode** mode, fashion
modéré(e) moderate
moderne modern
modifier to modify, to alter
les **mœurs** *f* morals, way of life
moindre lesser; **le** __ the slightest
le **moine** monk
moins less; __ **de** less; **au** __ at least; **du** __ at least; **à** __ **que** unless
le **mois** month
la **moitié** half
molesté(e) persecuted
le **moment** moment; **à ce** __-**là** at that time, in that case; **en ce** __ at present
le **monde** world; **au** __ in the world; **tout le** __ everyone
le **monoplan** monoplane
le **monseigneur** His Eminence, Royal Highness
le **monsieur** mister, sir; **messieurs** gentlemen
le **mont** mount
la **montagne** mountain
monté(e) contre hostile to
monter to rise, to go up; to get into, to get on; to climb, to mount; to stage; __ **la garde** to keep watch
la **montre** watch
montrer to show
la **monture** mount
se **moquer de** to make fun of; to trick
moral(e) moral
le **morceau** piece
morne dreary, dismal
la **mort** death
mort(e) dead, extinct; __ **de fatigue** dead tired
la **morue** cod
le **mot** word
le **moteur** motor
le **motif** motive

mou (molle) soft, indolent
la **mouche** fly
le **mouchoir** handkerchief
la **moue** pout
mouiller to wet
mourir to die; **se __** to be dying
le **moustique** mosquito
le **mouton** sheep
mouvant(e) shifting
le **mouvement** movement; **en __** in motion
le **moyen** means, way; **au __ de** by; *adj* **le __ âge** Middle Ages
mugir to bellow
la **mule** slipper
muni(e) provided with
les **munitions** *f* ammunition
le **mur** wall
la **muraille** high wall
le **musée** museum
muser to idle
la **musique** music
mystérieux (mystérieuse) mysterious

N

naïf (naïve) naïve
la **naissance** birth; **prendre __** to originate
naître to be born
la **nappe** tablecloth
narcissique narcissistic
narquoisement slyly
le **narrateur (la narratrice)** narrator
la **natation** swimming
la **nature** nature; undergrowth, bushes
naturellement naturally
le **navet** *fam* third-rate film
naviguer to navigate
le **navire** ship
ne : __ ... pas not; **__ ... que** only
né(e) born
néanmoins nevertheless
nécessaire necessary
la **nécessité** necessity, need
négatif (négative) negative
négliger to neglect
la **neige** snow

net (nette) clean, clear; **__ de** free of
nettement clearly
le **nettoyage** cleaning
nier to deny
nitouche : de sainte __ hypocritically pious
le **niveau** level; **le __ de vie** standard of living
la **noblesse** nobility
les **noces** *f* wedding
le **Noël** Christmas
noir(e) black; **le pain __** dark bread
le **nom** name; **au __ de** in the name of
le **nombre** number
nombreux (nombreuse) numerous, large
le **nommé** the man named
nommer to name; **se __** to be called, to introduce oneself
le **nord** north
la **nostalgie** nostalgia
le **notable** leading citizen
le **notaire** lawyer
notamment in particular
la **note** bill; grade
noter to note, to notice
nouer to tie
la **nourrice** nanny
nourrir to feed, to provide for, to nurture
la **nourriture** food
nouveau (nouvelle) new; **__-Monde** New World; **à __** anew; **de __** again
la **nouvelle** a piece of news
noyer to drown; to plunge into water
le **nuage** cloud
la **nuit** night
nul (nulle) no; *pron* no one; none
la **nullité** nonentity
le **numéro** number
la **nymphe** nymph

O

obéir (à) to obey
l' **objecteur de conscience** *m* conscientious objector
l' **objet** *m* object; **__ de ménage** household good

obligatoire   obligatory
obscurcir   to darken
l' **obscurité** *f*   dark
obsédé(e)   obsessed
obtenir   to obtain
l' **obus** *m*   shell
occasionner   to cause
l' **Occident** *m*   West
occidental(e)   western
occupé(e)   occupied, held; busy
s' **occuper de**   to take charge of
octroyer   to grant, to bestow
l' **œil (les yeux)** *m*   eye
l' **œuvre** *f*   work
offenser   to offend
l' **office** *m*   service
offrir   to offer; to buy
l' **oiseau** *m*   bird; **avoir un appétit d'** __
   to have a very small appetite
l' **oiselet** *m*   young bird, fledgling
oiseux (oiseuse)   idle
l' **oisiveté** *f*   idleness
ombragé(e)   shaded
l' **ombre** *f*   shade, shadow
on   one
l' **oncle** *m*   uncle
l' **onde** *f*   wave
opérer   to bring about
opiner   to give one's opinion
opiniâtre   obstinate
opposé(e)   opposed; opposite
s' **opposer à**   to oppose
l' **oppresseur** *m*   oppressor
orangé(e)   orangey
ordinaire   ordinary
ordonné(e)   well-ordered
ordonner   to order, to command
l' **ordre** *m*   order, command
l' **oreille** *f*   ear
l' **oreiller** *m*   pillow
organiser   to organize
orgueilleux (orgueilleuse)   proud
oriental(e)   eastern
l' **orifice** *m*   opening
l' **origine** *f*   origin
orné(e)   ornate, decorated
s' **orner**   to be adorned
l' **os** *m*   bone; **en chair et en** __   in
   the flesh

l' **O.S.**   unskilled laborer
oser   to dare
ôter   to take away
ou   or; __ **bien**   or else
où   where; when
oublier   to forget
l' **ouest** *m*   west
oui   yes
l' **ourdisseur** *m*   weaver
l' **outil** *m*   tool
outre   besides; **en** __ moreover; **passer**
   __ to go beyond; __ **que** apart from
   the fact that
l' **outremer** *m*   overseas
ouvertement   openly
l' **ouverture** *f*   opening
l' **ouvrage** *m*   work
l' **ouvrier (l'ouvrière)** *m, f*   blue-collar
   worker; __ **rubannier** ribbon maker
ouvrir   to open

P

le **pacha**   oriental king
le **païen (la païenne)**   pagan
le **pain**   bread; **petit** __   roll
la **paire**   pair
paisible   peaceful
la **paix**   peace
le **palais**   palace
pâle   pale
le **panier**   basket
le **pantalon**   pants
le **pape**   pope
le **paquebot**   ocean liner
Pâques *f*   Easter
par   by, through
le **paradis**   paradise, heaven
paraître   to appear
le **parc**   park
parce que   because
parcourir   to travel through; to cover
   (a distance)
pardonner   to forgive, to pardon
pareil (pareille)   same, similar; such a,
   of the sort
le **parent**   parent, relative
paresseux (paresseuse)   lazy

parfois sometimes

le **parfum** odor, scent, perfume

parler to speak

parmi among

la **parole** word; **prendre la __** to take the floor

la **part** part, share; **de __ et d'autre** on either side

partager to share; to divide up

le **parterre** orchestra

le, la **participant(e)** participant

participer to participate

particulier (particulière) particular; **en __** in private; **le __** individual

particulièrement particularly

la **partie** part; **faire __ de** to take part in

partir to leave; **à __ de** from

partout everywhere

parvenir to reach; to manage to, to succeed in

le **pas** step

le **passager (la passagère)** passenger

le **passant (la passante)** passer-by

passer to pass, to spend; **__ du temps** to spend time; **__ le temps** to kill time; **__ mal** to be difficult to digest; **__ outre** to go beyond; **se __** to happen, to take place

passionnant(e) exciting

passionné(e) passionate

se **passionner** to have a passion

la **pastourelle** pastourelle; shepherd girl

le **pâté de foie** liver pâté

paternel (paternelle) paternal

patiemment patiently

patient(e) patient

le **patois** dialect

patriarcalement like a patriarch

la **patrie** motherland

le **patrimoine** patrimony

le **patriotisme** patriotism

le **patron (la patronne)** employer, boss; patron

la **patrouille** patrol

la **pâture** food

pauvre poor; unfortunate; **les __ s** beggars

le **pavillon** pavilion

payer to pay

le **pays** country; countryside

le **paysage** landscape

le **paysan (la paysanne)** farmer, peasant

la **peau** skin

le **péché** sin

le **peigne** comb

peigner to comb; **se __** to comb one's hair

peindre to paint; to describe

la **peine** sorrow, sadness, trouble; punishment, penalty; **à __** hardly; **avec __** with difficulty; **faire de la __ (à)** to hurt

le, la **peintre** painter

la **peinture** painting; art of painting

le **penchant** side

pendant during, for; **__ que** while

pendre to hang

pénible painful, afflicting, difficult

péniblement distressingly

la **pénitence** punishment, penance

la **pensée** thought

penser to think

percer to pierce; to break through, to show

percevoir to perceive, to make out

perdre to lose; **se __** to get lost

le **perdreau** young partridge

le **perdrix** partridge

le **père** father

péremptoire peremptory, final

périr to perish, to die

permettre to permit, to allow

la **perruque** wig

le **perruquier** wig-maker

persévérer to persevere

le **personnage** character, personage

personne... ne, ne... __ no one; **__ d'autre** no one else

la **personne** person

personnel (personnelle) personal

le **personnel** personnel, staff

personnellement personally

persuader to persuade, to convince

persuasif (persuasive) convincing, persuasive

la **perte** loss

pesant(e) heavy

la **pesanteur** weight, burden

pétillant(e) sparkling
petit(e) little, small; **le __ duc** small horse carriage; **la __ e-fille** granddaughter; **le __ peuple** lower classes
le **petit-enfant** grandchild
pétrir to knead
le **pétun** tobacco
pétuner to smoke
peu little; **__ désirable** undesirable; **__ de** few; **un __** a bit; **à __ près** just about
le **peuple** people; **le petit __** lower classes
peuplé(e) populated
la **peur** fear; **avoir __** to be afraid
peut-être maybe, perhaps
le **phare** spotlight
la **philosophie** philosophy
la **phrase** sentence
le **physicien (la physicienne)** physicist
physique physical
la **pièce** room; play; coin; **la __** apiece
le **pied** foot; **à __** on foot; **coup de __** kick; **gens de __** foot soldiers; **mettre __ à terre** to dismount; **sécher sur __** to languish
le **piège** trap
la **pierre** stone; **Pierre** Peter
la **piété** piety, devotion
pieux (pieuse) pious
le **pillage** pillaging, plundering
piller to pillage
le **pilote** pilot
le **pin** pine
la **pique** pike
le **pique-nique** picnic
piquer to spur; to sting; to dive
pis worse
la **piste** track
le **pistolet** pistol
la **pitié** pity
la **place** room; square; place; **capitaine de la __** captain of the fortress; **faire __ à** to give way to; **tenir la __ de quelqu'un** to replace someone
placer to place
le **plaidoyer** speech for the defense
se **plaindre (de)** to complain (about)

la **plaine** plain
plaire à to please; **se __** to like it
plaisant(e) pleasant, agreeable
plaisanter to joke
la **plaisanterie** joke
le **plaisir** pleasure; **faire __ à** to please
le **plan** plan, blueprint; level
planter to plant
le **plat** dish
le **plateau** tray
plein(e) full; **en __ centre** right in the middle; **en __ e forme** in top shape
le **pleur** tear
pleurer to cry
le **plumage** feathers
la **plume** quill (pen); feather
la **plupart** most, the majority; **pour la __** for the most part
plus more; **__ de** more; **de __** moreover; **de __ en __** more and more; **en __** moreover; **ne... __** no more, no longer; **non __** neither
plusieurs several
plutôt rather; **__ que** rather than
la **poche** pocket
la **poésie** poem
le **poids** weight
le **poignard** dagger
le **poing** fist
point : ne... __ not
le **poisson** fish
la **poitrine** chest, breast
le **politicien** politician
politique political; **homme __** politician
le **pommier** apple tree
la **pompe** pomp
le **pompier** firefighter
le **pont** bridge
le **pontife** pontiff
le **pont-levis** drawbridge
populaire popular; **le __** lower class people
le **porc** pig
le **portail** gate
la **porte** door
porté(e) apt, inclined; granted
le **porte-étendard** standard-bearer

porter to carry, to wear, to bear; __ **un coup** to deal a blow; __ **la main** to put one's hand; **se __ bien** to be well

le **porteur** carrier

le **porte-voix** megaphone

le **portier** gate-keeper; janitor

la **portière** door (of a vehicle)

poser to lay; to ask (a question); **se __** to touch down (airplane)

posséder to possess

le **poste** job

la **postérité** posterity

le **pot** tankard

le **potage** soup

le **potager** vegetable garden

la **poudre** powder

la **poule** hen, chicken

le **poulet** chicken

le **poumon** lung

pour que so that

pourquoi why

la **poursuite** pursuit; **les __ s** proceedings

poursuivre to pursue, to carry on with

pourtant nevertheless, even so; however

pourvu que provided that

la **poussée** push

pousser to push; to grow; __ **un cri** to utter a cry

la **poussière** dust

pouvoir to be able to; **le __** power

la **prairie** meadow

le, la **pratiquant(e)** churchgoer

la **pratique** practice; *adj* practical

pratiquer to practice

la **précaution** precaution

précieux (précieuse) precious

le **précipice** precipice

se **précipiter** to rush to

précis(e) precise, exact

préciser to specify

prédire to predict

préférer to prefer

le **préfet** chief

prémédité(e) premeditated

premier (première) first

prendre to take; to have; __ **les**

armes to take arms; __ **congé** to take leave; __ **feu** to catch fire; to get excited; __ **soin de** to take care of; __ **ses ébats** to frolic; __ **la parole** to take the floor; __ **son parti** to come to terms with it; __ **la route** to set off; __ **garde** to watch out; __ **naissance** to originate; __ **rendez-vous** to make an appointment

préoccupé(e) preoccupied

préparer to prepare

près nearby, close; __ **de** near; **tout __ de** very close to; **à peu __** just about; **de __** closely

prescrire to prescribe, to stipulate

la **présence** presence

présent(e) present; **à __** at present

la **présentation** presentation

présenter to present; **se __** to introduce oneself; to appear

le **président** presiding judge

presque almost, nearly

pressant(e) urgent, pressing

pressé(e) in a hurry

presser to press; **se __** to hurry, to press

prêt(e) ready

prétendre to claim

prêter to lend; to grant; __ **main forte** to lend a helping hand; __ **serment** to take an oath

le **prêtre** priest

prévenir to warn

préventif (préventive) preventive

prévoir to foresee, to anticipate

prévu(e) planned

prier to pray, to beg; **je t'en prie** I beg of you

la **prière** prayer, plea

primaire primary

principalement mainly, chiefly

le **principe** principle; **en __** in theory

la **prise** hold

la **prison** jail; __ **à perpétuité** prison for life

privé(e) private; deprived

priver to deprive

le **privilège** privilege

privilégié(e) privileged

le **prix** price; prize; **à aucun __** for no reason whatsoever

probablement probably

le **problème** problem

le **procédé** process

le **procès** trial

prochain(e) next; near

proche nearby; **__ de** near

les **proches** *m* relatives

le **procureur** prosecutor

le **prodige** marvel, wonder

prodigieux (prodigieuse) prodigious

produire to produce; **se __** to be produced; to take place

le **produit** product

le **professeur** professor

professionnel (professionnelle) professional

profiter de to take advantage of

profond(e) deep, profound

le **programme d'étude** schedule

le **projecteur** spotlight

le **projet** project, plan

projeter to project, to plan

prolonger to prolong

la **promenade** walk, drive

promener to pass; **se __** to go for a walk, a ride; **aller se __** to go for a walk

la **promesse** promise

promettre to promise

prompt(e) quick

promptement promptly

les **propos** *m* talk; **à __ de** concerning

proposer to propose

propre own; clean

le, la **propriétaire** owner; **le __** landowner

la **propriété** land, property

protéger to protect

la **protestation** protest

prouver to prove

provenir de to result from

le **proverbe** proverb

le, la **psychiatre** psychiatrist

public (publique) public; **le __** audience

puis then

puisque since

puissant(e) powerful

le **puits** well

punir to punish

la **punition** punishment

le, la **pupille** ward

pur(e) pure

Q

le **quai** platform

quand when; **__ même** still, nevertheless

quant à as for, as to

le **quart** quarter

le **quartier** district, neighborhood

que : ne... __ only

quel (quelle) what; **n'importe __** any (at all); **__ que soit** whatever . . . may be

quelque some; a few; **__ chose** something

quelquefois sometimes, at times, occasionally

quelqu'un someone; **quelques-uns** a few

la **querelle** cause, quarrel

la **question** issue

questionner to question

quitter to leave

quoi que whatever

quoique although

quotidien (quotidienne) daily; **le __** everyday life

R

rabattre to bring down

raboteux (raboteuse) rough

le **raccommodage** mending

raccommoder to mend

raccrocher to hang up; **__ au nez de quelqu'un** to hang up on someone

raconter to tell, to relate

radieux (radieuse) glowing, radiant, beaming

raffiné(e) refined

le **raffinement** refinement

rafraîchir to refresh

railler to make fun of

la **raison** reason; **mariage de __** marriage of convenience; **avoir __** to be right

la **rage** rage; **faire __** to rage

la **raison** reason; **donner __ à** to prove somebody right

raisonnable reasonable

raisonnablement reasonably

ramasser to pick up

le **rameau** branch

ramener to bring back

le **rampart** rampart, city wall

la **rampe** footlights

la **rancœur** rancor, enmity

le **rang** rank; row

la **rangée** row

ranger to store, to put away

ranimer to revive

rapide quick, rapid

la **rapine** plundering

rappeler to call back; **se __** to remember

rappliquer to show up

rapporter to report, to relate; **se __** to relate

se **raser** to shave

le **rassemblement** gathering

rassembler to assemble; **se __** to gather

rassurer to reassure

ravi(e) delighted

le **rayon** ray

rayonnant(e) beaming

la **rayure** stripe

la **réaction** reaction

réagir to react

le **réalisateur** director

la **réalisation** realization, achievement

réaliser to realize, to carry out; to direct

réaliste realistic

la **réalité** reality

le **rebord** edge

récemment recently

recevoir to receive

réchauffer to warm up

rechercher to look for, to seek

le **récipiendaire** newly elected member

le **récit** account, story; **faire le __ de** to give an account of

réciter to recite

réclamer to ask for

la **récolte** crop

la **recommandation** recommendation

recommander to recommend, to advise

recommencer to start over again

la **récompense** reward

récompenser to reward

la **réconciliation** reconciliation

se **réconcilier** to become reconciled

reconnaître to recognize; to admit; to reconnoitre

recouvrir to cover over

récréer to amuse

le **recruteur** recruiting officer

recueillir to inherit

le **rédempteur** redeemer

réellement really, truly

le **réfectoire** dining hall

refléter to reflect

la **réflexion** reflection

la **réforme** reform

se **réfugier** to take refuge

refuser to refuse

réfuter to refute

le **regard** glance, look

regarder to look (at); to concern; **__ en l'air** to look up

le **régime** diet; **être au __** to be on a diet

la **région** region

le **régisseur** stage manager

le **registre** register

la **règle** rule

le **règne** reign

régner to reign

la **régression** regression, decline

regretter to regret; to miss

régulier (régulière) regular

la **reine** queen

le **rejet** repulsion, rejection, dismissal

rejeter to drive back, to reject

rejoindre to rejoin

réjouir to delight, to gladden

le, la **relâche** respite

le **relais** stage, relay

relevé(e)   relieved (of duty)

relever   to restore; to enhance; to come under the heading of; **se __** to get back up

relié(e)   connected

religieux (religieuse)   religious; **le __** monk, friar; **la religieuse** nun

la **relique**   relic

remarquer   to notice

le **remède**   medicine

remercier   to thank

remettre   to remit, to forgive

la **remonte**   ascent

remonter   to wind

la **remontrance**   reprimand

remplacer   to replace

rempli(e) de   filled with

remplir   to fulfill, to carry out; to fill

renchérir   to go one better

la **rencontre**   meeting, encounter

rencontrer   to meet

le **rendez-vous**   appointment, date

se **rendormir**   to fall asleep again

rendre   to give back; to make; **__ l'âme** to give up the ghost; **__ les armes** to surrender; **__ visite** to pay a visit; **se __** to go to; to surrender; **se __ compte de** to realize

renfermé(e)   withdrawn

renoncer à   to renounce, to give up

renouveler   to renew

la **rénovation**   renovation

les **renseignements** *m*   directory assistance

rentrer   to come home, to return home

renverser   to overturn, to overthrow

renvoyer   to fire somebody

répandre   to spread

réparer   to make up for

repartir   to set out again

le **repas**   meal

le **repassage**   ironing

se **repentir**   to repent

répéter   to repeat; to rehearse

la **répétition**   rehearsal

répliquer   to respond

le **répondeur automatique**   answering machine

répondre   to answer

la **réponse**   answer

le **repos**   rest

se **reposer**   to rest

repoussant(e)   repulsive

repousser   to spurn

reprendre   to resume, to carry on; to take up, to repeat; to retake

représentatif (représentative)   representative

la **représentation**   performance

représenter   to perform

réprimé(e)   repressed

la **reprise**   resumption; occasion; **à deux __ s** twice in a row; **à plusieurs __** several times

reprocher   to reproach, to blame

la **répugnance**   repulsion

réservé(e)   reserved

la **résidence**   residence; **__ secondaire** second home; **__ universitaire** dormitory

la **résistance**   resistance

le **résistant**   Resistance worker or fighter

résister (à)   to resist

résolu(e)   resolute

résonner   to reverberate

résoudre   to resolve

respecter   to respect

respectivement   respectively

respectueux (respectueuse)   respectful

respirer   to breathe

resplendissant(e)   radiant, shining

la **responsabilité**   responsibility

responsable   responsible

la **ressemblance**   resemblance

ressembler à   to resemble

les **ressources** *f*   resources

les **restes** *m*   remains

rester   to stay, to remain

restreint(e)   limited

résulter   to result

rétablir   to regain

retenir   to retain; to remember

retentir   to ring out

retirer   to take away

retourner   to return; **se __** to turn around; **s'en __** to journey back

la **retraite**   retreat; retirement

retrouver   to meet; **se __** to find oneself back

réuni(e)   assembled, reunited

la **réunion**   gathering, meeting

réunir   to call together; **se** __ to get together; to be reunited

réussir   to succeed

la **réussite**   success

le **rêve**   dream

le **réveil**   awakening

se **réveiller**   to wake up

révélateur (révélatrice)   revealing

la **révélation**   revelation, disclosure

révéler   to reveal

revenir   to come back; to fall to someone

le **revenu**   income

la **révérence**   bow

revêtir   to present certain aspects

la **révision**   review

se **révolter (contre)**   to revolt (against)

le **rhume**   cold

riche   rich

la **richesse**   wealth, richness

le **rideau**   curtain

rien   nothing; __ **d'autre** nothing else; __ **que** just, alone

rieur (rieuse)   merry

rire   to laugh

la **rive**   bank

la **rivière**   river

la **robe**   dress; robe

la **robe-noire**   black robe, priest

le **rocher**   rock

le **roi**   king

le **rôle**   role, part

roman(e)   Romanesque; **le** __ novel, romance

rompre   to break

la **ronce**   bramble

rond(e)   round

la **ronde**   rounds, patrol; **à des kilomètres à la** __ for miles around

rose   pink

la **rosée**   dew

le **rossignol**   nightingale

la **route**   road, path, way; **faire** __ to cover ground; **prendre la** __ to set off

rouge   red

le **royaume**   kingdom

le **ruban**   ribbon

rude   tough

la **rue**   street

se **ruer**   to rush forward

ruiné(e)   ruined

le **ruisseau**   small brook

rustique   rustic

S

le **sabot**   clog, wooden shoe

le **sac**   bag

sacré(e)   sacred, holy

se **sacrifier**   to sacrifice oneself

sage   wise; well-behaved

la **sagesse**   wisdom

saigné(e)   bled

sain(e)   healthy

le, la **saint(e)**   saint; *adj* holy; **de** __ **e nitouche** hypocritically pious

saisir   to seize, to take hold of

la **saison**   season; **la belle** __ the summer months

le **salaire**   pay, salary, wages

sale   dirty

la **salle**   room; __ **à manger** dining room; __ **de classe** classroom

saluer   to greet

le **salut**   greeting; salvation

la **salve d'applaudissements**   salvo of applause

le **samedi**   Saturday

le **sang**   blood

sanglant(e)   covered with blood

le **sanglier**   wild boar

sans   without; __ **doute** no doubt

le **sans-abri**   homeless person

la **santé**   health

le **sapin**   fir, spruce

le **Sarrasin**   Saracen, Moor

satisfaire   to satisfy

sauter   to jump; to explode; **faire** __ to blow up something; __ **sur** to pounce on

sauvage   savage

se **sauver**   to run away

le **savant**   scientist

savoir   to know; __ **à quoi s'en tenir** to know what one is dealing with; **à** __ namely; **faire** __ to inform

le **savon**   soap

la **scène**   scene, stage

sceptique   skeptical; **le __** skeptic
scintillant(e)   sparkling
la **séance**   session; show
sec (sèche)   dry; **pain __** stale bread
sécher   to dry up; **__ sur pied** to languish
second(e)   second
secondaire   secondary
la **seconde**   second
seconder   to help
secouer   to shake
le **secours**   aid
la **secousse**   tremor
secret (secrète)   secret
la **Sécurité Sociale**   national health coverage
séduire   to seduce, to fascinate
le **seigle**   rye
le **seigneur**   lord
le **séisme**   quake
le **séjour**   stay, sojourn
selon   according to
la **semaine**   week
semblable   similar; **le __** fellow creature
semblant : faire __ de   to pretend
sembler   to seem
le **sens**   sense; sensation
sensible   sensitive
la **sentence**   proverbial phrase; **__ de mort** death penalty
le **sentier**   path
le **sentiment**   feeling, sentiment
la **sentinelle**   sentry
sentir   to feel; to smell; **se __** to feel
séparé(e)   separated
se **séparer**   to get separated
sept   seven
la **série**   series
sérieux (sérieuse)   serious
serré(e)   tightly, strictly
serrer   to grip; **__ la main à quelqu'un** to shake someone's hand; **se __ contre** to snuggle up to
le **service**   service; **__ du réveil** telephone wake-up service
la **serviette**   napkin
servir   to serve; **se __ de** to use
le **serviteur**   servant
le **seuil**   door sill, threshold

seul(e)   alone, only, single
seulement   only, but
sévère   strict, harsh
le **sexe**   sex
le **siècle**   century; **s'accommoder à son __** to move with the times
le **siège**   siege; seat
le **sien (la sienne)**   his, hers
le **sieur**   mister, gentleman
siffler   to boo
le **signe**   sign; **__ de la tête** nod; **faire __ de la main** to beckon
se **signer**   to make the sign of the cross
la **signification**   meaning
signifier   to mean, to signify
le **sillon**   furrow
simple   simple, mere
simplement   simply
sincère   sincere
singulier (singulière)   unusual
sinon   if not
sitôt   immediately
la **situation**   post, situation; place
situer   to situate
le **SMIC**   minimum wage
le, la **sociétaire**   member of a society
la **société**   society; group; company
la **sœur**   sister
soi   oneself; **__-même** oneself
la **soie**   silk
la **soif**   thirst
soigner   to take care of, to look after
le **soin**   care
le **soir**   night, evening
la **soirée**   evening; party
soit   so be it; **__ ... __** either . . . or
le **sol**   ground
le **soldat**   soldier
le **soleil**   sun; **il fait du __** it is sunny
la **solennité**   solemnity
solide   solid
sombre   deep
la **somme**   sum
le **sommeil**   sleep
le **son**   sound
le **songe**   dream
songer   to contemplate, to think about
sonner   to sound; to ring; **__ libre** to ring normally; **__ occupé** to ring busy

sordide sordid
le **sort** fate, destiny
la **sorte** sort, kind; **de __ que** so that.
la **sortie** exit, leaving; outing; **pour la
__** to go out; **offre de __**
invitation to go out
sortir to come out, to go out
le **sou** penny
la **souche** stump; **dormir comme une
__** to sleep like a log
le **souci** worry
soucieux (soucieuse) worried,
concerned
le **souffle** breath, puff
souffler to blow
la **soufflerie** bellows
la **souffrance** suffering
souffrir to suffer
souhaitable desirable
souiller to soil, to tarnish
soulagé(e) relieved
soulever to raise
le **soulier** shoe
se **soumettre** to submit, to yield
le **soupçon** suspicion
le **souper** supper; dinner
soupirer to sigh
sourd(e) muffled, muted
sourire to smile; **le __** smile
sous under
souscrire to sign
sous-estimer to underestimate
le **sous-officier** non-commissioned officer
le **sous-sol** basement
soutenir to support; **se __** to
sustain oneself
souterrain(e) subterranean
la **souvenance** memory
le **souvenir** memory
se **souvenir (de)** to remember
souvent often
le **souverain (la souveraine)** sovereign
le **spectacle** sight, show
la **splendeur** magnificence, splendor
splendide splendid
sportif (sportive) sporting
le **stade** stage
le, la **standardiste** switchboard operator
stopper to stop
strict(e) strict

subir to undergo
se **succéder** to succeed one another
le **succès** success
le **sud** south
la **sueur** perspiration
suffire to suffice; **__ à** to cope with
suffisant(e) sufficient
le **suisse** Swiss (guard)
la **Suisse** Switzerland
la **suite** succession, series, following; **à la
__ de** beyond; **par __ de** owing to;
following; **par la __** in the future; **tout
de __** right away
suivant(e) following
suivre to follow
le **sujet** subject; topic; cause for; **au __ de**
about, concerning
superbe superb
supérieur(e) superior
le **supplément** supplement, extra charge
supplier to plead with
sur on, over
sûr(e) sure; **bien __** of course
surcharger to overload
surhumain(e) superhuman
sur-le-champ at once
surmené(e) overworked
surmonter to surmount, to overcome
surnommé(e) nicknamed
surprendre to surprise; **se faire __** to
be surprised (by someone or
something)
surtout above all, especially
surveiller to watch, to keep an eye on,
to watch over
suspendre to hang (up); to suspend
suspendu(e) suspended
le **symbole** symbol
sympathique likeable, nice
le **syndicat** union

T

le **tabac** tobacco
le **tableau** painting
la **tablette** flat surface
le **tablier** apron; smock
la **tâche** task
tâcher to try

la **taille**   size; **de __ moyenne** average size

tailler   to cut

le **tambour**   drum

tandis que   whereas, while

tant   so much; **__ de** so many, so much; **__ bien que mal** as well as could be expected; **__ mieux** so much the better; **__ pis** too bad; **__ que** as long as; **en __ que** as

tantalisé(e)   tantalized

la **tante**   aunt

tantôt   shortly; **__ ··· __** now . . . now

tard   late; **plus __** later

tarder   to delay

le **tas**   pile, heap

la **tasse**   cup

tassé(e)   shrunken

le **taux**   rate

technique   technical

le **teint**   complexion

tel (telle)   such; **__ quel** as is; **un __** so and so

tellement   so

témoigner   to show, to display

le **témoin**   witness

tempéré(e)   temperate

tempêter   to rant and rave

le **temps**   time; weather; **ces __-ci** these days; **par gros __** in foul weather; **de __ en __** from time to time

la **tendance**   tendency

tendre   to set up; to hold out

la **tendresse**   tenderness

tendu(e)   tense; put up

tenir   to hold, to keep; **__ à** to be fond of; to be due to; **__ compte de** to take into account; **__ de** to inherit from; **__ en place** to stay in place; **__ ce langage à quelqu'un** to speak thus to someone; **se __** to take place, to be held

la **tentative**   attempt

la **tente**   tent

tenter   to try, to attempt

le **terme**   term; end; limit

terminer   to finish, to complete; **se __** to end

ternir   to tarnish

le **terrain**   ground, soil

terrassé(e)   overcome

la **terre**   earth, land; **à __** on the ground

la **terreur**   terror

la **tête**   head

le **thé**   tea

la **théorie**   theory

les **thermes** *m*   thermal baths

le **tiers**   a third

timide   shy

tiré(e)   taken

tirer   to fire (a shot); to pull, to draw; **__ à bout portant** to fire at point blank range; **__ sur** to shoot someone or something; **s'en __** to get out of it, to escape

le **tissu**   cloth

le **titre**   title; **à __ de** as

la **toile**   cloth; screen

la **toilette**   dressing

le **toit**   roof

tolérable   tolerable

la **tombe**   grave

le **tombeau**   tomb

tomber   to fall

le **ton**   tone

le **tonneau**   barrel

le **torrent**   mountain stream

le **tort**   error, wrong

tôt   soon, early

totalement   totally

la **touche**   key

toucher   to touch

toujours   always, still

le **tour**   turn: **__ à __** in turn

tourmenter   to plague, to torment; **se __** to fret, to worry

tout   all, whole, every; **__ le monde** everyone; **__ de suite** right away; **__ à coup** all of a sudden; **__ à fait** entirely; **tous les deux** both; **pas du __** not at all; **somme __ e** in short; *pron* everything; **être à __** to be involved in everything; *adv* very

toutefois   however

tracasser   to worry, to bother

la **trace**   tracks

tracé(e)   marked out

traditionaliste   traditionalist

traditionnel (traditionnelle) traditional

la **traduction** translation; expression

trahi(e) betrayed

trahir to betray

le **train** train; **en __ de** in the process of

la **traînée** trail

se **traîner** to drag oneself

le **trait** trait; trace (of a harness)

le **traité** treaty

traiter to treat

le **trajet** trip

la **tranche** slice

tranquille quiet, peaceful; **être __** to set one's mind at rest; **laisser quelqu'un __** to leave somebody alone

la **tranquillité** quietness, peacefulness

transmettre to transmit

le **transport** transportation, conveyance

traquer to surround

le **travail (les travaux)** work, job, task

travailler to work; **__ à la chaîne** to work on the production line; **__ comme une bête de somme** to work like a horse

travailleur (travailleuse) hard-working; **le, la __** worker

les **travaux ménagers** *m* housework

travers : à __ through

la **traversée** crossing

traverser to go through

le **tremblement** trembling; **__ de terre** earthquake

tremper to wet, to soak

trente thirty

très very

le **trésor** treasure

se **tresser (les cheveux)** to braid one's hair

la **tribu** tribe

le **tribunal** court, tribunal

trinquer to clink glasses

le **triomphe** triumph

triste sad

troisième third

tromper to trick, to fool, to deceive; to elude; to cheat on; **se __ de numéro** to get a wrong number

la **trompette** trumpet; receiver

le **trône** throne

trop too; too much; **__ de** too much, too many

le **trottoir** sidewalk

la **troupe** troup, company

le **troupeau** flock, herd

trouver to find; **se __** to be, to be found, to be located

tuer to kill

tue-tête : à __ at the top of one's voice

tutoyer to address someone using the *tu*-form of the verb

le **tuyau** pipe

le **type** *fam* guy

tyrannique tyrannical

tyranniser to tyrannize

U

unique only

unir to unite, to bring together

universellement universally

l' **université** *f* university

urbain(e) urban

l' **usage** *m* custom

usé(e) worn out

l' **usine** *f* factory

utile useful

l' **utilité** *f* usefulness

V

les **vacances** *f* vacation

le **vacarme** racket

la **vache** cow

vagabonder to roam, to wander

la **vaillance** courage

vain(e) fruitless, futile

vaincre to overcome

le **vainqueur** conqueror

le **valet de chambre** valet

valétudinaire of precarious health

la **valeur** value

valoir to be worth; to earn; **il vaut mieux** it is better

la **vanité**   vanity
se **vanter**   to boast
la **vapeur**   vapor
le **vassal (les vassaux)**   vassal
   vaste   vast
le **veau**   calf
la **vedette**   star (male or female)
la **végétation**   vegetation
la **veille**   day before
   veiller   to stay up; to watch over; to keep watch
le **veilleur**   watchman
le **velours**   velvet
   vendre   to sell
le **vendredi**   Friday
la **vengeance**   vengeance, revenge
se **venger de**   to take revenge on
   vengeur (vengeuse)   avenging
   venir   to come; __ **de** to have just
le **vent**   wind
le **ventre**   belly; **le bas-__** lower belly
   ventre-saint-gris   gadzooks!, zounds!
le **verbe**   verb
   verdoyant(e)   verdant, green
la **verdure**   greenery
le **verger**   orchard
   vérifier   to verify
   véritable   real; true
la **vérité**   truth
le **verre**   glass
la **verrerie**   glass manufacture
   vers   toward; around
le **vers**   line (of poetry)
   versé(e)   versed
   verser   to pour; to pay
   vert(e)   green
la **vertu**   virtue
le **vêtement**   article of clothing; clothing; **les __ s** clothes
   vêtir   to clothe, to dress
   vêtu(e)   dressed
la **viande**   meat
   vicié(e)   polluted
   vide   empty
la **vidéo**   video
   vider   to empty
la **vie**   life; **gagner sa __** to earn one's living

le **vieillard**   old man
   vierge   virgin
   vieux (vieille)   old
   vif (vive)   lively; **brûler __** to burn alive
   vigilant(e)   vigilant
la **vigne**   vine
   vil(e)   evil, foul
   vilain(e)   nasty
la **ville**   city
le **vin**   wine
   vingt   twenty
   vingtième   twentieth
le **violoneux**   traditional violin player, fiddler
   vis-à-vis de   towards, with regard to
le **visage**   face
   viser   to aim (at)
la **visite**   visit
   visiter   to visit
le **visiteur (la visiteuse)**   visitor
   vite   fast, quickly
la **vitesse**   speed
la **vitre**   window (of a vehicle)
   vive   long live
   vivre   to live
les **vivres** *m*   provisions
le **vocabulaire**   vocabulary
le **vœu**   vow; **faire __ de** to vow to
   voici   here is, here are; this is, these are
la **voie**   way, road; **être en __ de** to be about to
   voilà   there is, there are; that is, those are; __ **sept ans** it's been seven years
   voir   to see; **se __** to be seen; **faire __** to show
le **voisin (la voisine)**   neighbor; *adj* neighboring
le **voisinage**   neighborhood
la **voiture**   car; coach
   voiturer   to wheel in
la **voix**   voice; **à haute __** loudly
le **vol**   robbery; flight
la **volaille**   fowl, poultry
   voler   to steal; to fly; __ **en éclats** to smash into pieces
le **volet**   shutter
le **voleur (la voleuse)**   robber, thief

le, la **volontaire**   volunteer
la **volonté**   will
volontiers   willingly
voluptueusement   voluptuously
voluptueux (voluptueuse)   voluptuous
voter   to vote
vouer   to dedicate
vouloir   to want to
le **voyage**   trip
voyager   to travel
le **voyageur (la voyageuse)**   traveler
vrai(e)   real, true
vraiment   really

vraisemblable   probable
la **vue**   view; sight; **de __** by sight

Y

les **yeux** *m*   eyes

Z

le **zèle**   zeal
zut   darn it

Photo Credits

3, © The Granger Collection. **5,** © The Bettmann Archive. **9,** © Historical Pictures Service. **15,** © UPI/Bettmann Newsphotos. **22,** © Historical Pictures Service. **23,** © Historical Pictures Service. **29,** © Mary Evans Picture Library/Photo Researchers, Inc. **35,** © Professor Steven C. Hause. **42,** © The Bettmann Archive. **49,** © The Bettmann Archive. **54,** © Historical Pictures Service. **63,** (top), © Historical Pictures Service. **63,** (bottom) © Mary Evans Picture Library/Photo Researchers, Inc. **64,** © The Granger Collection. **70,** © Historical Pictures Service. **77,** © Archives départementales de l'Indre **83,** © Historical Pictures Service. **84,** © Historical Pictures Service. **90,** © The Bettmann Archive. **95,** The Bettmann Archive. **103,** © Explorer Archives, Photo Researchers, Inc. **104,** © Historical Pictures Service. **110,** © The Bettmann Archive. **115,** © The Bettmann Archive. **121,** © Photo Belzeaux, Rapho/Photo Researchers, Inc. **124,** © The Granger Collection. **129,** © The Granger Collection. **134,** © The Granger Collection. **140,** © Historical Pictures Service. **143,** © Historical Pictures Service. **147,** © The Granger Collection. **152,** © The Bettmann Archive. **161,** © AP/Wide World Photos. **163,** © The Granger Collection. **169,** © AP Wide World Photos. **175,** © The Granger Collection. **180,** © Lauros-Giraudon, Maison de Victor Hugo. **182,** © Princeton University Press. **183,** © Princeton University Press. **185,** © The Princeton University Press. **188,** © The Granger Collection. **194,** © The Bettmann Archive. **201,** © The Bettmann Archive. **202,** © Historical Pictures Service. **207,** © Historical Pictures Service. **213,** © The Bettmann Archive.

Literary Credits

Literary Credits
We wish to thank the authors, publishers, and holders of copyright for their permission to reprint the
following excerpts:

"Pierre Ruibet," *Histoires extraordinaires de la Résistance*, Paul Dreyfus, Librairie Arthème Fayard.

"Devant ses accusateurs : le procès de Jeanne d'Arc," *Le Procès de Jeanne d'Arc*, Raymond Oursel,
Editions Denoël.

"Le mariage de Martin Guerre et Bertrande de Rols," *Le Retour de Martin Guerre*, Natalie Zemon
Davis, Jean-Claude Carrière, et Daniel Vigne, Editions Robert Laffont.

"Sainte Geneviève, patronne de Paris," *Des Histoires de France*, Pierre Miquel, Librairie Arthème
Fayard.

"La jacquerie de Buzançais en Bas-Berry, 1847," *La Gazette des Tribunaux. Archives de la cour d'assise de
l'Indre sur l'Affaire du Buzançais*, Archives départementales de l'Indre.

"Un roi populaire," *La Vie quotidienne sous Henri IV*, Philippe Erlanger, Librairie Hachette.

"Le lever du roi," *La Vie quotidienne à la cour de Versailles*, Jacques Levron, Hachette.

"Ouvriers et ouvrières de la ville de Saint-Etienne au milieu du 19ème siècle," *Journal du Tour de
France*, Flora Tristan, Editions La Découverte.

"La première croisade," *Si je t'oublie, Jérusalem*, Pierre Barret et Jean-Noël Gurgand, Librairie
Hachette.

"Marianne, symbole de la République française et héroïne de société secrète," *La Marianne : Société
secrète au pays d'Aujou*, François Simon, André Rivry.

"Trois lettres à son frère Théo," *Lettres de Vincent Van Gogh à son frère Théo*, Georges Philippart,
Editions Bernard Grasset.

"Marquette, Jolliet, et les Illinois," *Louis Jolliet*, Ernest Gagnon, Editions Beauchemin.

"Un séjour en Amérique," *1789 : Un séjour en Amérique*, Marie de Gauste L'Eau, L'Express.

"Les débuts de la machine parlante et du téléphone à Paris," Articles de la revue *L'Illustration*,
Keystone.

"Le Roman de la Rose," *Le Roman de la Rose*, Guillaume de Lorris et Jean de Meung, Editions
Gallimard.

"L'Aube" et "La Pastourelle," *L'Aube*, anonyme, et *La Pastourelle*, Thibaut de Champagne,
Larousse.

"Les Marseillaises : hymne national et parodies populaires," *Le Chansonnier révolutionnaire*, Michel
Delon et Paul-Edouard Levayer, Editions Gallimard; *Histoire de la Marseillaise*, Hervé Luxardo,
Editions Plon.